墨人 著

本全集保留作者手批手稿

墨人博士作品全集【全60冊】

第三十六冊 閃爍的星辰

文史哲出版社印行

國家圖書館出版品預行編目資料

墨人博士作品全集 / 墨人著 -- 初版 -- 臺北
市:文史哲, 民 100.12
頁： 公分
ISBN 978-957-549-987-7 (全套 60 冊：平裝)

1.現代文學 2. 中國文學 3.別集

848.6 100022602

墨人博士作品全集【全60冊】

第三十六冊 閃爍的星辰

著　　者：墨　人
出 版 者：文史哲出版社
http://www.lapen.com.tw
登記證字號：行政院新聞局版臺業字五三三七號
發 行 人：彭　正　雄
發 行 所：文史哲出版社
印 刷 者：文史哲出版社
臺北市羅斯福路一段七十二巷四號
郵政劃撥帳號：一六一八〇一七五
電話886-2-23511028 · 傳真886-2-23965656

【全60冊】定價新臺幣 36,800 元

中華民國一百年（2011）十二月初版

ISBN 978-957-549-987-7 08992

墨人博士著作品全集總目

一、散文類

二、長篇小說

三、中短篇小說散文合集

四、詩詞及論評

附：外篇

墨人的一部文學千秋史

張萬熙先生，筆名墨人，江西九江人，民國九年生。爲一位享譽國內外名小說家、詩人、學者。歷任軍、公、教職。六十五歲始自從國民大會簡任一級加年功俸的資料組長兼圖書館長公職崗位退休，但已是中國文壇上一位閃亮的巨星。出版有：《全唐詩尋幽探微》、《紅樓夢的寫作技巧》、二百九十多萬字的大長篇小說《紅塵》、《白雪青山》、《春梅小史》；詩集：《哀祖國》；散文集：《小園昨夜又東風》……。民國五十年、五十一年連續以短篇小說，兩次入選維也納納富出版公司出版的《世界最佳小說選集》。七十歲時自東吳大學中文系教席二度退休，仍著述不輟，爲國寶級文學家。墨人博士在臺勤於創作六十多年（在大陸時期已創作十年），並以其精通儒、釋、道之學養，綜理戎機、參贊政務、作育英才，更以其對傳統文學的精湛造詣，與對新文藝的創作，在國際上贏得無數榮譽，如：美國世界大學榮譽文學博士、美國馬奎士國際大學榮譽文學博士、美國艾因斯坦國際學院榮譽人文學博士（包括哲學、文學、藝術、語言四類）、英國劍橋國際傳記中心副總裁（代表亞洲）、英國莎士比亞詩、小說與人文學獎得主，現在出版《全集》中。

壹、家世・堂號

張萬熙先生，江西省德化人（今九江），先祖玉公，明末時以提督將軍身份鎭守雁門關，蒙古騎兵入侵，戰死於東昌，後封為「河間王」。其子輔公，進士出身，歷任文官。後亦奉召領兵「三定交趾」，因戰功而封為「定興王」。其子貞公亦有兵權，因受奸人陷害，自蘇州嘉定（即今上海市一區），謫居潯陽（今江西九江）。祖宗牌位對聯為：嘉定源流遠，潯陽歲月長；右書「清河郡」、左寫「百忍堂」。

貳、來臺灣的過程

民國三十八年，時局甚亂，張萬熙先生攜家帶眷，在兵荒馬亂人心惶惶時，張先生從湖南長沙火車站，先將一千多度的近視眼弱妻，與四個七歲以下子女，從車窗口塞進車廂，自己則擠在廁所內動彈不得，千辛萬苦的從湖南長沙搭火車南下廣州，從廣州登商輪來臺。七月三日抵基隆，由同學顧天一先生，接到臺北縣永和鎮鄉下暫住。

參、在臺灣一甲子奮鬥的過程

一、初到臺灣的生活

家小安頓妥後，張萬熙先生先到臺北萬華，一家新創刊的《經濟快報》擔任主編，但因財務不濟，四個月不到便草草結束。幸而另謀新職，舉家遷往左營擔任海軍總司令辦公室秘書，負責紀錄整理所有軍務會報紀錄。

民國四十六年，張先生自左營來臺北任職國防部史政局編纂《北伐戰史》（歷時五年多浩大工程，編成綠布面精裝本、封面燙金字《北伐戰史》叢書），完成後在「八二三」炮戰前夕又調任國防部總政治部，主管陸、海、空、聯勤文宣業務，四十七歲自軍中正式退役後轉任文官，在臺北市中山堂的國民大會主編研究世界各國憲法政治的十六開大本的《憲政思潮》，作者、譯者都是台灣大學、政治大學的教授、系主任，首開政治學術化先例。

張先生從左營遷到臺北大直海軍眷舍，只是由克難的甘蔗板隔間眷舍改爲磚牆眷舍，大小一般，但邊間有一片不小的空地，子女也大了，不能再擠在一間房屋內，因此，張先生加蓋了三間竹屋安頓他們。但眷舍右上方山上是一大片白色天主教公墓，在心理上有一種「與鬼爲鄰」的感覺。張夫人有一千多度的近視眼，她看不清楚，子女看見嘴裡不講，心裡都不舒服。張先生自軍中假退役後，只拿八成俸。

張先生因爲有稿費、版稅，還有些積蓄，除在左營被姓譚的同學騙走二百銀元外，剩下的積蓄還可以做點別的事。因爲住左營時在銀行裡存了不少舊臺幣，那時左營中學附近的土地只要三塊多錢一坪，張先生可以買一萬多坪。但那時政府的口號是「一年準備，兩年反攻，三年掃蕩，五年成功。」張先生信以爲真，三十歲左右的人還是「少不更事」，平時又忙著上班、寫作，實在不懂政治、經濟大事，以爲政府和「最高領袖」不會騙人，五年以內真的可以回大陸，張先生又有「戰士授田證」。沒想到一改用新臺幣，張先生就損失一半存款，呼天不應。但天理不容，姓譚的同學不但無后，也死了三十多年，更沒沒無聞。張先生作人、看人的準則是：無論幹什麼都是「誠信」第一，因果比法律更公平、更準。欺人不可欺心，否則自食其果。

二、退休後的寫作生活

張先生四十七歲自軍職退休後，轉任台北市中山堂國大會主編十六開大本研究各國憲法政治的《憲政思潮》十八年，時任簡任一級資料組長兼圖書館長。並在東吳大學兼任副教授二十年、香港廣大學院指導教授、講座教授、指導論文寫作、不必上課。六十四歲時即請求自公職提前退休，以業務重要不准，但取得國民大會秘書長（北京朝陽大學法律系畢業）何宜武先生的首肯，六十五歲依法退休。當時國民大會、立法院、監察院簡任一級主管多延至七十歲退休，因所主管業務富有政治性，與單純的行政工作不同，六十五歲時張先生雖達法定退休年齡，還是延長了四個月才正式退休，何秘書長宜武大惑不解地問張先生：「別人請求延長退休而不可得，你為什麼反而要求退休？」張先生答以「專心寫作」，何秘書長才坦然不疑。退休後日夜寫作，因胸有成竹，很快完成了一百九十多萬字的大長篇小說《紅塵》，在鼎盛時期的《臺灣新生報》連載四年多，開中國新聞史中報紙連載最大長篇小說先河。但報社還不敢出版，經讀者熱烈反映，才出版前三大冊。當年十二月即獲行政院新聞局「著作金鼎獎」與嘉新文化基金會「優良著作獎」，亦無前例。《台灣新生報》又出九十三章至一百二十二章，只好名為《續集》。墨人在書前題五言律詩一首：

浩劫未埋身，揮淚寫紅塵，非名非利客，孰晉孰秦人？
毀譽何清問？吉凶自有因。天心應可測，憂道不憂貧。

二〇〇四年初，巴黎 youfeng 書局出版豪華典雅的法文本《紅塵》，亦開「五四」以來中文作家大長篇小說進入西方文學世界重鎮先河。時為巴黎舉辦「中國文化年」期間，兩岸作家多由政府資助出席，張先生未獲任何資助，亦未出席，但法文本《紅塵》卻在會場展出，實為一大諷刺。張先生一生「只問耕耘，不問收穫」的寫作態度，七十多年來始終如一，不受任何外在因素影響。

肆、特殊事蹟與貢獻

一、《紅塵》出版與中法文學交流

《紅塵》寫作時間跨度長達一世紀，由清朝末年的北京龍氏家族的翰林第開始，寫到八國聯軍、滿清覆亡、民國初建、八年抗日、國共分治下的大陸與臺灣，續談臺灣的建設發展、開放大陸探親等政策。空間廣度更遍及大陸、臺灣、日本、緬甸、印度，是一部中外罕見的當代文學鉅著。墨人五十七歲時應邀出席在西方文藝復興聖地佛羅倫斯所舉辦的首屆國際文藝交流大會，會後環遊地球一周。七十歲時應邀訪問中國大陸四十天，次年即出版《大陸文學之旅》。《紅塵》一書最早於臺灣新生報連載四年多，並由該報連出三版，臺灣新生報易主後，將版權交由昭明出版社出版定本六卷。由於本書以百年來外患內亂的血淚史為背景，寫出中國人在歷史劇變下所顯露的生命態度、文化認知、人性的進取與沉淪，引起中外許多讀者極大共鳴與回響。

旅法學者王家煜博士是法國研究中國思想的權威，曾參與中國古典文學的法文百科全書翻譯工作，他認為深入的文化交流仍必須透過文學，而其關鍵就在於翻譯工作。從五四運動以來，中西文化交流一直是西書中譯的單向發展。直到九十年代文建會提出「中書外譯」計畫，臺灣作家才逐漸被介紹到西方，如此文學鉅著的翻譯，算是一個開始。

王家煜在巴黎大學任教中國上古思想史，他指出《紅塵》一書中所引用的詩詞以及蘊含中國思想的博大精深，是翻譯過程中最費工夫的部分。為此，他遍尋參考資料，並與學者、詩人討論，歷時十年終於完成《紅塵》的翻譯工作，本書得以出版，感到無比的欣慰。他笑著說，這可說是「十年寒窗」。

《紅塵》法文譯本分上下兩大冊，已由法國最重要的中法文書局「友豐書店」出版。友豐負責人潘立輝謙沖寡言，三十年多來，因對中法文化交流有重大貢獻而獲得法國授予文化「騎士勳章」的榮譽。他於五年前開始成立出版部，成爲歐洲一家以出版中國圖書法文譯著爲主業的華人出版社。

潘立輝表示，王家煜先生的法文譯筆典雅、優美而流暢，使他收到「紅塵」譯稿時，愛得不忍釋手，他以一星期的時間一口氣看完，經常讀到凌晨四點。他表示出版此書不惜成本，不太可能賺錢，卻感到十分驕傲，因爲本書能讓不懂中文的旅法華人子弟，更瞭解自己文化根源的可貴之處，同時，本書的寫作技巧必對法國文壇有極大影響。

二、不擅作生意

張先生在六十五歲退休之前，完全是公餘寫作，在軍人、公務員生活中，張先生遭遇的挫折不少。軍職方面，張先生只升到中校就不做了，因爲過去稱張先生爲前輩、老長官的人都成爲張先生的上司，張先生怎麼能做？因爲張先生的現職是軍聞社資料室主任（他在南京時即任國防部新創立的「軍事新聞總社」實際編輯主任，因言守元先生是軍校六期老大哥，未學新聞，不在編輯之列）。但張先生以不求官，只求假退役，不擋人官路，這才退了下來。那時養來亨雞風氣盛行，在南京軍聞總社任外勤記者的姚秉凡先生頭腦靈活，他即時養來亨雞，張先生也「東施效顰」，結果將過去稿費積蓄全都賠光。

三、家庭生活與運動養生

張先生大兒子考取中國廣播公司編譯，結婚生子，廿七年後才退休，長孫修明取得美國南加州大學電機碩士學位，之後即在美國任電機工程師。五個子女均各婚嫁，小兒子選良以獎學金取得美國華盛頓大學化學工程博士，媳蔡傳惠爲伊利諾理工學院材料科學碩士，兩孫亦已大學畢業就業，落地生根。

張先生兩老活到九十一、九十二歲還能照顧自己。（近年以一印尼女「外勞」代做家事）張先生一伏案寫作四、五小時都不休息，與臺大外文系畢業的長子選翰兩人都信佛，六十五歲退休後即吃全素。低血壓十多年來都在五十五至五十九之間，高血壓則在一百一十左右，走路「行如風」，年輕人很多都跟不上張先生，比起初來臺灣時毫不遜色，這和張先生運動有關。因爲張先生住大直後山海軍眷舍八年，眷舍右上方有一大片白色天主教公墓，諸事不順，公家宿舍小，又當西曬，張先生靠稿費維持七口之家和五個子女的教育費。三伏天右手墊墳著毛巾，背後電扇長吹，三年下來，得了風濕病，手都舉不起來，花了不少錢都未治好。後來章斗航教授告訴張先生，圓山飯店前五百完人塚廣場上，有一位山西省主席閻錫山的保鑣王延年先生在教太極拳，勸張先生天一亮就趕到那裡學拳，一定可以治好。張先生一向從善如流，第二天清早就向王延年先生報名請教，王先生有教無類，收張先生這個年已四十的學生，王先生先不教拳，只教基本軟身功攀腿，卻受益非淺。

四、耿直的公務員性格

張先生任職時向來是「不在其位，不謀其政」。後來升簡任一級組長，有一位「地下律師」的專員，平時鑽研六法全書，混吃混喝，與西門町混混都有來往，他的前任爲大畫家齊白石女婿，平日公私不分，是非不明，借錢不還，沒有口德，人緣太差，又常約那位「地下律師」專員到家中打牌。那專員平日不簽到，甚至將簽到簿撕毀他都不哼一聲，因爲爲他多報年齡，屆齡退休時想更改年齡，但是得罪人太多，金錢方面更不清楚，所以不准再改年齡，組長由張先生繼任。

張先生第一次主持組務會報時，那位地下律師就在會報中攻擊圖書科長，張先生立即申斥，並宣佈記過。簽報上去處長都不敢得罪那地下律師，又說這是小事，想馬虎過去，張先生以秘書處名譽紀律爲重，非記過不可，讓他去法院告張先生好了。何宜武祕書長是學法的，他看了張先生簽呈同意記過，那位地下律師「專員」不但不敢告，只暗中找一位不明事理的國大「代表」來找張先生的痲煩。因事先有人告訴他，張先生完全不理那位代表，他站在張先生辦公室門口不敢進來，幾分鐘後悄然而退。人不怕鬼，鬼就怕人。諺云：「一正壓三邪」，這是經驗之談。直到張先生退休，那位專員都不敢惹事生非，西門町流氓也沒有找張先生的痲煩，當年的代表十之八九已上「西天」，張先生活到九十二歲還走路「行如風」，一坐到書桌，能連續寫作四、五小時而不倦，不然張先生怎麼能在兩岸出版約三千萬字的作品？

原載新文豐《紮根台灣六十年》，墨人民國一百年十一月十三日校正）

墨人博士作品全集

文學是千秋藝業

秦皇漢武今何在

李白杜甫仍風流

全集共分四大類

一、散文類 二、小說類

三、文學理論類

四、新詩古典詩詞類

我出生於一個「萬般皆下品，惟有讀書高」的傳統文化家庭，且深受佛家思想影響，因祖母信佛，兩個姑母先後出家，大姑母是帶著賠嫁的錢購買依山傍水風景很好，上名山廬山的必經之地的「天后宮」出家的，小姑母的廟則在鬧中取靜的市區。我是父母求神拜佛後出生的男子，並寄名佛下，乳名聖保，上有二姊下有一妹都夭折了，在那個重男輕女的時代！我自然水漲船高了。我記得四、五歲時一位面目清秀，三十來歲文質彬彬的李瞎子替我算命，母親問李瞎子，我的命根穩不穩？能不能養大成人？李瞎子說我十歲行運，幼年難免多病，可以養大成人，但是會遠走高飛。母親聽了憂喜交集，在那個時代不但妻以夫貴。也以子貴，有兒子在身邊就多了一層保障。母親的心理壓力很大，李瞎子的「遠走高飛」那句話可不是一句好話。

到現在八十多年了，我還記得十分清楚。母親暗自憂心。何況科舉已經廢了，不必「進京趕考」，更不會「當兵吃糧」，安安穩穩作個太平紳士或是教書先生不是很好嗎？我們張家又是大族，人多勢眾，不會受人欺侮，何況二伯父的話此法律更有權威，人人敬仰，去外地「打流」又有什麼好處？因此我剛滿六歲就正式拜孔夫子入學啓蒙，從《三字經》、《百家姓》、《千字文》、《千家詩》、《論語》、《大學》、《中庸》……《孟子》、《詩經》、《左傳》讀完了都要整本背，在十幾位學生中，也只有我一人能背，我背書如唱歌，窗外還有人偷聽，他們實在缺少娛樂。除了我父親下雨天會吹吹笛子、簫，消遣之外，沒有別的娛樂，我自幼歡喜絲竹之音，但是很少聽到。讀書的人也只有我們三房、二房兩兄弟，二伯父在城裡當紳士，偶爾下鄉排難解紛，他是一族之長，更受人尊敬，因爲他大公無私，又有一百八十公分左右的身高，眉眼自有威嚴，能言善道，他的話比法律更有效力，加之民性純樸，真是「夜不閉戶，道不失遺」。只有「夏都」廬山才有這麼好的治安。我十二歲前就讀完了四書、詩經、左傳、千家詩。我最喜歡的是《千家詩》和《詩經》。

關關雎鳩，在河之洲，
窈窕淑女，君子好逑。

我覺得這種詩和講話差不多，可是更有韻味。我就喜歡這個調調。《千家詩》我也喜歡，我背得更熟。開頭那首七言絕句詩就很好懂：

雲淡風清近午天，傍花隨柳過前川。
時人不識余心樂，將謂偷閒學少年。

老師不會作詩，也不講解，只教學生背，我覺得這種詩和講話差不多，但是更有韻味。我也了解大意，我以讀書爲樂，不以爲苦。這時老師方教我四聲平仄，他所知也止於此。

我也喜歡《詩經》，這是中國最古老的詩歌文學，是集中國北方詩歌的大成。可惜三千多首被孔子刪得只剩三百首。孔子的目的是：「詩三百，一言以蔽之，曰思無邪。」孔老夫子將《詩經》當作教條。詩是人的思想情感的自然流露，是最可以表現人性的。先民質樸，孔子既然知道「食色性也」，對先民的集體創作的詩歌就不必要求太嚴，以免喪失許多文學遺產和地域特性。楚辭和詩經不同，就是地域特性和風俗民情的不同。文學藝術不是求其同，而是求其異。這樣才會多彩多姿。文學不應成爲政治工具，但可以移風易俗，亦可淨化人心。我十二歲以前所受的基礎教育，獲益良多，但也出現了一大危機，沒有老師能再教下玄。幸而有一位年近二十歲的姓王的學生在廬山一未立案的國學院求學，他問我想不想去？我自然想去，但廬山夏涼，冬天太冷，父親知道我的心意，並不反對，他對新式的人手是刀尺的教育沒有興趣，我便在飄雪的寒冬同姓王的爬上廬山，我生在平原，這是第一次爬上高山。

在廬山我有幸遇到一位湖南岳陽籍的閻毅字任之的好老師，他只有三十二歲，飽讀詩書，與民國初期的江西大詩人散原老人唱和，他的王字也寫的好。有一天他要六七十位年齡大小不一的學生各寫一首絕句給他看，我寫了一首五絕交上去，廬山松樹不少，我生在平原是看不到松樹的，我是即景生情，信手寫來，想不到閻老師特別將我從大教室調到他的書房去，在他右邊靠牆壁另加一桌一椅，教我讀書寫字，並且將我的名字「熹」改爲「熙」，視我如子。原來是他很欣賞我那首五絕中的「疏松月影亂」這一句。我只有十二歲，不懂人情世故，也不了解他的深意。時任漢口市長張群的侄子張繼文還小我一歲，卻是個天不怕、地不怕的小太保，江西省主席熊式輝的兩個小舅子大我幾歲，閻老師的侄子卻高齡二十八歲。學歷也很懸殊，有上過大學的、高中的，多是對國學有興趣，支持學校的袞袞諸公也都是有心人士，新式學校教育日漸西化，國粹將難傳承，所以創辦了這樣一個尙未立案的國學院，也未大張旗鼓正式掛牌招生，但聞風而至的要人子弟不少，校方也本著「有教無類」的原則施教，閻老師也是義務施教，他與隱居廬山的要人嚴立三先生也有交往。（抗日戰爭一開始嚴立三即出山任湖北省主席，諸閻老師任省政府秘書，此是後話。）同學中權貴子弟亦多，我雖不是當代權貴子弟，但九江先組玉公以提督將軍身分抵抗蒙古騎兵入侵雁門關戰死東昌(雁門關內北京以西縣名，一九九〇年我應邀訪問大陸四十天時去過。)而封河間王；其子輔公。以進士身分出仕，後亦應昭領兵三定交趾而封定興王；其子貞公亦有兵權，因受政客讒害而自嘉定謫居潯陽。大詩人白居易亦曾謫爲江州司馬，我另一筆名即用江州司馬。我是黃帝第五子揮的後裔，他因善造弓箭而賜姓張。遠祖張良是推薦韓信爲劉邦擊敗楚霸王項羽的漢初三傑之首。他有知人之明，深知劉邦可以共患難，不能共安樂，所以悄然引退，作逍遙遊，不像韓信爲劉邦拼命打天下，立下汗馬功勞，雖封三齊王卻死於未央宮呂后之手。這就是不知進退的後果。我很敬佩張良這位遠祖，抗日戰爭初期（一九三八）我爲不作「亡國奴」，即輾轉赴臨時首都武昌以優異成績考取軍校，一位落榜的姓熊的同學帶我們過江去漢口。中共未公開招生的「抗日大學」（當時國共合作抗日，中共在漢口以「抗大」名義吸收人才。）辦事處參觀，接待我們的是一位讀完大學二年級才貌雙全，口才奇佳的女生獨對我說負責保送我免試進「抗大」一期，因未提其他同學，我不去。一年後我又在軍校提前一個月畢業，因我又考取陪都重慶中央政府培養高級軍政幹部的中央訓練團，而特設的新聞「新聞研究班」第一期，與我同期的有爲新詩奉獻心力的覃子豪兄（可惜五十二歲早逝）和中央社東京分社主任兼國際記者協會主席的李嘉兄。他在我訪問東京時曾與我合影留念，並親贈我精裝《日本專欄》三本。他七十歲時過世，這兩張照片我都編入「全集」一百九十多萬字的空前大長篇小說（紅塵）照片類中。而今在台同學只有兩位了。

民國二十八年（一九三九）九月我以軍官、記者雙重身分，奉派到第三戰區最前線的第三十二集團軍上官雲相總部所在地，唐宋八大家之一，又是大政治家王安石，尊稱王荆公的家鄉臨川，（屬撫州市）作軍事記者，時年十九歲，因第一篇戰地特寫《臨川新貌》經第三戰區長官都主辦的行銷甚廣的《前線日報》發表，隨即由淪陷區上海市美國人經營的《大美晚報》轉載，而轉爲文學創作，因我已意識到新聞性的作品易成「明日黃花」，文學創作則可大可久，我爲了寫大長篇《紅塵》、六十四歲時就請求提前退休，學法出身的秘書長何宜武先生大惑不解，他對我說：

「別人想幹你這個工作我都不給他，你爲什麼要退？」我幹了十幾年他只知道我是個奉公守法的張萬熙，不知道我是「作家」墨人，有一次國立師範大學校長劉真先生告訴他張萬熙就是墨人，劉校長看了我在當時的「中國時報」發表的幾篇有關中國文化的理論文章，他希望我繼續寫，劉校長真是有心人。沒想到他在何宜武秘書長面前過獎，使我不能提前退休，要我幹到六十五歲多四個月才退了下來。現在事隔二十多年我才提這件事。鼎盛時期的（台灣新生報）連載四年多的拙作《紅塵》出版前三冊時就同時獲得新聞局著作金鼎獎和嘉新文化基金會「優良著作獎」，劉真校長也是嘉新文化基金會的評審委員之一，他一定也是投贊成票的。「世有伯樂而後有千里馬」。我九十二歲了，現在經濟雖不景氣，但我還是重讀重校了拙作「全集」我一向只問耕耘，不問收穫，我歷任軍、公、教三種性質不同的職務，經過重重考核關卡，寫作七十三年，經過編者的考核更多，我自己從來不辦出版社。我重視分工合作。我頭腦清醒，是非分明，歷史人物中我更敬佩遠祖張良，不是劉邦。張良的進退自如我更歎服。在政治角力場中要保持頭腦清醒，人性尊嚴並非易事。我們張姓歷代名人甚多，我對遠祖張良的進退自如尤爲歎服，因此我將民國四十年在台灣出生的幼子依譜序取名選良。他早年留美取得化學工程博士學位，雖有獎學金，但生活仍然艱苦，美國地方大，出入非有汽車不可，這就不是獎學金所能應付的，我不能不額外支持，他取得化學工程博士學位與取得材料科學碩士學位的媳婦蔡傳惠雙雙回台北探親，且各有所成，幼子曾研究生產了飛機太空船用的抗高溫的纖維，媳婦則是一家公司的經理，下屬多是白人，兩孫亦各有專長，在台北出生的長孫是美國南加州大學的電機碩士，在經濟不景氣中亦獲任工程師，我不要第三代走這條文學小徑，是現實客觀環境的教訓，我何必讓第三代跟我一樣忍受生活的煎熬，這會使有文學良心的人精神崩潰的。我因經常運動，又吃全素二十多年，九十二歲還能連寫四、五小時而不倦。我寫作了七十多年，也苦中有樂，但心臟強，又無高血壓，一是得天獨厚，二是生活自我節制，我到現在血壓還是**60—110**之間，沒有變動，寫作也少戴老花眼鏡，走路仍然「行如風」，十分輕快，我在國民大會主編《憲政思潮》十八年，看到不少在大陸選出來的老代表，走路兩腳在地上蹉跎，這就來日不多了。個人的健康與否看他走路就可以判斷，作家寫作如在八十歲以後還不戴老花眼鏡，沒有高血壓，長命百歲絕無問題。如再能看輕名利，不在意得失，自然是仙翁了。健康長壽對任何人都很重要，對詩人作家更重要。

一九九〇年我七十歲應邀訪問大陸四十天作「文學之旅」時，首站北京，我先看望已九十高齡的老前輩散文作家，大家閨秀型的風範，平易近人，不慍不火的冰心，她也「勞改」過，但仍心平氣和。本來我也想看看老舍，但老舍已投湖而死，他的公子舒乙是中國現代文學館的副館長，他也出面接待我，還送了我一本他編寫的《老舍之死》，隨後又出席了北京詩人作家與我的座談會，參加七十賤辰的慶生宴，彈指之間卻已二十多年了。我訪問大陸四十天，次年即由台北「文史哲出版社」出版照片文字俱備的四二五頁的《大陸文學之旅》。不虛此行。大陸文友看了這本書的無不驚異，他們想不到我七十一高齡還有這樣的快筆，而又公正詳實。他們不知我行前的準備工作花了多少時間，也不知道我一開筆就很快。

我拜會的第二位是跌斷了右臂的詩人艾青，他住協和醫院，我們一見如故，他是浙江金華人，卻體格高大，性情直爽如燕趙之士，完全不像南方金華人。我們一見面他就緊握著我的手不放，侃侃而談，我不知道他編《詩刊》時選過我的新詩。在此之前我交往過的詩人作家不少，沒有像他如此豪放真誠，我告別時他突然放聲大哭，陪我去看他的北京新華社社長族侄張選國先生，陪我四十天作《大陸文學之旅》的廣州電視台深圳站站長高麗華女士，文字攝影記者譚海屏先生等多人，不但我爲艾青感傷，陪同我去看艾青的人也心有戚戚焉，所幸他去世後安葬在八寶山中共要人公墓，他是大陸唯一的詩人作家有此殊榮。台灣單身詩人同上校軍文黃仲琮先生，死後屍臭才有人知道，他小我二歲，如我不生前買好八坪墓地，連子女也只好將我兩老草草火化，這是與我共患難一生的老伴死也不甘心的，抗日戰爭時她父親就是我單獨送上江西南城北門外義山土葬的。這是中國人「入土爲安」的共識。也許有讀者會問這和文學創作有什麼關係？但文學創作不是單純的文字工作，而是作者整個文化觀、文學觀，人生觀的具體表現，不可分離。詩人作家不能「瞎子摸象」，還要有「舉一反三」的能力。我做人很低調。寫作也不唱高調，但也會作不平之鳴、仗義直言。我不鄉愿，我重視一步一個腳印，「打高空」可以譁眾邀寵於一時，但「旁觀者清」，讀者中藏龍臥虎，那些不輕易表態的多是高人。高人一旦直言不隱，會使洋洋自得者現出原形。作品一旦公諸於世，一切後果都要由作者自己負責，這也是天經地義的事。

我寫作七十多年無功無祿，我因熬夜寫作頭暈住馬偕醫院一個星期也沒有人知道，更不像大陸的當代作家、詩人是有給制，有同教授的待過，而稿費、版稅都歸作者所有。依據民國九十八年一月十日「中國時報」A十四版「二〇〇八年中國作家富豪榜單」二十五名收入人民幣的數字統計，第一高的郭敬明一年是一千三百萬人民幣，第二名鄭淵潔是一千一百萬人民幣，第三名楊紅櫻是九百八十萬人民幣。最少的第二十五名的李西閩也有一百萬人民幣，以人民幣與台幣最近的匯率近一比四·五而言，現在大陸作家一年的收入就如此之多，是我一九九〇年應邀訪問大陸四十天作文學之旅時所未想像到的，而現在的台灣作家與我年紀相近的二十年前即已停筆，原因之一是發表出版兩難，二是年齡太大了。民國九十八年(二〇〇九)以前就有張漱菡(本名欣禾)、尹雪曼、劉枋、王書川、艾雯、嚴友梅六位去世，嚴友梅還小我四、五歲，小我兩歲的小說家楊念慈則行動不便，鬍鬚相當長，可以賣老了。我托天佑，又自我節制，二十多年來吃全素，又未停止運動，也未停筆，最近在台北榮民總醫院驗血檢查，健康正常。我也有我的養生之道，每天吃枸杞子明目，吃南瓜子抑制攝護腺肥大，多走路、少坐車，伏案寫作四、五小時而不疲倦，此非一日之功。

民國九十八(二〇〇九)己丑，是我來台六十周年，這六十年來只搬過兩次家，第一次從左營搬到台北大直海軍眷舍，在那一大片天主教白色公墓之下，我原先不重視風水，也無錢自購住宅，想不到鄰居的子女有得神經病的，有在金門車禍死亡的，大人有坐牢的，有槍斃的，也有得神經病的，我退役養雞也賠光了過去稿費的積蓄，讀台大外文系的大兒子也生病，我則諸事不順，直到搬到大屯山下坐北朝南的兩層樓的獨門獨院自宅後，自然諸事順遂，我退休後更能安心寫作，遠離台北市區，真是「市遠無兼味，地僻客來稀。」同里鄰的多是市井小民，但治安很好，誰也不知道我是爬格子的，連警察先生也不光顧舍下，除了近十年常有人打電話來騙我，幸未上大當外，我安心過自己的生活。當年「移民潮」去不了美國的也會去加拿大，我是「美國人」的祖父，我不移民美國，更別說去加拿大了。娑婆世界無常，早年即移民美國的琦君（本名潘希真）、彭歌，最後還是回到台灣來了，這不能說台灣是「天堂」，以我的體驗而言是台北市氣候宜人，夏天三十四度以上的日子少，冬天十度以下的日子也很少，老年人更不能適應零度以下的氣溫，我只有冬天上大屯山、七星山頂才能見雪。有高血壓、心臟病的老人更不能適應。我不想做美國公民，做台灣平民六十多年，也沒有自卑感。

娑婆世界是一個無常的世界，天有不測風雲，人有旦夕禍福，老子早說過：「福兮禍所倚，禍兮福所伏。」禍福無門，唯人自招。我一生不起歪念，更不損人利己，與人爲善。雖常吃暗虧，只當作上了一課。這個花花世界是我學不完的大教室，萬丈紅塵其中也有黑洞，我心存善念，更不造文字孽，不投機取巧，不違背良知，蒼天自有公斷，我本著文學良心寫作，盡其在我而已，讀者是最好的裁判。

民國一〇〇年（二〇一一）辛卯七月二十九日下午六時二十三分於紅塵寄廬

1951 年墨人 31 歲與夫人曾麗春女士（30 歲）結婚十周年紀念合影於左營

墨人博士七十壽辰與夫人曾麗春女士合影。此照為大翻譯家、文學理論家黃文範先生所攝，並在照片背後題「南山北海惟仁者壽」。

民國二十九年（1940）作者
墨人在江西南城戎裝照。

1939 年墨人即自戰時陪都四川
重慶奉派至江西臨川王安石家
鄉，第三戰區前線任軍事記者創
辦軍報，提供抗日官兵精神食
糧。時年 19 歲。

2010 年「五四」作者墨人 91 歲在花蓮和南寺家人合影

2003 年 8 月 26 日作者墨人（中）在含鄱口觀山景點與作者長女韻華、長子選翰、三女韻湘、二女韻真合影。

2005 年 2 月作者次子選良（右一）回台北與父（右二）及作者夫人（中）三女韻湘（左二）二女韻真（左一）合影。

作者墨人在書房留影，時年八十五歲。

《墨人博士大長篇小說〈紅塵〉法文譯本封面照片》

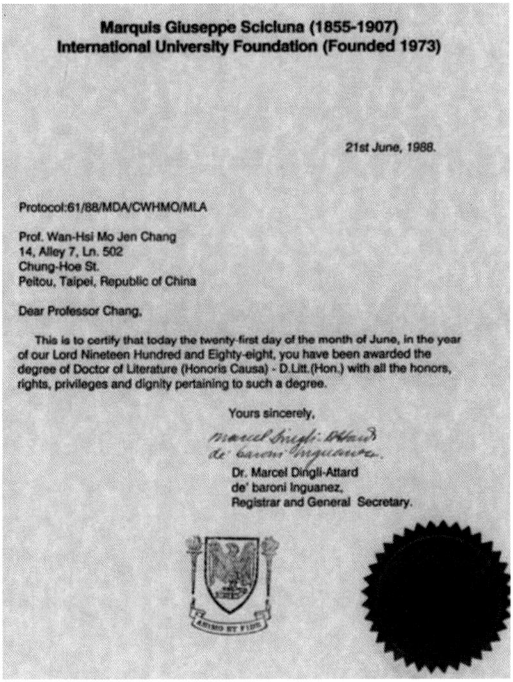

Marquis Giuseppe Scicluna (1855-1907)
International University Foundation (Founded 1973)

21st June, 1988.

Protocol:61/88/MDA/CWHMO/MLA

Prof. Wan-Hsi Mo Jen Chang
14, Alley 7, Ln. 502
Chung-Hoe St.
Peitou, Taipei, Republic of China

Dear Professor Chang,

This is to certify that today the twenty-first day of the month of June, in the year of our Lord Nineteen Hundred and Eighty-eight, you have been awarded the degree of Doctor of Literature (Honoris Causa) - D.Litt.(Hon.) with all the honors, rights, privileges and dignity pertaining to such a degree.

Yours sincerely,

Dr. Marcel Dingli-Attard
de' baroni Inguanez,
Registrar and General Secretary.

1988 年美國馬奎士國際大學基金會，授予張萬熙墨人教授榮譽文學博士學位證書。

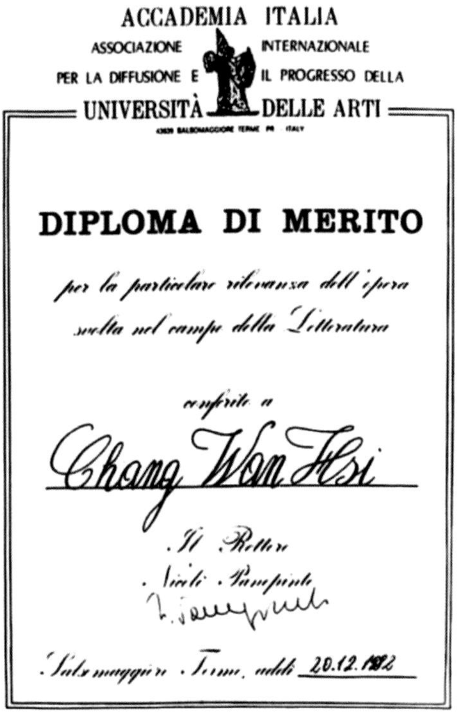

ACCADEMIA ITALIA
ASSOCIAZIONE INTERNAZIONALE
PER LA DIFFUSIONE E IL PROGRESSO DELLA
UNIVERSITÀ DELLE ARTI

DIPLOMA DI MERITO

per la particolare rilevanza dell'opera scelta nel campo della Letteratura

conferito a

Chang Wan Hsi

Il Rettore

Salsomaggiore Terme, addì 20.12.1982

義大利出版英、法、德、義四種文字的「國際文學史」的 ACCADEMIA ITALIA, 1982 年授予墨人的文學功績證書。

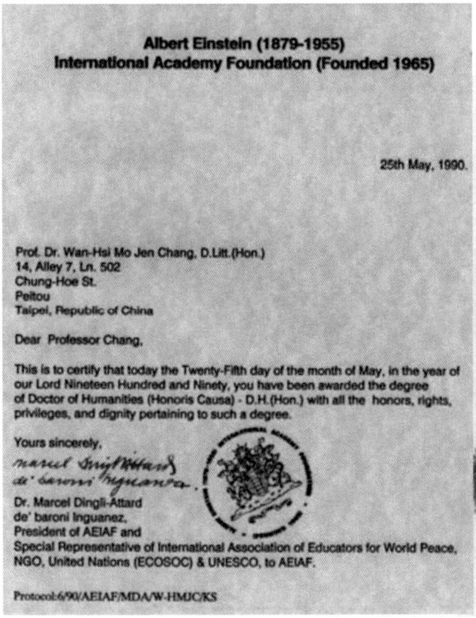

Albert Einstein (1879-1955)
International Academy Foundation (Founded 1965)

25th May, 1990.

Prof. Dr. Wan-Hsi Mo Jen Chang, D.Litt.(Hon.)
14, Alley 7, Ln. 502
Chung-Hoe St.
Peitou
Taipei, Republic of China

Dear Professor Chang,

This is to certify that today the Twenty-Fifth day of the month of May, in the year of our Lord Nineteen Hundred and Ninety, you have been awarded the degree of Doctor of Humanities (Honoris Causa) - D.H.(Hon.) with all the honors, rights, privileges, and dignity pertaining to such a degree.

Yours sincerely,

Dr. Marcel Dingli-Attard
de' baroni Inguanez,
President of AEIAF and
Special Representative of International Association of Educators for World Peace, NGO, United Nations (ECOSOC) & UNESCO, to AEIAF.

Protocol:6/90/AEIAF/MDA/W-HMJC/KS

1990 年美國愛因斯坦國際學院基金會授予張萬熙墨人教授榮譽人文學（含哲學文學藝術語言四種）博士學位

WORLD UNIVERSITY ROUNDTABLE
In Corporate Affiliation with the World University

Greetings

In recognition of Distinguished Achievement within the principles and purposes of the World University development, the Trustees of the Corporation, upon the nomination of the Secretariat, confer doctoral membership and this honorary award upon

Chang Wan-Hsi (Mo Jen)

The Cultural Doctorate in Literature

with all rights and privileges there to pertaining.

Witness our hand and seal at the International Secretariat Regional Campus, Benson, Arizona April 17, 1989

President of the Board of Trustees

Secretary of the Board of Trustees

1989 年美國世界大學授予張萬熙墨人榮譽文學博士學位，文化大學創辦人張其昀（曉峰）先生亦獲此榮譽。

THIS PICTORIAL TESTIMONIAL OF ACHIEVEMENT AND DISTINCTION
proclaims throughout the world that
DR. CHANG WAN-HSI (MO JEN)
is the recipient of the above-mentioned Honour, granted by the Board of Editors of the
2000 OUTSTANDING SCHOLARS OF THE 20TH CENTURY
meeting in Cambridge, England, on the date set out below,
AND that the Board also resolves that a portrait photograph of
DR. CHANG WAN-HSI (MO JEN)
be attached to this Testimonial as verification of the Honour bestowed.
2000 OUTSTANDING SCHOLARS OF THE 20TH CENTURY
First Edition
Signed and sealed on the
14th December 1999
Authorized Officer

1999 年 10 月張萬熙墨人博士榮登英國劍橋國際傳記中心《二十世二千位傑出學者》第一版證書。

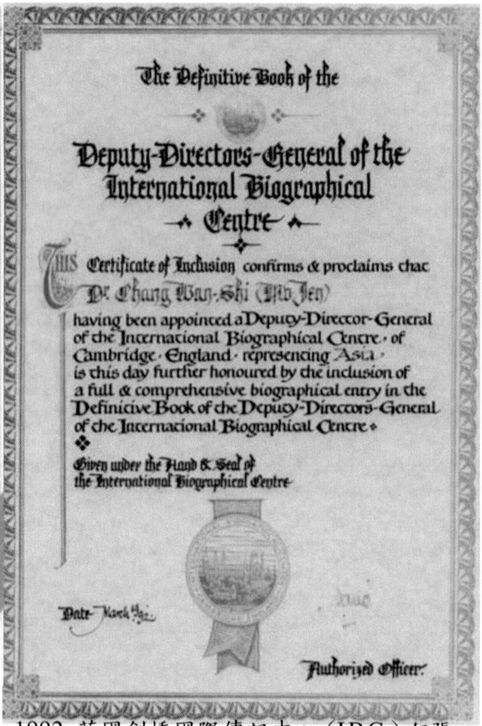

The Definitive Book of the
Deputy-Directors-General of the International Biographical Centre
THIS Certificate of Inclusion confirms & proclaims that
Dr. Chang Wan-Shi (Mo Jen)
having been appointed a Deputy-Director-General of the International Biographical Centre of Cambridge England representing Asia is this day further honoured by the inclusion of a full & comprehensive biographical entry in the Definitive Book of the Deputy-Directors-General of the International Biographical Centre
Given under the Hand & Seal of the International Biographical Centre
Date
Authorized Officer

1992 英國劍橋國際傳記中心（I.B.C.）任張萬熙墨人博士為代表亞洲的副總裁。

THE INTERNATIONAL SHAKESPEARE AWARD
FOR LITERARY ACHIEVEMENT
This Illuminated Certificate of Merit commemorates and celebrates the life and work of
Dr. Chang Wan-Hsi (Mo Jen) DDG
and is therefore a rightful recipient of the Shakespeare Award for Literary Achievement and as such stands testament to the efforts made by said individual in the arena of
Poetry, Novels and the Humanities
Witnessed on the date set out below by the Officers of the International Biographical Centre at its Headquarters in Cambridge, England and signed by the Director General and Editor-in-Chief.
16th March 2009
Director General
Editor-In-Chief

2009 年 3 月 16 日英國劍橋國傳記中心總裁與總編輯聯合授予張萬熙墨人博士國際莎士比亞文學成就獎。

International Biographical Centre Cambridge CB2 3QP England
IBC
REF : LAA/MED/MW-13640
13 November 2002
Dr Chang Wan-Hsi (Mo Jen) DDG
14 Alley 7, Lane 502
Chung Ho Street
Peitou
Taipei
Taiwan
Dear Dr Chang
Please find enclosed the Medal in respect of the Lifetime Achievement Award which I hope meets with your approval.
Yours sincerely
M Whitehall
MICHELLE WHITEHALL
Personal Assistant to the Director General
Enc
LIFETIME ACHIEVEMENT AWARD
PRESENTED TO
Chang Wan-Hsi (Mo Jen)

英國劍橋國傳記中心（I.B.C.）2002 年頒發詩人作家張萬熙（墨人）博士終身成就獎，英文信及金牌正反面照片墨人早年即被 I.B.C.推選為副總裁。

閃爍的星辰 目次

附　錄

第一章

舊曆新年迎稀客　英雄落魄吐心聲

中華民國五十八年舊曆正月初二夜晚。

蕭野梧一家人因爲一個不平凡的客人的突然降臨，更增加了新年的歡樂氣氛，蕭野梧自己更高興得了不得，平日他就愛說愛笑，今天更爲莊問之這位老同學不遠千里而來而大聲說笑了。本來他是一個出名的懶虫，今天夜晚却自動地搬桌椅擺凳子，忙得不亦樂乎。另外他還有一個專愛使喚別人的毛病，今天他正好名正言順地分配弟弟野桐，妹妹瑞蘭幫助工作了。野桐和瑞蘭從小就不樂意野梧那種頤指氣使的作風，今天却高高興興服服貼貼地幫助他佈置一個「茶花會」場，因爲他們對於莊問之的印象太好了。

問之和野梧訂交已經十年了，平日書信往返極多，問之所有的來信野梧都全部保存起來，這些信瑞蘭和野桐都讀過好幾次了，不僅因爲問之的文字優美使他們深爲仰慕，問之友情的眞摯更使他們深深感動。問之的各種生活照片他們也在野梧的照相簿中看過，他們對於問之那長方形的臉，高高的鼻樑，莊嚴而堅決的嘴唇，那大而厚的兩耳和那對充滿感情和幻想的詩人眼睛，印象非常深刻。加之野梧太太姚華芳平日的口頭讚揚，處處都給他們一個良好的印象。而問之送給野梧的那本「戰地的花朶」的詩集，他們兩位更是愛不忍釋，裡面有好多首短詩他們都能背誦出來。由於這種種關係，問之在他們的心靈中是早就佔了一個很重要的位置了。

一切佈置妥當之後，野梧還特地把左右隔壁的堂兄弟姊妹統統邀來參加這個「茶花會」，這個小小的書房頓時擠滿了人，連野梧，野桐，瑞蘭，華芳，野梧的母親和三個孩子在內，男男女女，大大小小一共有二十幾位，小書房裡洋溢着一片歡笑聲。問之來到時本來是穿一身舊草綠色棉軍服，現在則換上了野梧的藍色絲綿長袍，坐在火盆旁邊更感覺到無限的溫暖。十年戎馬，浪跡天涯，這是他第一次享受到家庭的歡樂，因此他感激地說：

「野梧，眞想不到我還能留着這條命來看你？更想不到今天你會給我這樣大的安慰！」

野梧隨即遞給他一支金庫烟，親切地說：

「問之，要是在城裡我一定特地在「樓外樓」擺兩桌酒替你洗塵，在鄉下就辦不到。[redacted]我只好因陋就簡擺點花生，瓜子，紅薯片，花生糖，再加上一杯紅茶，表示一點歡迎的意思，同時我還杜撰了一個名詞，叫這做「茶花會」。另外要我們蕭家兄弟姊妹們再來點餘興節目，讓你高興一下，你可別見笑呀？」

問之聽到「茶花會」這個名詞覺得非常有趣，他不但感激野梧的熱情，還十分欣賞野梧的風趣，他不答話，只向野梧和周圍的人深深地一笑。

「莊先生上午到的時候眞像一個軍人，現在又太像一個詩人了。」瑞蘭帶着幾分羞態望着問之說。

「[redacted]您也許是指我的服裝？」問之[redacted]非常謙虛地說。

「不，我的感覺的確是這樣。」瑞蘭略微擡起[redacted]眼睛，迅速地瞥了問之一眼又連忙低下頭來。

「我同意蘭妹子的看法。」野梧馬上摸摸他的小鬍子同時敲敲火盆說。

「兩樣我都慚愧。」問之謙虛地笑笑。

「問之，別人我不清楚你我總清楚！你什麼都比我强，就是沒有我爽快。當軍人在我們湖南不算稀奇，如果我也能寫詩我早就把詩人的招牌掛在大門口了。這年頭何必錦衣夜行呢？……好，我們不談這個，」野梧又馬上調轉話頭向瑞蘭做個鬼臉：「蘭妹子，你先來一個節目怎樣？」

「哥哥你眞討厭，總是拿難題目別人做。」瑞蘭嬌嗔地說：「今天應該由你起頭才好。」

野梧碰了一個橡皮釘子之後馬上將過頭去向野桐挑戰：

「桐弟，蘭妹子臉皮嫩，怕羞；你是男子漢，應該大方一點？」

「怕羞不怕羞那是另外一回事，照理今天你應該玩龍頭。」

野桐的話一出口，其餘的人馬上附和，野梧看看討不到便宜，馬上拍拍胸脯：

「好，你們都怕羞，只有我膽大臉皮厚。來，聽我的。」

於是他喝了一口茶，咳嗽了兩聲，清理了一下嗓子，就敞開喉嚨唱了一段平劇「蘇武牧羊」，完全馬派腔調。

接着各人都搬出自已的傑作，會講故事的講故事，會說笑話的說笑話，會唱歌的唱歌，小房間裡熱鬧非常，外面的風雪怎樣也叩不開這暖室的門窗。

臨到瑞蘭時她別開生面，朗誦了問之一首詩「我們這一代」。

我們有兩個可怕的敵人
第一是外來的侵略
第二是本身的愚蠢和貧困

[redacted]

我們剛擊敗猙獰的日本
接着又來了一個微笑的敵人
而本身的愚蠢和貧困
更將耗費我們這一生

我們祈禱中國強盛
但中國仍然是一個沉睡的巨人
我們渴望永久和平
但她又是那麼遙遠那麼慳吝

我們的血將要流盡
我們已經付出無價的青春

由於瑞蘭充分瞭解這首詩的情感，和她那天賦的微顫的聲音，所以這首詩的朗誦效果很好，雖然大家的心情因爲這首詩而沉重，但野梧却滑稽地打起四川[redacted]腔：「要得！硬是要得！」大家看見他那付怪相不覺[redacted]笑起來，瑞蘭也不禁噗哧一聲。

最後野梧又向問之挑戰：

「問之，大家都[redacted]了一手，現在該你的了。」

「野梧，我實在不行，一樣玩[redacted]兒都不會。……」這是實話，問之就缺少逢場作戲的天才，因此他顯得有幾分尷尬。

「這不是我的事，要看看大家的意見如何？」於是野梧向周圍的人擠擠眼睛：「你們看怎樣？」

大家要求問之也來一個節目，只有瑞蘭默不作聲，瞇着眼睛善意地望着問之[redacted]笑。

問之看看不可能推脫，於是輕輕地向大家宣佈：

「好，我也來講一個故事，一個屬於我自已的故事。」

自從濟南莫明其妙地丟掉之後，魯南，蘇北，皖北這三角地區的火藥氣味就更加濃重了。徐州這座古城變成了双方爭奪的中心，這一場戰爭的意義太大，所以双方在軍事佈署方面都煞費心機，國軍已盡其可能從各方面抽調精銳部隊來從事這一場決戰，問之的部隊就是從河南方面抽調去的，他們雖然剛在豫北打了一個勝仗，但兵員損折不少，裝備也打了一個不小的折扣，依通常的情況來講，他們這個部隊最少需要三至六個月的訓練補充，才能恢復以往的戰力，但徐蚌會戰迫在眉睫，上峯命令他們馬上參加這場新的戰爭，等到他們星夜趕到指定地區時戰火已經爆發，前方且傳來非常不利的消息，一個兵團已經打垮，一個兵團正被包圍，而且敵人還在不斷增援，但國軍已再沒有兵力可調，這時問之的部隊前面已被敵人的炮火封鎖，增援不上，後面敵人的壓力又逐漸增加，脫離戰場亦不可能，苦戰一星期之後，他的一營人已經犧牲了十之七八，所餘的人也沒有一顆子彈可打，而且餓得眼睛發花，在一個伸手不見掌的夜裡，他和三位弟兄連滾帶爬好不容易才逃出了敵人的包圍圈，有一位弟兄剛爬到敵人的包圍圈外就像過度疲倦的人沉沉入睡一樣地不動了，這時東方剛露出一線迷濛的曙光，問之眼巴巴地望着他慢慢地合上眼皮，慢慢地停止呼吸。

突圍之後，他再也無法歸隊，因爲他們的部隊整個垮了。本來他想先回家去看看再說，但他的家也在戰火之中，他在鄭州，信陽，武漢流浪了一些日子，但沒有那一個單位肯收容他，也找不到一份工作，因爲那時各地人心惶惶，自顧不暇，誰還願意管一個打敗仗的軍人呢？在無路可走的情形下他想起了野梧，因爲在兩個月前他接到過野梧一封信，告訴他說他已經從張家口間關南下回到故鄉長沙了，並且說他非常希望和他見面，商量今後的出處。所以他帶着一半感傷一半興奮的心情向野梧投奔了。

「唉！我打了十年仗，這是第一次敗北，而且敗得這樣狼狽，這樣可恥！」問之感喟地結束了他這段故事。

「勝敗兵家常事，用不着放在心上，這次打敗了下次扭好再來。」野梧摸摸他的小鬍子，同時夾了一塊新炭加在即將熄滅的火盆中。

「我覺得這次戰爭不單純是兵家的事，這並不是說我們軍人推卸責任，我們應該趕快從多方面找出失敗的原因，打糊塗仗是永遠不能取勝的！」

問之的話在室內迴盪，大風雪像一頭發瘋的野獸在門外尖銳地呼號……

第二章　好友當婚提親事　小姑待嫁尚含羞

蕭野梧這個家庭是一個非常理想的家庭，他母親是一個很賢慧的老太太，她有中國舊社會女性的一切美德，可是思想並不落伍，對於兒女們她完全施行一種愛的教育，決不輕易打罵，隨便干涉；同時她還具有一種高尚的幽默感，任何不愉快的事只要她輕描淡寫地一句話就烟消雲散。她是野梧父親的繼室，野梧父親在譚內閣時是一個重要的角色，惟一遺憾的是一大把年紀還沒有兒女，所以在五十歲時他又作了一次新郎。結婚以後她接連生了野梧，瑞蘭，野桐三位兒女，野桐出生時他父親剛好六十歲，晚年連生兩個兒子那快樂是可以想見的，野梧父親原是一個非常達觀的人，早年參加革命吃過不少苦頭，曾一度亡命日本，回國後也沒有一帆風順，但不論怎樣失意他總是樂觀的，沒有飯吃他也決不會皺一下眉頭，「沒有飯吃正好上館子開開葷」，這是他的口頭禪，事實上他也常常這樣做，吃完之後記一筆賬，有錢時再一次還清直到晚年才算有點積蓄，添置了一點家產，可是在野梧九歲，瑞蘭六歲野桐三歲的時候他就去世了。那時野梧母親剛剛三十歲，有些叔侄們不但不給她半點安慰和幫助，反而覬覦她那份財產，今天要這明天要那，野梧的母親不但不和他們計較，反而客氣地對他們說：

「隨便要什麼你們自己去拿吧。」

就這樣，城裡那份財產完了。於是她帶着野梧他們搬到鄉下來住，靠點租穀生活，辛辛苦苦地教養他們。她唯一的希望是兒女們早點長大。

野梧自小就聰明絕頂，搗蛋頑皮也數第一。四五歲的時候他曾經點燃一根紙捻趁父親躺在睡椅上打盹時，把他尺來長[illegible]燒個精光，再大一點更像一個沒有絡頭的野馬，大人見了他就頭痛，小孩兒見了他就逃跑。他母[illegible]透了腦筋，他往往在洗過澡之後不等穿好褲子就又跑出去往牛屎堆上一坐，她只好望着這淘氣的[illegible]淚。他發育得很快，十六七歲時就像一個大人了，高高的個子，濶濶的肩膀，在體格和外表上有很多地方像他父親，是一個風流倜儻放蕩不羈的人。讀書絕不用功，專愛打架闖禍，但每年都能升級。十八歲那年他就一聲不響地考取了軍校，受訓時是一個出名的搗蛋鬼，區隊長又恨他又怕他，有一次他違犯軍風紀區隊長罰他兩腿半蹲彎三十分鐘，當天夜晚他站崗時就報復了。當區隊長來查哨時他故意打盹，等到區隊長伸手要奪他的步槍時，他忽然出其不意，迅速地重重地打了他幾槍托，區隊長當時又痛又氣，事後還不敢作聲。因爲槍是軍人的第二生命，那時他們又住在鄉下，土匪很多，哨兵爲了自衛開槍打死對方都可以不負責任的。從此之後區隊長就不敢再找他的麻煩，他也可以常常裝病躺在床上看小說了。更荒唐的是他和中隊長的年青漂亮的太太竟談起戀愛來了，爲了這件事幾乎把他開除學籍。

野桐比起野梧來要本分得多，他不愛說空話，能吃苦，肯實幹，也能吃虧，他從來不想佔別人的便宜，可是決不懦弱，爲了尊嚴和光榮，必要時他可以拼命，很富有正義感，能擇善固執。

瑞蘭呢？她很重感情，也很有理性，她有她母親的許多美德，第一次見面你就能看出她的寬容和慈愛來。在外表上和她母親也有很多相似的地方，橢圓形的臉，白皙的皮膚，淡淡的彎彎的眉毛，挺直圓潤的鼻子，殷紅的嘴唇，雪白的牙齒，清澈而又和善的眼睛，性情溫柔得像一隻小綿羊，但又神聖不可侵犯，任何人見了都會愛，但決不敢起什麼壞念頭。身材也很美，體高大約五尺四寸，高聳的乳房，細小的腰，無論那種顏色的衣服穿在她身上都會給人一種美感。穿藍色衣服時你便會想起美麗的藍天使，穿白色衣服時你又會想起聖潔的女修士，穿有印花的衣服時你又會想起春天，想起可愛的花朵。

他們兄弟姊妹三個個性各不相同，却有一個共同的特點——愛好文學，而且都有很高的天才。野梧是散文、小說、詩都愛，但不認眞寫作。瑞蘭比較愛好詩和散文，同時認眞地寫作，她的散文詩寫得很出色，在報章雜誌上也發表過。野桐也偶爾練習寫點短詩和散文，但還是讀的時候多。此外他們彼此之間還非常友愛，從來沒有眞正地爭吵過，華芳又是瑞蘭的同學，瑞蘭和野桐不稱她「嫂嫂」而叫她「華姐」，所以一家人生活得非常融洽，卽使野梧有時要擺擺做哥哥的架子，但他很風趣，不過在日常生活中多製造一點趣味和笑料而已。幾年來他們又不經常在一塊，野梧是兩三個月以前從張家口回來的，野桐也是從[illegible]請長假回來沒有多久，經常在家的只有瑞蘭。這次他們一家人團聚在一起自然個個高興，作母親的看見兒女們一個個長大，一個個自立，更是笑口常開。加上這次問之的到來，他們更有額外添丁般地喜悅，雖然家境並不寬裕，但大家都很知足。所以野梧常常南腔北調地哼唱：

「我們的家庭貧窮而快樂。……」

問之突然生活在這樣的氣氛中彷彿年青了十歲，很自然地成了他們家庭中的一員。起先野桐和瑞蘭還客氣地稱他爲「莊先生」，幾天之後他們發覺這種稱呼並不十分恰當，而自動地要求改變了。

一天夜晚大家正在烤火，瑞蘭和野桐咬耳商量之後忽然向問之說：

「莊先生，[illegible]從今天起我們不想這樣叫了……」

「你們看[illegible]好？」問之帶着試探的口氣問。

「我們想[illegible]你之哥。」

問之默默無語，在火光照耀中可以看見他的兩眼有淚珠滾動。

「通通[illegible]過。」野梧連忙鼓掌。

「我也喜歡你們這樣親熱。」野梧母親的眼裡也閃着喜悅的淚光。

野梧一家人對問之這種眞摯的感情，問之覺得不是任何言詞所能表達他內心的感激的。就以野梧的叔伯兄弟親戚[illegible]他們也把他當作自家人看待。那位四五十歲的蕭二哥與問之好像也有什麼緣份，總是問之長，問之短，叫得怪親切的，這種稱呼只有野梧使用過。

「問之，我看你還是在我們蕭家灣落個籍吧？這樣我們可以相處得更久。」蕭二哥把頭湊過來望着問之的臉上說。

「二哥，我眞感激你的好意，不過軍人是到處爲家，野梧知道我是流浪慣了的，一顆心老是安定不下來。再說我又是一個單身漢，還沒有具備落籍的條件，目前我雖然是在做客，但事實上和住在自己家裡沒有兩樣，即使有一天我會離開這兒，我也永遠不會忘記你們，等到我像一隻飛倦了的鳥兒一樣，我一定會飛回蕭家灣的。」

「我們實在不希望你離開蕭家灣，照理你現在也該有個家了，野梧小你兩歲已經有三個孩子了。」蕭二哥仍然那麼親切。

提起「家」問之眞是感慨萬端哩！他今年叫三十歲了，在年齡上講，他的確很需要女性的慰藉，但戰爭破壞了他的計劃，破壞了他的崇高理想，在戰爭中他是帶過花的，在愛情中他也是一個帶花者。身體上的創傷是很快就可以平復的，心靈上的創傷可沒有那麼容易彌。

抗戰時他有一個愛人，他們原來計劃在勝利之後結婚，他不打算幹職業軍人，他認爲日本人打敗之後他的責任就可以解除，那時他想安靜地辦一個農場，養點乳牛、猪、和洛島紅，澳洲黑，吉花，栽些花木菓樹，種幾畝田的蔬菜，同時他還想兼辦一個詩刊，只有在詩的王國裡和美麗的田園中他才有最大的快樂，他們結婚之後就可以過着安定而恬靜的田園詩般的生活了。可是後來日本人雖然投降了，但和平並沒有到來，由於一個新的戰爭接踵而起，他的退役結婚計劃因之落空，他一直隨部隊東調西調，與她的距離愈拉愈遠，在戰火連天中他們的通信也變成時斷時續了，女人的青春是短暫的，她實在無法再等下去，而她的家長又是一位買辦階級的人物，對於軍人向無好感，問之一個月的收入還抵不上他家裡的小厮，他對於這椿婚姻根本不感興趣。她回到東方的巴黎之後也經不起洋房，汽車的誘惑，多少自命為鐵打的男人都向偉大的上海投降，何况她一個年青的女孩子呢？問之知道這是一個無法改寫的悲劇，終於自動地寫了一封信懇切的勸她和別人結婚。三個月之後他在報上看到了她的結婚啓事，這比他第一次帶花還痛苦，近兩年來他雖曾努力忘記這段故事，但並未十分成功。

「我很羨慕野梧，不過結婚實在不是那麼簡單的事。」半天問之才說出這兩句話來。

「結婚也並不太麻煩哪。」蕭二哥結婚時自己沒有操過一點心事，在他看起來結婚是很簡單的。

「對，二哥的話不錯，問之，你能不能把你的理想降低一點？」野梧馬上接着說。

「什麼理想？」

「當然是指對象。」

「對象——？」問之敲着火盆沉吟了半響沒有說出來。

這時有一個[illegible]偷偷地溜走了，踏着黑猫般的脚步，幌動着那線條優美的背影，飄進她的寢室去了。

「這很難[illegible]地講出來，」問之這才接着說：「其實我的理想並不太高，我覺得無論男人女人最重要的是氣質，如果氣質高貴，外表差一點那個沒有什麼關係，如果是一個俗不可耐的人，不管外表怎樣美好還是有用的。當然，氣質高貴而外表又十分俊美，那是最理想不過了，可是這樣的人真是可遇而不可求！」

「問之，你的話很對，但這只是原則和理論，你可不可以舉一個人來印證？」野梧進一步問。

「舉誰？」問之茫然地望着他。

「唔，華芳不在這兒嗎？」野梧調皮地欲擒故縱。

「哈哈，野梧，你這簡直是出難題目給我做，怎麼好拿華芳來開玩笑呢？」問之望着野梧[illegible]笑。

華芳聽見野梧提到她馬上責怪地瞪他一眼。

「喂，問之，你把頭偏過來。」

問之馬上把頭偏過去，野梧也把頭湊攏來，對着問之的耳朵輕輕地說：

「你看蘭妹子怎樣？」

問之帶點男性的羞澀望着野梧笑笑。

第三章　春日新詩詠舊愛　莎翁名著引深思

瑞蘭今年二十五歲，如果不是戰爭的關係恐怕早已是兩三個孩子的母親了。因爲戰爭，有抱負有作爲的青年人統統走出了家庭，把他們的熱情和青春奉獻給國家，投向如火如荼的戰爭。瑞蘭因爲要侍奉母親的緣故，一直就在家裡，在小學教教書。蕭老太太雖然也爲她的婚事着急，但瑞蘭對留在家鄉的一般青年很少興趣，這些青年人都是二三等角色，無論是學識，志氣和儀表，比起野梧他們來的確要差得很多，加之瑞蘭對於婚姻問題非常愼重，所以現在仍然是孤芳自賞。蕭老太太儘管着急，但她很尊重瑞蘭的獨立人格，決不擅自作主。

問之這位不速之客來到後，瑞蘭就開始煩惱了。

她對問之早就存有一種崇拜心理，自從那天上午因爲野梧野桐、華芳都出去拜年而由她單獨迎接問之的時候起，只要問之走一步路，講一句話或者笑一笑，都會深深地影響她的情緒，雖然問之像對待自己的妹妹一樣對待她，而她也像對待野梧一樣地對待問之，但問之那種特殊的男性吸引力，在她心裡起了一種非常微妙的作用；尤其是她單獨在一塊兒時，問之的影子就會在她眼前幌來幌去，她雖努力使自己保持冷靜，但往往會在不知不覺間顯得有點失常。她平常是不大喜歡打扮的，可是現在她總愛照照鏡子，整理整理頭髮，稍稍敷點脂粉、心上也好像有千萬隻螞蟻在爬似的。而一見到問之，又會不期然而然地一陣心跳，甚至再拿起他的「戰地的花朵」時，她的兩手就會微微地顫抖。

我們相識在一個快樂的春天
那年的春天令我深深想念

小鳥彷彿慶賀我們的相識
啾啾地歌唱在灌木林間
紫燕也展開她閃光的羽翼
双双地掠過我們的面前
杜鵑花染紅了整個山谷
和風常伴我們徜徉河邊
河水從我們脚下輕輕流過
青春的喜悅洋溢在你的眉尖
壠上的雌雉追逐着雄雉
妳的兩眼也閃爍着如夢的光芒……

我們相識在一個快樂的春天
那年的春天令我深深想念

這首詩是問之寫給他以前那位愛人的。當瑞蘭讀到這首詩時她就有點如醉如癡了，她雖然不知道這首詩是寫給誰的？但她可以推測得到這個女孩子在他心裡曾經佔過一個很重要的位置，這個位置被一個不知姓名的女孩子佔去了那是多麼可惜呢？如果她樣樣比自己好，那倒不辜負他這種深沉而含蓄的愛情，如果她是一個不瞭解愛情的女孩子那不是一個最大的遺憾嗎？

「唉！如果這首詩是寫給我的那該多好啊！」她常常這樣想。

問之有好久沒有看到文學名著了，來到蕭家之後他就儘量看書，這些文學名著都是瑞蘭購藏的。當他正靠在一個土堆後面靜靜地讀着莎士比亞的羅密歐與朱麗葉時，瑞蘭也拿着一本書慢慢地走過來，這是她常來看書晒太陽的地方，當她忽然發現問之已先在這兒時，不免有點興奮和驚訝！

「哦，之哥，怎麼你也在這兒？什麼時候來的？」

「是的，我歡喜這地方，我已經來了好半天了。」問之禮貌地坐起來向她笑笑。

「你看的是什麼書？」瑞蘭走過去問。

「羅密歐與朱麗葉。」問之把書一揚，同時讚嘆地說：「這本書寫得太好，你看過沒有？」

「看過。」瑞蘭點點頭。

「莎士比亞是一個偉大的天才。」問之對於這位詩人戲劇家一向是非常欽佩的。

「天才的確是天才，可是這本書不知道賺過多少人的眼淚？」瑞蘭若有所思地說。

「妳也為羅密歐與朱麗葉流過眼淚嗎？」問之笑着說，他知道女孩子是歡喜流淚的。

瑞蘭默不作聲，問之發現她手上也拿了一本書，馬上調轉話頭：

「你手上是什麼書？」

「As you like it。」瑞蘭唸着原著的名稱，同時把書遞給問之看。

「這也是莎士比亞的大作。」問之看過之後又問瑞蘭：「這兩本書你究竟喜歡那一本？」

「我喜歡這本[redacted]。」她用那纖纖的手指指着書的封面。

「爲什麼？」

「因爲牠有一個圓滿的結局。」瑞蘭臉上掠過一道光彩，眼裡閃着興奮的光芒。

「如願的結局雖然好，可是沒有『羅密歐與朱麗葉』寫得動人。以這兩本書的藝術價值而論，『羅密歐與朱麗葉』是高於『如願』的。」問之帶着批評家的口氣說，他看書很認真，決不偶像崇拜，作家的作品篇作品，他認爲同一個人的作品也有好有壞，不管他是怎樣偉大的作家。

「我不談文學批評，不管她寫得怎樣好，但那樣的結局實在太悲慘，他們既是天生的一對，爲什麼不讓他們結婚呢？」

「因爲莎士比亞的時代是『羅密歐與朱麗葉』的時代，所以才有這樣的悲劇。」

「如果，我再問你，」瑞蘭向問之走近一步：「如果羅密歐與朱麗葉生在我們這個時代將是怎樣呢？」

「我想可以結婚。」

「沒有阻碍嗎？」

「在我們這個時代，有情人終會成爲眷屬的。」

瑞蘭不歡喜看悲劇，更不歡喜看愛情悲劇。她還是一個沒有戀愛經驗的女孩子，她希望眞正相愛的人都能結婚，所以她聽見問之這樣說就滿意地笑笑。她不好意思與問之單獨坐在一塊兒，因此她又夾着書走了。步子是那麼安定，輕鬆。

「唉！眞是上帝的傑作，一件內容與形式都非常完整的藝術品！」問之望着瑞蘭漸去漸遠的背影，暗暗地讚嘆一聲。

阮定文聽說問之到野梧家裡來了，高興得連忙從城裡趕到鄉下來探望這位整整十年沒有見面的老同學。十年前他和野梧問之以及另一位還在臺灣的許■天都是隊裡幾位年紀小的學生，因此他們的感情也特別好。畢業之後他就放下了槍桿，一直幹着新聞工作，起初是辦軍報，後來就轉入一家最大的國營通訊社工作，這一混就是六七年，這次他是從重慶請假回來過年的，想不到竟因此先會到野梧，又和問之見了面。

定文和野梧除了同學這一重關係之外，又多了同鄉和親戚兩重關係。兩人更是一對歡喜寃家，由小學而中學而軍校，在做學生的時候兩人好得連褲子都不分，但又天天打架，無論打得怎樣兇最後仍然同桌吃飯，同床睡覺，照樣嘻嘻哈哈。所以別的同學看見他們你揪住我的頭髮我扯住你的衣領時也決不上前去拉，反而在旁邊笑罵。

「[illegible]這眞是一對活寶！」

這對活寶在新年見面再加上問之更是快活非常。自然他們現在並不打架，想起了學生時代的生活野梧反而自打耳光：

「唉！荒唐，眞是荒唐！」

定文現在變很非常斯文了，皮膚仍然是那麼白，個子也沒有野梧問之那麼高，戴上一付K金邊的眼鏡，更顯得像一位作家，而且極富有幽默感，嘴角上老是掛着微笑，任何不痛快的事他都能一笑置之。對於他們過去的生活他作了這樣的結論：

「即使荒唐也是有趣的荒唐，現在回想起來倒還夠味的。」

「問之，我們好不容易見面，這次你可要多住些時日。」接着他又向問之說。

「沒有問題，沒有問題，我不走他也別想走，要走一起走，再說我們整整在軍隊幹了十年，沒有功勞也有苦勞，而且問之搞到現在還回不了家，仍然是光桿一條，怎麼說也應該休息一年半載。」野梧不等問之接腔就搶着發言。

「我還是要回到部隊去，只要有收容整訓的消息，我一定要走。這樣下來並不是光榮的事，最低限度我也要辦一個請長假或退役的手續。」問之表示他自己的意見。

「問之，我說你真是一個理想主義者，一點不看看現實。現在是什麼環境，你的部隊幾個月了師長也沒有下落，你向誰請長假，至於退役政府現在那裡能夠管到這些事，你就是想辦也絕對辦不通的。」野梧又說。

「問之，野梧的話不錯，你還是住下來再說。現在到底是和是戰政府也決不定，我們更是蒙在鼓裡，在這種為何而戰為誰而戰都還沒有弄清楚而政府對於和戰問題又舉棋不定時，當一個軍人是不容易的，何況你已經為國家貢獻了你的血汗，暫時休息一下對身心兩方面都有益處，我們也難得這個機會聚一聚。」定文支持野梧的意見。

「那你什麼時候回重慶分社工作呢？」問之轉問定文。

「還早，還早。一則那邊的工作有人代理，二則我在社裡工作了六七年，休息幾個月也是應該的，否則社裡也不會讓我回來。」

定文在戰地工作成績很好，那次日本人進攻西南，直趨獨山，陪都重慶也大大地震動，他和社會部長及報社同業在情況最緊急時趕赴最前線工作，他的幾個長篇報導，馬上鼓舞了當時頹喪的士氣和民心，使大家在跌倒之後又爬起來，而且繼續戰鬥下去，因而保全了西南半壁河山。最高當局除了召見他之外還特別頒發一張獎狀，這不僅是他個人的殊榮，也是他們同業的殊榮，以後他的戰地特寫各報都爭先採用，因此社方對他也更器重。

「野梧，定文，我們這幾個人連在臺灣的閻天在內，只有你幹得最好。十年下來已經成爲鼎鼎大名的紅記者了。閻之雖然也有詩名，但那是筆名，他的眞名並沒有人知道，而且也沒有你發表的大作那麼多。至於我和閻天到現在還是沒沒無聞，尤其是我眞該打一百板屁股！」野梧覺得他們幾個人在社會上幹了十年，現在有檢討十年的必要。

「野梧，你這話我不同意，論貢獻還要推閻之。實在他一直在前方打仗，而且打了不少激烈的勝仗，像常德之戰，騰衝之戰，緬甸之戰，這都是中外熟知的大戰役，這裏面有他一份功勞。其他次要的戰役更不必講。再說，他的詩名雖然還不算大，但他的詩確實比一些裝模作樣自命不凡的詩人無論在社會價值或藝術價值都十分高而來得都要高得多。而最難得的是他一手拿槍桿一手拿筆，同時擔負起雙重戰鬥任務，這的確不容易。假使他像我一樣專門拿筆桿，那他的大名早已不脛而走了。」定文[illegible]說[illegible]。

「不，不，我什麼都不行，到現在還是一無成就。不過我覺得我的責任，打仗是種責任，寫詩也是種責任，因爲這兩種工作都是聰明人不願幹的，我不過是在這個大時代裏作了一個大傻瓜。如果這次不是野梧收容我，中國雖大也沒有我站腳的地方了。」

閻之的話稍微有點感傷，野梧爲了沖淡這種感傷的成份，馬上調轉話題：

「喂，定文，問之，我們不談這些，到四川去怎樣？」野梧一面說，一面把手在桌上來回地摸了一個圓圈。

「你們玩吧，我不會打。」問之[illegible]。

「笑話？會打仗不會打牌，來，現在三差一，我要華芳湊一脚，可惜蘭妹子不會。」野梧對於賭博樣樣都精，也樣樣都愛，麻將，牌九，梭哈，甚至搖寶，只要有人他就來，現在抓住了這個機會他怎麼肯放過？他不由分說地把問之按在桌邊坐下，同時還吩咐瑞蘭：「蘭妹子，罰你拿麻將來，哥哥好久沒有過這個癮了。」

「要我拿牌也該加他「請」字，為什麼要說「罰」呢？」瑞蘭反駁他。

「妳不會打自然該罰。」野梧強詞奪理，同時故意向定文問之做個鬼臉解嘲。

「這不成理由，你要說罰我偏不拿。」瑞蘭存心給野梧一個釘子碰，硬是站着不動。

「好，我沒有理，好妹子，「請」你把牌拿來，哥哥手癢了。」[illegible]野梧一面說一面滑稽地用右手[illegible]起來。

自定文來後他們顯得更快活了，野梧在過年前一天特別進城去買了一大批賭具和玩具回來，想不到今年新年竟大大地有用。問之除了不歡喜打牌之外，對於象棋、跳棋、軍棋、圍棋還有一點興趣，恰好又有瑞蘭野桐這兩位不會打牌的對手，所以只要打牌的人手足時他就可以和瑞蘭野桐下幾盤棋。華芳和瑞蘭到底是女人，輸了總有點賴賬，如果野梧贏了華芳的錢她就一文不給，如果野桐贏了瑞蘭的棋，瑞蘭連一下手心都不讓他打，因此夫妻姊弟常常唧唧呱呱吵鬧不休，一遇到這種鬪口定文和問之就變成和事佬和裁判，蕭老太太聞說也走過來說幾句笑話：

「看，你們這麼大的人還爲了一塊錢一下手心吵吵鬧鬧，好在是問之逗文[illegible]若是被別人聽見了那眞醜。」

「醜？媽，這才不醜哩！一不搶二不偷，全憑眞本事，不信你來看一盤，到底是誰贏誰輸？」瑞蘭姣媚地回答。

「你們是一筆糊塗賬，一輩子也算不清，我才不要看。」蕭老太太一面捧着水烟袋，一面又不自覺地走近棋盤。

「媽，你不是來看棋是來當裁判吧？好，看我贏蘭姐一盤。」野桐看見母親走過來望着她笑笑。

「好，我不看，我不看。」蕭老太太一面說一面又捧着水烟袋呼嚕嚕地走開。

「之哥，你看，我媽眞有趣。」瑞蘭望望母親走進房去隨即對問之微笑。

「有這樣好的母親，眞是你們的幸福。」問之羨慕地說。

「之哥，我願意你也分享我們的幸福，你喜歡我媽嗎？」瑞蘭仰着頭問。

「我很尊敬伯母，而且我已經分享了你們的幸福。」問之望着瑞蘭感激地笑笑。

第五章 雪霽天晴男狩獵 山深豹躍女投懷

清早起來天氣特別好，雪早幾天就不下了，風也停了，路也乾了，一輪紅日正從後面山嶺上探出頭來，天上看不見一片雲影，這是正月裡難得的好天，因此野梧向大家提議上山去打獵。

「臘味實在吃膩了，我想上山去找點鮮味回來吃吃。」接着他裝起小生的腔調：「不知你們二位有此雅興否？」

「我贊成！」問之首先附議。「但是槍呢？」

「槍嗎？有的是，你要獵槍還是卡平？」野梧輕鬆地說。

「那來的卡平？」問之奇怪地問。

「哈哈，說來話長，這還是前幾年打游擊的玩意。」

那次日本人佔領長沙之後，野梧由九戰區司令部轉回鄉下組織附近的年青人打游擊，那時他們這個鄉成立了一個游擊大隊，他擔任第一中隊長，是清一色的蕭家子弟兵，路徑熟，人眼熟，打起仗來又肯拚命，所以日本人始終沒有走近蕭家灣一步，倒是他們經常出去突擊，起初日本人還敢在公路上設哨巡邏，後來天一黑就縮進城裡不敢出來，卡平槍這些武器就是那時國軍接濟他們的。

吃過早飯之後，野梧，問之，定文都準備好了槍枝子彈，脫下了長袍，換上了短裝。臨行的時候野梧還特別對瑞蘭把槍一揚：

「怎樣？蘭妹子有膽量一起去嗎？」

瑞蘭本來不想去，經野梧這麼一激心裡就有點不服氣，於是也硬[redacted]

「去就去，打獵有什麼了不起？」

於是她也很快地換好了短裝，隨着野梧他們一起出發。

「蘭妹子，你去正好，我們各人都有任務，今天該你拿野物了。[redacted]」在路上野梧又開始分配瑞蘭的工作了。

「有得拿倒是好的，就怕空手去空手回，那才丟人哩！」瑞蘭懷疑野梧的槍法，故意譏笑他。

「我十年沒拿槍，今天恐怕眞會打空手。」定文有點耽心。

「笑話！」野梧馬上截住她，同時高聲地唱起來：「我們都是神槍手，一顆子彈打死一個野獸……」

「先別吹牛。」瑞蘭等他唱完之後故意潑冷水。

「好，蘭妹子，你等着瞧吧。」

他們邊走邊談，已經繞過屋後的山路，展開在前面的是小山連着大山，這些山雖不太高，但形勢很險要，上面樹木繁茂，松杉柏等常綠植物很多，這些山就是前幾年野梧率領子弟兵經常出沒的地方，路旁的每一根樹每一塊大石頭他都記得很清楚，山裡有些什麼野獸他也可以如數家珍地數出來。

走到一塊一丈多高的巨石旁邊，他忽然停住腳步，繞石撫摩一陣，好像有什麼心事。定文和問之忍不住發問：

「野梧，你爲什麼停下來？」

「我想起四五年前一樁舊事，牠就是在這塊石頭邊下發生的。」

「什麼事？」定文接着問。

「你聽我道來——」

於是，他講了一段打日本人的故事。

那是三十四年春天的事。一天傍晚，他們偵知有幾個日本兵要從這兒經過，他親自率領了一班人在這兒埋伏，他和六位隊員就躲在這塊巨石後面，其餘八位分別在兩邊山上的草叢裡埋伏着，天快黑的時候他們果然發現了四個日本兵背着槍匆匆地走來，他們前後距離不過三四步，敵人愈走愈近，天色也更迷糊，等到快走近這塊石頭時他們的心都像要跳出口腔來，野梧他們一律帶的是短傢伙，另外佩了一把大刀，這時躲在石頭後面的每一個人都緊握着刀柄，第一個敵人剛走過巨石時野梧忽然大吼一聲，跳起來對準敵人的後腦先直劈下去，敵人像被劈的甘蔗一樣哼都來不及哼一聲就倒了下去，其餘的三個也都措手不及在他幾位隊員的大刀下送了命。這次他們一共鹵獲了四條長槍，三百多發子彈，呢大衣和皮鞋都剝了下來，然後把屍首拖到山上預先挖好的坑裡埋掉，這件事做得人不知鬼不覺，日本兵像這樣零零碎碎地犧牲在他們手裡的就有四五十個，現在又經過這巨石旁邊，他不禁想起這段往事來。

「打日人眞像打獵一樣，怪有意思。」野梧這樣地結束了他的話。

「這倒是一個很理想的打游擊的地方。」問之對於地形的判斷很有眼光。

「假如一旦有事，我們霧家灣的人自然知道怎樣利用它。」野梧很自信地說。

再往前走一兩里路就到了一個岔路口，野梧決定分作東西兩路向山上包抄，他和定文一道，問之和瑞蘭一道，理由是瑞蘭是空手，不但不能打野獸，連自衛的力量都沒有，問之的槍法很準，同她在一起比較安全。分手的時候他除了約定時間地點相會之外，還特別叮囑問之：

「這山上什麼東西都不必怕，就[illegible]當心豹子。」

於是他和定文提着槍，揚揚手，由西邊一條小路拐上山去了。

問之知道山上有豹子就有點替瑞蘭躭心，他知道這東西是[illegible]此他對瑞蘭說：

「我看妳還是在這兒等着，讓我一個人上山去怎樣？」

瑞蘭原先雖硬着頭皮和野梧說打獵沒有什麼了不起，可是現在聽說山上有豹子心裡就不免有點卜卜跳。不上去嗎？一個人站在這種種地方不但怕山上竄下野獸來，還怕遇着不好的男人，所以她還是決定和問之一道上山去。

「我一個人站在這種地方不太好，同你在一起膽子反而壯些。」

「那麼就跟我一道上去吧。不過要特別[illegible]小心，遇着豹子也不要慌張，我自然有辦法對付。」問之馬上裝了一排子彈進膛。

一上山瑞蘭就不敢離開問之一步，牽着問之的手老不肯放，問之說這樣會妨碍他的行動，還說了許多替她壯膽的話她這才放下手來。

遠遠地忽然傳來一聲槍響，問之知道野梧他們發現了目標，因此他也聚精會神地注意周圍的動靜。好半天才發現一對山雉棲息在一枝山桃樹上，看見他們就咯的一聲驚飛起來，問之馬上舉起槍來射擊，一隻雌雉隨着槍聲在空中翻了兩翻，就飄着片片羽毛跌落下來。瑞蘭看見問之的槍法這麼準，心裡非常高興，但當問之跑過去檢起來，交給她時她反而驚叫起來，那隻山雉是腹部中彈，問之用的又是卡平槍，因此血流得很多，腸子都拖了出來。

「之哥，你怎麼這樣殘忍？剛才牠還是活生生的，你看你把牠打成這個樣子！」瑞蘭指着流血的山雉責怪問之。

「殘忍？[redacted]你真是少見多怪，打死一隻野鷄你就覺得殘忍，你[redacted]不知道前線一天要死多少人[redacted]？那不更殘忍[redacted]？」

「既然知道殘忍為什麼你們男人偏愛戰爭？」

「我們男人偏愛戰爭？你以為我愛戰爭[redacted]？十年前我和你一樣，連一隻鷄都不敢殺。」

「那麼誰愛戰爭，誰要戰爭呢？不打仗不是更好嗎？」

「我不知道誰愛戰爭，我也不知道誰要戰爭。」但不論是誰，如果為了一個自私的目的，而驅使別人戰爭，那麼這個戰爭一定沒有好的結果，如果是為了國家的獨立和大家的生活生存而戰爭，那麼這個戰爭就有打的價值。我們不打仗自然好，但是逼得你不能不打時你又有什麼辦法逃避戰爭？」剛之是軍人，他知道戰爭所帶給人類的痛苦，軍人是首先承受這種痛苦的人，所以他並不喜歡戰爭，但也決不逃避戰爭，如果每一個人都有和平的理想和和平的希望的話。（「可是這隻野鷄被逼着給你打死了」瑞蘭抱起野鷄說。）

「不過我總希望和平，不然像這隻野鷄一樣那多可憐，也許牠們是一對哩！你看，你打死了這隻，那活着的一隻將會多麼痛苦？」她艾怨地望着剛之。剛之的心理也覺得有點難過，於是他背起槍提着瑞蘭的手說。

「好，我們回去吧，你這樣說我也不想再打了。」（剛之的心也軟了）同時他又望望地下。「這隻死的怎樣處理呢？」（死野鷄）

「之哥，埋葬牠，好好地埋葬牠。我們就在這山桃樹下挖一個洞，做一個小小的雉塚好嗎？」瑞蘭天真地說。

「這本來是一件沒有意義的事，但是你的慈心感動了我，好吧，我們[redacted]」（剛之笑着點頭。）

於是他們開始尋找挖掘泥土的工具，找了半天問之找了一塊兩三尺[illegible]瑞蘭也找到了一塊尖削的石頭。他們一齊動手，幾分鐘工夫洞就挖好了。問之把死雉平穩地放下去，瑞蘭忙着覆土，一會兒山桃樹下就堆起了一個尺多高的小墳。瑞蘭望着新成的小墳喃喃地說：

「安息吧，可憐的小東西。」

「走吧，仁慈的小姐。」問之看見她那種歇斯底里狀痛苦地催促她離開。

瑞蘭向那小墳望了最後一眼才跟問之一道走開。

「現在妳該安心了吧？」

「嗯，心裡好像舒適一點。」

「妳的心安，可是我反而不安了。」

「為什麼？」

「嗯，我只好空手回去了。」問之向她把兩隻空手一攤。

「之哥，不要嘴饞，我回去弄點好口味你吃。」瑞蘭望着問之抱歉地笑笑。

「我並不嘴饞，我怕野猪他們笑話，說我打了十年仗連一隻野鷄也打不着，那才丟人哩！」

「別理他們，哥哥不見得能打着什麼，如果他們真的打着了我再替你解釋。」

「那他一定會罵妳是個蠢丫頭。」

「隨他罵，我不理他。」

他們正談話間，前面五十公尺遠的茅草叢裡忽然竄出一隻滿身金錢紋的豹子來，瑞蘭駭得尖叫一聲，問之連忙把她連拖帶抱地隱藏在旁邊一株榕樹幹的後面，問之很快地端起卡平槍等着，如果這畜牲不過來他不想先惹牠，因爲他知道這東西比老虎還難應付，雖然牠沒有老虎那麼大的威風和那麼好的跳躍功夫，可是牠的竄勁和死纏敵人的戰鬪精神是非常可怕的，除非牠咽下最後一口氣，牠是不會停止掙扎的。

問之靜靜地注視面前的敵人，瑞蘭抱着問之的腿子發抖。那畜牲聽見瑞蘭驚叫時已經發現了他們。牠現在向這棵大榕樹一步一步地走來，問之的心情也一分一秒地緊張起來，走到離樹約三十公尺左右時，牠就用前脚爪抓抓土，問之知道這是牠準備向自己衝竄過來的預兆，他不能再屋了，時機稍縱即逝，他機敏地射出了第一顆子彈，那畜牲好像被打痛了似的吼叫一聲就瘋狂地向問之直撲過來，問之正準備射出第二顆子彈，但瑞蘭忽然聽見槍聲和豹子的吼叫，更拚命地抱住他的兩腿，使問之頓時失去平衡，隨即跌倒下來。那隻豹子因爲衝勁太大，剛好從他身上竄過，等牠再調轉頭時問之的第二顆子彈恰好射出，從牠的肩甲骨穿進去，牠馬上踉蹌地一蹶，問之接着又補放一槍，正好打中牠的頭部，於是牠喉嚨裡嗚了一聲就不再動彈了。

問之知道這畜牲已經被他打死，於是放心地回過頭來望望瑞蘭，瑞蘭已經嚇得面色灰白，她忽然看見問之的安慰的眼光，馬上投進他的懷里。……

第六章

江南春如詩如畫
淑女心似蕙似蘭

寒流一天天遠去，江南的氣候一天天溫暖，空氣中洋溢着一種溫馨的醉人的氣息，春風吹在草上，草綠了；吹在樹上，樹抽芽了；吹在蓓蕾上，蓓蕾開放了；吹在人身上，人也年青了。

春天的蕭家灣到處是鳥語，到處是花香，人是快樂的，一切生物也是快樂的。

間之一大清早就被鳥聲吵醒，由於小鳥們的快樂的歌聲，他知道這是一個頂好的春光明媚的晴天，他心裡充滿了一種詩的情感。他一面披衣起床，一面沉吟構思，他想他可以寫一首春天的讚美詩了，散步時也許能够完全成熟，他連忙洗臉漱口之後就拿起一根手杖出去散步了。

間之因爲出生在鄉村和近十年來的軍旅生活，所以養成了一種早起的習慣，尤其是在鄉間，他總愛在日出之前起來在附近田壠上散散步，他愛盈盈欲滴的朝露，愛路旁小草的青綠，愛各種花卉的芬芳，愛枝頭小鳥的鳴囀，還愛自已輕輕的步履聲響……

但今天有一個起得比他更早的人，那就是瑞蘭。

瑞蘭也同樣有早起的習慣，不過不敢一個人在大清早遠遠地散步，只在屋前屋後轉轉，然後摘一兩束鮮花插在案頭，作長日欣賞。

間之一出大門沒走幾步，就發現瑞蘭獨個兒站立在塘邊的柳樹旁邊，手裡拿着一本筆記簿，仰着頭望着樹上的鳥兒發呆。他想瑞蘭也許和自已一樣，想在這如畫的春晨找尋一點靈感？

他向塘邊一步一步地走去，這是他每天散步必經的地方，他不想驚動瑞蘭，因此愈接近瑞蘭他的腳步愈輕，在他將要轉彎拐向田埂路時忽然聽見瑞蘭親切的呼喚：

「之哥，你早。」

「早，你比我更早。」問之回過頭來望着瑞蘭微笑：「你在這兒多久了？一個人想些什麼呢？」

「沒有多久，但我已經想好了一首短詩，等會寫給你看看。」瑞蘭也望着問之笑笑，同時向問之招招手：「之哥，你過來，這樹上有兩隻畫眉，真好看。」

問之走過來抬頭一望，果然看見兩隻畫眉在樹枝上跳躍，不時快活地叫叫。彼此親暱得很，互相撥搔嘴，互相梳理羽毛。

「之哥，你看牠們多麼可愛，我真想把牠們抓着養起來。」瑞蘭仍然帶着幾分少女的天真，高興地指着那兩隻畫眉說。

「不要，別驚擾牠們，我們應該遠遠地站開。」問之向瑞蘭輕輕地說，同時拉着她走開。

「之哥，這是什麼意思呢？」

「因為牠們正在戀愛。」問之在她耳邊用一種幾乎聽不見的聲音說。

瑞蘭低頭不語，兩朵紅暈很快地從她那成熟的，豐腴的，白晰的兩頰上像春潮一般地浮泛起來……

你們洩漏了一片春光
我又揭開了你們綠色的錦幔

假若你們不聲不響
我怎能發現你們隱在那高高的枝上

你們愛跳愛唱
你們眞像一對不知愁苦的鴛鴦
看見你們快樂恩愛的模樣
我又何必再去夢想愛的天堂

一會兒瑞蘭用鋼筆在筆記簿上寫下了這首詩的初稿，[redacted]撕下來[redacted]羞澀地遞給問之：

「我先聲明，只許看，不許唸。不然我就搶回來。」

「爲什麼？」問之接過來反問一句。

「沒有理由，不許唸就不許唸。」

「是不是有點難爲情？」

問之這句話正打中了瑞蘭的心坎，她馬上噗哧一笑。

「你們女孩子就是這個調調兒。」問之也覺得好笑。

「別扯野話，我只能寫點散文，不會寫詩。[redacted]你看這篇東西怎樣？像不像詩？」

「像，是一首即情即景的好詩。」問之對於別人的作品一向很尊重，對於初寫詩的人更常常善意的鼓勵。

「之哥，說實話，我可不可以寫詩？」瑞蘭偏着頭問。

「怎麼不可以呢？只要你有興趣，再加上恒心。」問之邊走邊說。

清晨的空氣特別清新，令人興奮而不沉醉，像一杯甘露而不是一杯葡萄酒，清晨和黃昏就有這麼一點區別。田野上還沒有別的早起的行人，只有他們兩人靜靜地並着肩散着步，間或也有一兩隻小狗在小路上喜悅地追逐，兩隻白鷺因為他們的行近而驀地飛起，但早晨的遼濶的空間還是顯得格外寧靜的。

田裡的紫苜蓿顯得非常可愛，那嫩嫩的團團的葉兒上面有露珠滾動，彷彿一碰就會滾下來，那葉兒的本身也彷彿一碰就會擠出水似的，那用作綠肥的萊菔菜已經開花了，牠的白色的十字花和油菜的金黃色的十字花交相輝映，在盈盈的朝露中更顯得姣艷欲滴。有些田裡已經儲滿了水，準備春耕，早的秧苗已經長出了兩三寸，所有單子葉的草本植物都顯得生氣勃勃的。

「田園生活實在可愛，陶淵明的棄官歸田眞是高人一等。」問之感慨地說。

「之哥，你是不是也想作一個田園詩人？」瑞蘭馬上抓住機會問。

「目前自然不可能，最後我一定要歸隱田園，只有田園生活才能培養淡泊寧靜的情趣，使你永遠純潔，永遠清醒。」

「現在怎麼不可能呢？」瑞蘭靠近他溫柔地問。

「現在我還年青，我還有我應盡的責任。」

「之哥，你眞想走嗎？」

「只要有機會。」

「時局這樣複雜紊亂，我看你最好還是伙下來再說。如果你再冒險出去，你的一片愛國熱心也許會被別人出賣？」

「這很可能。不過，我認為這樣混下去總不是辦法，生活總要有點意義。」

「你認為這種生活是全無意義的嗎？」

「不，在我和野梧以及你們許多人的友情方面來講，這有很大的意義。這一段充滿友愛的生活我是一輩子也忘不了的。但我覺得這還不是全部的生活意義。」

「你的世界自然比我遼濶，所以你認為這只是一部份，但對於我却是全部。我認為世界上再沒有什麼比這更重要更有意義了。大哥，你願意使我失望，使我痛苦嗎？」瑞蘭的眼裡開始閃動着淚光。

「我不願意使你痛苦，也不願意使你失望，不過我希望你更堅强。」問之輕輕地握着她的手，說出他心裡埋藏了很久的話。

「堅强，大哥，和你比較我自然不敢說怎麼堅强，但在一般女孩子群中我認為我並不軟弱。」瑞蘭自信地說。

「我瞭解你。」問之握緊瑞蘭的手然後又輕輕地說：「我並沒有說你軟弱。」

「只怪我們生錯了時代，不然我們應該很快樂，像樹上那兩隻畫眉一樣。」

「如果我們不是生在這種大亂的時代，我怎麼會和野梧同學，又怎麼會和你碰在一起呢？」問之一面說笑，一面輕輕地拍着瑞蘭的手。

瑞蘭望着問之深情地一笑。他們的身體自然地貼近，他們挽着手在燦爛的陽光中緩緩地步行，兩人的脚步是那麼輕鬆而均勻，有着一種和諧一致的旋律。……

第七章 失人心談談打打 搓麻將輸輸贏贏

時局仍然苦悶，徐蚌會戰之後就沒有大的戰爭，陳毅劉伯承的部隊在滯中以北沿線按兵不動，國軍也在長江南岸作必要的部署，從北平發出來的和平攻勢比軍事行動便得更能打動人心，金圓券仍然一天天貶值，城裡物價一律以袁大頭作標準，過年後鄉下金圓券就完全絕跡了，一切物價概以袁大頭和米計算，顯然地再沒有人對這場戰爭發生興趣了。如果還有任何主戰的言論和文字發表，那他必須接受和戰爭攻擊的嘲諷和萬人的唾罵，共產黨的宣傳已經收獲了比軍事行動更爲豐碩的戰果，政府方面一直拿不出有力的理論來予以反擊，無論在軍事上宣傳上完全處於挨打的狀態，一項最危險的事實是政府不但失去了民心支持，而一些大官們也多半在作拔腳開溜的準備，江南的國軍在心理上也漸漸地解除了武裝，而那些痛狂的將領還在官兵的薪餉上儘量爭取金圓券的差額，只要遲發一天薪餉就可以坐收百倍以上的利息，因而使士氣普遍地降低。不利於政府的消息正從四面八方傳來。

問之野梧已經有一個多月不進城了，在這一段漫長的日子裡他們沒有連續地看過報，只偶然在鄰莊的小舖子裡看到一星期以前的舊報，新聞已經變成舊聞，看報就像看歷史。他們究竟是年青人，對於這種靜如止水的日子漸漸地感到不耐了，他們決定和定文一同進城去看看。

瑞蘭在城裡的同學同事很多，定文的兩個妹妹也都是她的同學，過年之後她也沒有進城去過，所以她也要和問之他們一道進城去。

野梧是最不讚成瑞蘭進城的，這沒有其他的原因，完全是為了賭博。如果瑞蘭也在一起，就有很大的不方便，最低限度他的輸贏數字是瞞不過瑞蘭的。

「蘭妹子不必進城去，城裡沒有你的事。」野梧又拿出做哥哥的架子來。

「我去看看同學，放心，不會妨碍你賭博。」瑞蘭馬上展開攻心戰術。

野梧的心事經瑞蘭一語道破，只好望着定文問之苦笑。

「大家一同去好了，何必把她一個人留在鄉下？」定文馬上打圓場。

「好，蘭妹子，看在定文和問之的面上，讓妳一道去。」定文火燒牛皮自轉彎，最後還不放心再加上一句：「不過要放乖一點，哥哥的事妳最好少管。」

「請你不要老氣橫秋，我才不愛管你的閒事，除了華姐拜託。」瑞蘭也一句不讓，一面說還一面望望華芳。

「喂，我先告訴你，請你放尊重一點，不要以為我看不見。」華芳馬上提出警告。

野梧不僅愛賭，還愛拈花惹草，城裡有幾位他中學時代的情人，現在仍然藕斷絲連。去年從張家口回來之後，很快地又結識了一位新歡。問之和華芳一向不讚成他這種作風，也不知道勸過多少次，可是江山易改，本性難移，他還是幹他的。現在瑞蘭又當面揭開自己的瘡疤，華芳也提出警告，本來是想阻止瑞蘭進城，趁機荒唐一番，想不到反而自討沒趣了。

「好，你去，你去。」野梧無可奈何地說。瑞蘭望着他勝利地笑笑。

於是，野梧，定文，問之，瑞蘭四個人一道進城去了。

一進城，他們就發現時局起了很大的變化。一向主張反共的報紙現在言論也模稜兩可了，過去高喊打倒共產黨的要員們現在也默不作聲了，最奇怪的是街頭同時出現兩種敵對的標語也沒有人過問了。以張治中、邵力子、章士釗等大員為首的和談代表團已經飛到北平了，報紙上充滿了和談氣氛，大多數的人一見面都喜形於色，以為這一下子就可以天下太平了。只有胡適博士獨持異議，發表了和比戰難的論調，因此也遭到許多人的攻擊，共產黨更罵他是戰爭販子。問之他們不看報紙覺得非常寂寞，一看報紙又弄得眼花撩亂，頭暈腦脹，各種不同形體的鉛字都在他們眼前跳躍，一張報紙就彷彿一個萬花筒。

「唉！這倒底是什麼玩意？究竟在變什麼魔術？」問之放下報紙憤憤地說。

「這就叫做政治！」定文幽默地笑笑。

「那麼我們的血都是白流了？」

「這倒不一定，能夠打得出一個和平來未嘗不是好的，老百姓實在再經不起戰爭。」定文的哥哥定一插進來說，他是現任市參議員，完全是站在第三者的立場說話。

「我並不反對和平，但我覺得要和平就要真正的和平，否則就來一個徹底的戰爭，不要老是談談打打，打打談談，這樣的戰爭不但老百姓受不了，我們軍人更受不了。」問之打了十年仗，他深深地瞭解戰爭是怎麼一回事。打仗是打兩個東西，第一是目標，第二是士氣。過去和日本人打，無論官兵都知道他們是打什麼人？因此無論敵人怎樣頑強，他們都有一種同仇敵愾的心理。現在和共產黨打目標就愈弄愈迷糊了！一會兒不許他們放槍，一會兒又要他們拚命，談談打打，打打談談，彷彿就拿他們軍人開玩笑。因此談一次洩一次氣，打一次又洩一次氣，無論官兵心裡都在這樣地自問：「我們到底為誰打仗？為什麼打仗？」他們並不怕死，只要他們知道為什麼死他們就有死的勇氣，可是現在和共產黨打了三四年，也死了不少人，但打到現在還不知道爲什麼死？這不是滑天下之大稽嗎？所以聞之正確地表現了他的慨嘆。

「這次也許能眞正地和一下？」定一也存着幾分希望。

「不見得吧？」聞之表示懷疑。

「爲什麼？」

「因爲共產黨沒有和的誠意。如果他們認定你是敵人，他們一定要打到底，他們決不中途放手，何況現在情勢處處於他們有利？落水狗他們都要打，何況一個快被他們打敗的死敵？」聞之以他和共產黨三四年的作戰經驗，他深深地瞭解敵人的心理。

「莊先生，你的意見多少有點偏激，我認爲這是双方面的事，不能由那一方面來單獨負責。老實說，國民黨也犯了很多錯誤。」定一仍然站在他的立場說話。

「當然，國民黨也有錯誤，他對於共產黨缺乏一致的行動。不過我認爲這次戰爭不純粹是國民黨與共產黨的戰爭，而壞就壞在一般人把這次戰爭看成兩黨的內戰，好像與他們自己沒有一點關係似的？」

「我們的看法也是如此，一般老百姓更認爲這不過是改朝換代而已」。

「你們上了共產黨的當了。」聞之無可奈何地苦笑。

「但是政府並沒有把這次戰爭的性質解釋清楚呀？」定一仍然理直氣壯。

問之知道這是無法用言語來解釋的事，爭論下去沒有一點益處，他知道擺在自己面前的是一條怎樣坎坷的路？他有點後悔他的血已經由流

「問之，不談國家大事，我們來下一盤棋。」定文拿着象棋盒子在問之面前一恍，他怕他和哥哥[illegible]爭論起來，這樣他就左右爲難了。

「問之，國家事，管他娘，搓搓麻將！現在是三差一。」

野梧走過來向他做了一個摸牌的手勢。

~~閻[illegible]看他[illegible]來們[illegible]~~

第八章 聰明人作糊塗事 賢淑女有心友愛

野梧進城後日夜賭博，麻將、梭哈、牌九、樣樣都來，定文從小就是他的搭擋，雖然他有好幾年不賭，但這次和野梧是多年不見，而且又是在他家裡，所以不能不奉陪。他們兩人攪在一起簡直有點像勞萊哈台。兩人都自吹技術高明，而結果總是場場輸。

問之起先也被拉逢場作戲，幾次下來之後，發覺他們是在濫賭，不論什麼人都來，已經沒有一點消遣的意味了。原先是在定文家裡賭，後來索性跑到賭窟去，問之也跟他們跑去觀光過，看看實在太不像話，只好單獨退出，悶在定文家裡不出去。

瑞蘭知道這種情形，也就在定文家裡陪着問之，不然他真要悶死哩。

「哥哥是聰明人，但糊塗起來比什麼人都糊塗，你看，他們兩人一心去賭，把你一個人丟在一邊，假如我沒有同來，看你怎麼辦？」瑞蘭溫柔地望着問之笑笑。

「那我只好回蕭家灣了。」問之也覺得好笑。

「你會走嗎？都是小路，山上還有豹子。」瑞蘭的家離公路線還有一段小山路，很不好走，所以她溫柔而俏皮地說。

「怎麼？你把我當三歲的孩子？就是碰着豹子我也不會抱着別人的腳發抖呀。」

瑞蘭知道問之在笑她，嬌媚地盯他一眼。

「他們的輸贏怎樣？」瑞蘭忽然關心地問。

問之不作聲，只望着她笑笑。

「你不說我也知道，他們在一塊兒賭包輸，最後還得欠一屁股賭賬，只有別人都不和他們賭他們才會回來。」瑞蘭對他們兩人的個性摸得很清楚，她在問之面前先作這樣的預言。

「野梧定文都是聰明絕頂的人，就是生活不大正常。」問之有點惋惜。

「他們是跟好人學好人，跟壞人學壞人。如果單只他們兩人攪在一塊兒那就是一對糊塗蛋了。」

瑞蘭說話時不自覺地有點好笑，問之聽了她的話更覺得好笑，他以為野梧確是這種人，定文還更好些。

「我覺得定文不能一概而論。」問之表示他對定文另有看法。

「定哥雖然聰明絕頂，但也有些惰性，如果他的生活正常，嚴肅，肯上進，他的成就可能很大。」瑞蘭和定文原是親戚，而且常在一起，她從小就稱定文為定哥，他對定文的瞭解比問之還深。

「他和定嫂的感情怎樣？」問之好奇地問。

「你來了幾天應該看得出來？」

「好像不怎麼親暱？」

「他對定嫂是憐憫多於愛情。」

瑞蘭坦白地說出實際情形，同時她還告訴問之一個故事。

原來定文在重慶、貴陽、桂林一帶工作時，正是少年得志，有過不少的羅曼斯，女朋友總在一打以上，其中有名門閨秀，有交際花，還有電影明星。他這位先生覺得個個都好，個個都愛。但女孩子卻不是那麼一回事，愛情進入某一階段時必須有一個結局，而定文卻一個也捨不得放手，一個也不願得罪，結果小姐們都嘟着嘴巴走了。他這下完全落了空，心裡懊喪極了。現在這位太太就是在他心靈極度空虛時塡補上來的，而他並不眞正愛她，所以同居了很久都不肯結婚，因爲女方是鄰縣人，最後還是由她家庭出面交涉，才硬着頭皮和她結婚。她對他是一往情深，而他對她卻平淡得很，簡直和一杯白開水沒有什麼分別，但他又不忍心和她離婚，所以瑞蘭說他對她是「憐憫多於愛情。」

「想不到定文還有這許多羅曼斯。」

「他和哥哥眞是寶一對，在這方面也完全相同。」

「野梧對華芳倒不錯呀？」問之覺得野梧對華芳倒很殷勤。

「你不知道那是假殷勤，因爲華姐比定嫂精明能幹，所以哥哥還怕她三分，不然那就更不像話了。」瑞蘭向問之笑笑：「你倒以爲他是好人？」

「人倒不壞，就是歡喜賭，愛在女人堆裡鬼混。」問之有意替他的好同學掩飾。

「就只這兩件事也不知道害了多少女人。」瑞蘭完全站在女性的立場說話。

瑞蘭問之正在繼續談論野梧定文時，他們忽然頹喪地蹩了進來。由於睡眠不足，兩人的眼圈都上了一道黑黝，看情形就可以判斷十成有九成是輸的。

「眞是提起曹操曹操就到，怎樣？運氣如何？」問之搭訕地說。

野梧疲倦地把手一攤，定文卻解嘲地說：

「時也運也，非戰之罪也。」

「好，不談，不談，快去睡覺吧。」問之看見他們東倒西歪的樣子，友愛地催促他們去睡覺。

「不行，不行，還欠一屁股債哩，都是面子錢！」野梧哭喪着臉，望望問之又望望瑞蘭：「蘭妹子想點辦法吧，不然哥哥眞要拚台了！」

問之以爲野梧這次一定要遭瑞蘭一頓搶白，沒料到她却從手提袋裡掐出一捲袁大頭來溫柔地說：

「夠麽夠？可不能再賭呵！」

「多少？」野梧接過手連忙問。

「三十塊，再沒有了！」瑞蘭向他拍拍空提袋。

「定文，去，趕本！」野梧精神陡然振奮起來。

「你一個人去，我要睡覺，我不想起了。」定文疲憊地回答，隨即打個呵欠。

於是野梧單槍匹馬地走了，定文則拖着疲倦的步子幌到自己的房裡去睡了。

「你怎麼還能給他錢？」問之奇怪地問：「你看他那東倒西歪的樣子準定又要輸的。」

「我知道他還會輸，我希望他能後悔，以後不再賭錢。」

「你這些錢是那兒拿的？」

「昨天從教育科領來的，是上學期兩個月的薪水。」

「輸了怎麼辦？」問之知道野梧家裡的經濟情況並不太好，現在一家人連他在內統統是消費者，這些錢可以多維持個把月的生活。

「輸了就輸了，這筆錢媽媽和華姐都不知道，我們不講就是了。」瑞蘭[illegible]笑。

問之被瑞蘭這種偉大的性格深深感動，他從來沒有遇見過這樣的女性。

「這學期已經開學了，你到底怎樣決定？」問之想起學校的事情。

「昨天我向教育科堅辭，他們一定要挽留，這眞使我煩惱。」瑞蘭不能自主地絞扭着藍色的手絹。

「既然教育科挽留，還是去好，反正坑在家裡沒有什麼事情。」

「我討厭方主任，他老是那麼不識趣。」瑞蘭皺皺眉。

方非追求瑞蘭很久，她在學校裡很難寧靜，過去她用冷淡和拖延的辦法來對付他，自從他上次到蕭家之後，他知道有問之這麼一個情敵，瑞蘭上學之後那就更難應付了。拒絕他嗎？他很可能因醋意而不擇手段地造謠生事，瑞蘭非常珍視自己的名譽，絕不願意她無謂地受到污損。和他敷衍嗎？他一定會得寸進尺，徒然增加自己的痛苦。再則她已經自覺地不能離開問之，如果有一刻不見他，就好像失落了什麼似的，老是不能安心。這是她第一次的戀愛，她已把她的全部愛情獻給問之，她沒有心情再去應付任何男性。因此她感覺到有點苦惱。

「沒有辭職以前，不去總不是辦法。」問之是軍人，他很重視「紀律」，自然他也並不希望瑞蘭離開，但在重要關頭他是可以自我犧牲的，他放棄以前的那位愛人就是基於這種心理。

「我一定想辦法把它辭掉，我決定不去了。」瑞蘭像一位女王作了一件重大的決定之後堅定地莊嚴地站起來。

第九章　遊行隊伍長街過　聰明賭鬼滿盤輸

野梧又是一天一夜沒有回來，問之和瑞蘭都很耽心，輸贏是另外一回事，身體非常要緊，這樣熬夜下去一定會弄出病來。同時這幾天的社會秩序相當紊亂，時常有人接到恐嚇信，投炸彈的事件也有發生，離城五十里路的一個鄉公所在昨天夜晚一點鐘時被三十名不明番號的武裝隊伍搗毀了，鄉長當場擊斃，自衛槍枝全部被繳，因此城裡人心惶惶。問之和瑞蘭生怕野梧出事，決定一同出去尋找。

他們一走出巷子就碰到一條洶湧的人流，遊行的隊伍和觀衆擠滿了這條又寬又長的中山路，問之和瑞蘭被擠在巷子口不能前進一步。遊行的隊伍全是學生組成的，有長沙各著名中學的男女學生、還有湖南大學的學生，他們手裡都拿着紅紅綠綠的旗子，問之和瑞蘭都不知道這次遊行爲的什麼事？過去他們自己也參加過遊行的行列，但那多半是什麼紀念日，今天是一個很平常的日子，他們爲什麼要遊行呢？他們正在心裡猜測不定時，遊行的隊伍忽然響起了如雷的吼聲：

——我們需要和平

——我們反對內戰

——打倒[illegible]豪門，

——打倒反動勢力

——湖南人團結起來

……………………

瑞蘭被這些學生火熱的情感深深地感動，她的眼裡充滿了淚水，當問之發現她眼裡有淚時她連忙用手絹擦去。

「[redacted]，你怎麼了？」問之連忙握住她的手，她的手心有點燙人，她很自然地靠緊問之，她的身體有點顫抖。

「沒有什麼，我很感動，我想哭——」瑞蘭一面說眼淚又一面流下來。

「他們太天眞，他們太可愛，[redacted]他們被人利用[redacted]！」問之深深地嘆口氣。

「之哥，別這樣說，我受不了。」瑞蘭的身體像要溶化似的是那麼軟綿無力，她把她全身的重量完全倚靠在問之的身上。

「[redacted]，平靜一點，慢慢[redacted]你就會瞭解[redacted]。」問之輕輕地拍着她。

隊伍像一條巨流，慢慢地流動，歌聲和口號聲交替地震響着，年青人的熱情確實能打動人心，很多人都被感動得流淚了。

「之哥，回去吧？我一聽見他們喊叫我就受不了。」瑞蘭央求地說。

「[redacted]，安靜點，快了，隊伍就要過去了。」問之望着快要過完的激動的人流安慰瑞蘭說。

隊伍繼續過了幾分鐘才慢慢過完，觀衆也陸續回到店舖裡去了。街道上漸漸地恢復了原狀。

瑞蘭擦乾眼淚，掠掠頭髮，和問之一同踏上中山路了。

野梧平日所去的地方瑞蘭都很熟悉，有的是同學的家裡，有的是同事的家裡，有的是他情婦的香巢。凡是野梧熟識的人瑞蘭也多半熟識，只是有些賭窟她從未去過。

他們在街頭巷尾穿來穿去，找了好幾家都沒找着，瑞蘭只要[illegible]人就打聽野梧的行止，可是都得不到要領，跑了半天他們的腿都跑酸了，於是他們一同拐進巷口[illegible]去休息，他們找了一個偏僻的地方坐下，問之要了一杯綠茶，瑞蘭要了一杯菊花。

問之隨手拿過一份報來翻閱，第一版的頭條新聞是和談的消息，共產黨提出的條件相當苛刻，如果全部接受那就等於無條件投降。而這種投降比德國帝國主義者向盟國投降還慘。一個最不能令人忍受的事實是共產黨開出的全部戰犯名單，[illegible]以下共達數十人，包括黨政軍各界知名之士，這些「戰犯」是必須交給人民」[illegible]的。[illegible]看地方新聞又到處是土共猖獗的消息，湘西北各縣更是土共的天下了。

問之頹喪地把報紙放下，瑞蘭馬上接過去看，她不看新聞，先看副刊，這是她看報的習慣。這張報紙的副刊佔了不少的地位，除去底下三欄廣告之外，全是文藝篇幅。瑞蘭看了一會忽然拿着報紙指着上面的一首詩對問之說：

「之哥，你看這首詩。」

問之接過來仔細一看，才知道這是一首最激烈的反政府詩，題目是：「我看見你倒下！」不過寫的技巧很高明，而且是採用寓言的方式。

「眞糟，政府自己辦的報紙竟刊登反政府的作品。」瑞蘭感慨地說。

「現在是民主時代，這家報社的社長大概是民主人士？」問之苦笑了一下。

「共產黨罵政府我認為並不奇怪，自己打自己的嘴巴才奇怪，許多政府的要員們反而講政府的壞話，叫老百姓怎樣會信任政府？這不比共產黨的宣傳力量更大嗎？」瑞蘭對於政治本來沒有什麼興趣，但對一般現象她多少能瞭解一點，她不知道那些政府要員們為什麼也要講政府的壞話？好像他們自己不是政府的管束，沒有一點責任似的。

他們正準備離開時，野梧和一個捲着袖口的生客像幽靈一樣地幌了進來，野梧儘量和他周旋，那位生客對他可並不十分客氣。瑞蘭一發現野梧馬上叫喊：

「哥哥！」

野梧一看見瑞蘭和問之臉上不免有點羞愧，同時又奇怪地望望瑞蘭和問之：

「你們怎麼也到這種地方來？」

「我們找你找累了，剛才進來歇歇脚。」瑞蘭溫柔地回答。

「野梧，我們回去吧，不要老在外面鬼混，照照鏡子看，你瘦多了。」問之看見野梧那種神魂顚倒，眼睛凹下去的樣子，走過去友愛地提醒他。

和野梧同來的那個人惡意地瞪了問之一眼，瑞蘭馬上碰碰問之，暗示他不要多講話。

「我還差一點錢，蘭妹子，我正預備找妳。」野梧靦覥地說。

「差多少？」瑞蘭關心地問。

「二十多塊。」野梧把兩個指頭一伸。

瑞蘭馬上從手上把那戴了幾年的三錢重的戒指捋了下來遞給野梧：

「你拿去吧，我現在用不着。」

野梧接過手馬上遞給和他同來的那位生客：

「夏鬍子，這該够了吧？」

那人把戒指在手上顚了一顚，再放到牙齒上咬一咬，然[redacted]走了。

他們三人一道出來之後，問之馬上規勸野梧：

「野梧，你怎麼聰明一世糊塗一時？那種地方怎麼可以留[illegible]你[illegible]一天一夜沒有回來，我們真替你躭心急。」

「現在不是和平了嗎？還有什麼躭心的？」野梧暈頭暈腦搖搖幌幌地說。

「哥哥，你在做夢吧？」瑞蘭看見他那歪歪倒倒的樣子又好氣又好笑。

「嘿，順子！順子！」野梧忽然睜大眼睛叫起來，叫過之後看見是問之瑞蘭站在他面前又連忙自打兩個耳光，「媽的，真混蛋！」

瑞蘭和問之都噗哧地笑起來。

他們邊走邊談，問之把這幾天的局勢和剛才遊行的情形告訴他，問他有什麼感想？

野梧點燃一支金庫烟猛力地吸了一口，神志好像清醒得多，他噴了一大口烟霧之後，慢吞吞地說：

「這可能是頌老耍的花槍？」

「照理他不應該這樣做法？」問之有點懷疑。

「自從那次副總統沒有選舉，他心裡就老大的不高興，回到湖南之後，他就倚老賣老，處處以家長自居，不賣任何人的賬了」。野梧是湖南人，湖南政治圈子的人他比較熟悉，拿槍桿的多半是同學同事或故交，他瞭解一件事情的來龍去脈，尤其是這類大事。

「時局弄到這種地步，湖南又這麼重要，他總不能看着政府垮啦！」問之是一個講道義的人，他總以由己之心度人之心。

「他也許別有居心？」野梧把大半截烟蒂摔掉了。

野梧這句話忽然提醒了問之，他記得遊行時學生們會高呼「湖南人團結起來」這句口號，這裡面就大有文章，這可能是個人英雄主義和封建思想作怪」

「果眞如此，那就太危險了！」問之非常驚愛。

「騎在驢子背上看書，走着瞧吧？」野梧漫不經心地說。

第一〇章 作客異鄉難落戶 英姿馬上屬斯文

他們三人回到定文家裡時已經在開午飯了。定文剛剛起床，他一天一夜的睡眠，精神已經恢復過來，眼眶周圍的黑圈雖未全褪，眼睛周圍的紅絲卻已散去不少。他一面洗臉，一面和問之野梧談天，他也覺得這幾天的生活實在太荒唐，指天發誓地說以後決不再賭了。

飯菜開上桌子半天，還沒有一個人來吃。定文的哥哥定一自過年以來就很少在家，他是這個城市裡上流社會的人物，一則是開會忙應酬忙，二則他也是一個賭徒，第三，他外面還有一個情婦。他的時間實在不够分配，因此很少回家，即使偶爾回來一趟，也頂多就擱一杯茶的時光，又馬上溜出去了。定文的嫂嫂在家裡天天有小牌打，她也就懶得啣咕。定文的侄兒侄女們都上學去了，妹妹也教書去了，他們在家裡停留的時間都不多，傭工按時開飯也彷彿公務員按時上班等因奉此，純然是為開飯而開飯，吃不吃那不管他的事，反正他的責任盡了。

定文梳洗半天，才和野梧，問之，瑞蘭一同出來吃飯，他們四個人剛好各據一方。

定文和野梧的胃口比問之和瑞蘭差得多，他們吃得少又吃得慢，連瑞蘭也比他們吃得快多了。

問之自進城以後就沒有和野梧定文好好地談過一次話，這幾天的局勢變化又很大，他覺得有和他們商量商量一下的必要，回部隊已經沒有可能了，自己的部隊垮了，別人的部隊想插也插不進去，除非你願意補充一名列兵，這點問之自然不願意，但他覺得老是就在野梧家裡住着無所事事也不是辦法，他十年來沒有這樣空閒過，一旦閒下來反而不安。當他把自己的意見向他們兩人說明時，野梧却說：

「管你吃，管你住，有什麼不安？你眞是勞碌命，有機會休息都不會享受。」

「現在還不是享受的時候，我覺得還有很多事要做。」問之一本正經地說。

「現在這種局面你怎樣做法？一個月還拿不到三塊袁大頭，而且動輒得咎，別人賣了你還不知道，何必去受那無謂的驚險？在這種亂世，我們不說明哲保身，也不必去替別人火中取栗，看準了目標再動不遲。現在是漫天大霧，任何人出去都會迷失方向的。一動不如一靜，我看你還是住下來再說。」野梧就是這麼一個怪人，糊塗起來比什麼人都糊塗，清醒時却比任何人都精明，他的這篇話說得問之心裡也暗暗佩服。

「問之，野梧的話不錯，你還是住下來再說吧，不要三心二意了。如果在鄉下住膩了，可以到我這兒住幾天，飯總還有得吃的。」定文也贊同野梧的看法。

「你不回重慶去嗎？」問之知道定文回家已經有不少時候了，照理現在也該走了。

「暫且不想去，有什麼事我們也好商量商量，俗話說三個臭皮匠抵得上一個諸葛亮，我們三個人總比一個人好作主張。」定文冷靜地說。

「依你看這種渾沌局面究竟會拖多久呢？」問之急於想找出一個答案。

「不會太久。是和是戰？中國究竟會變成怎樣一種局面？最多三個月就可以看出來，那時我們再決定去向。」定文以他在新聞界工作十年的眼光斷然說出他的見解。

「好，定文，今天我們就下鄉，有什麼消息你隨時通知我們。」問之馬上決定，同時看看野梧：「野梧，我看你也可以回去了。」

野梧還想留戀，瑞蘭馬上盯他一眼，他也只好伸伸懶腰說：

「好吧，我們一道回去。」

臨行的時候定文還特別關照問之：

「問之，你放心好了，有什麼消息我會隨時通知你和野梧的。我看你可以利用這段鄉居的時間把未出版的詩稿整理一下，將來有機會再出一本集子，我始終認爲你在文學方面的成就一定會高於軍事方面的成就，千萬不要放棄寫作。」然後又轉向野梧，野梧你說對嗎？」

「OK！」野梧點點頭，隨即揚揚手：「Bye！Bye！」

他們回到蕭家灣之後，野梧納頭便睡，他在城裡的荒唐情形問之和瑞蘭都嚴守秘密，瑞蘭的戒指不見原先也引起蕭老太太和華芳的懷疑，但終經瑞蘭三言兩語搪塞過去。從來不撒謊的人偶然撒一次謊是一定可以瞞住人的。

問之的心情也暫時安定下來，這兩三年來他又寫了不少詩，他的詩稿是在任何情形下都不會放棄的。他有一本六十四開袖珍日記本，是專門剪貼詩稿和寫原稿用的，這種本子別人是用來記朋友的通訊地址和零碎瑣事的。他卻利用他來寫詩，只要有空閒或靈感來時他就寫上那麼幾行，携帶非常方便，現在整理一下就有四五十首了。其中有一半是在雜誌和報紙副刊上發表了的，那些沒有發表的原稿他向瑞蘭要了一本精緻的英文簿子重新抄寫下來，原稿上的字跡非常潦草，有些已經模糊不清了。

原稿上有一首題名「赤騮」的長詩，這是紀念他那匹戰馬的。那匹馬是日本有名的戰馬，栗色的毛一到春天就變成火燄樣的紅艷，一到夏天又變成赤紫了。身軀高大而强健，奔跑起來非常平穩快速，更能持久，而且經過了良好的訓練，視覺和聽覺格外靈敏，這是他在華北受降時一位日本騎兵大佐贈送他的坐騎，因此他非常珍愛，以後在他和共產黨屢次作戰中這匹馬立下了不少功勞，有幾次還救了他的性命，但不幸在開封之役中這匹馬犧牲了。正由於這匹好馬的中彈才把他摔進壕溝裡面救了他的性命，所以在戰役結束之後他寫了這首三百多行的長詩來紀念牠。

野桐也是軍人，而且他特別喜愛馬，因此他對問之這首「赤騮」尤其喜愛。瑞蘭原是見了馬就怕的，但騎這馬的人和寫這詩的人是問之，所以她也不自覺地愛好這首詩，她歡喜那傳奇性的驚險故事，想不到創造這故事的人就在她面前，寫這詩的人也在她面前。

「之哥，你把軍裝穿起來我看看好嗎？」瑞蘭天眞地望着問之，從頭到脚又重新打量一番。

「一套破軍服，穿起來眞丟人，有麼好看的？」問之對她這種天眞的想法不免好笑。

「我想看看你穿軍裝騎馬的神氣。」瑞蘭望着問之天眞地笑笑。

「嘿，我現在是老百姓」，問之指着他一身長袍，然後又望着瑞蘭說：「你又那裡去找馬？」

「騎大滿爹的黃牛好了，又高又大。」瑞蘭不假思索地說。

問之聽了哈哈大笑，笑得前撞後仰，半天喘不過氣來，瑞蘭聽見問之大笑，才自覺剛才失言，她看見問之笑成那個樣子，也不禁捧腹彎腰地大笑起來。

「妳是存心要我出醜了？你看，穿這身衣服，再騎一條黃牛，那成什麼樣子？」問之說過之後又繼續笑了起來。

「你沒有騎馬的照片嗎？」瑞蘭忽然想起照片來。

「爹，你不說我倒忘了。」問之順手抽出一個皮夾，在裡面檢出一張照片來。

這張照片還是接受日本大佐贈馬時照的，那時他才二十六歲，確實年青英俊，腳上穿的是黑得放亮的長統馬靴，手上握着一柄日本指揮刀，騎的就是這頭又高又大的赤騮，的確威嚴。

瑞蘭把照片翻來覆去地看，看着照片又看看問之。

「你怎麼早不拿出來？」她溫柔地盯着問之。

「這是紀念品，我所有的照片就只存這一張。」

「送給我，好嗎？」

「你拿去吧，千萬不要丟掉。」

「放心，我會比你保存得更好。」

「是不是爲了那匹馬？」

「還有那馬上的人！」

於是他們會心地大笑

「這本詩集你什麼時候出版呢？」瑞蘭把照片放好之後又關心地問。

「這年頭誰還看這玩意兒？」問之冷淡地說。

「那你又何必化這麼多的功夫整理？」

「第一，這是吃了飯沒有事做；第二，我還想多抄幾份送給朋友留作紀念。假如我來不及出版，希望尚待將來天下太平時朋友們能替我出版。」

「你爲什麼會有這種奇怪的想法？」瑞蘭臉上忽然掠過一道陰影，艾怨地望着問之。

「天有不測風雲，人有旦夕禍福。這年頭人比狗還賤，尤其是軍人，生活在刺刀尖上更不保險。」問之早就看透了生死關係，他認為隨時都有死的可能，他也隨時準備死，他毫不忌諱這件事。

「我不要聽，我不要聽。」瑞蘭迅速地轉過身去，双手蒙臉。

「眞是女孩子氣，這好比家常便飯，談談又有什麼關係？」問之走過去輕輕地拍拍她的肩頭，然後又把她的手拉開，他看見瑞蘭的眼裡有淚。

「之哥，以後不許你再提這些事。」瑞蘭含着淚望着問之。

「好，我以後永遠不提。」問之安慰她。

「你這些詩稿交給我替你整理好了，我會抄得整整齊齊的。」瑞蘭一面擦乾眼淚，一面看着那些詩稿說。

「正好，謝謝你，我就是不耐煩寫。」

問之馬上把詩稿交給瑞蘭，覺得一身輕鬆了許多。

第十一章 杜鵑盛開結伴看 蕨薇肥嫩作佳肴

野梧埋頭睡了兩天，精神已經恢復過來了。

他是從來不起早的，今天却比問之起得還早，問之散步回來時正好在路口上碰着他，他嘴裡不停地亂唱，手上還握着一束杜鵑花，高興得很。

「挨罵沒有？」問之知道華芳不會輕易放過他的，那種像死猪一樣的睡法，無論如何是瞞她不過的。

「[redacted]，心照不宣。」野梧向問之做了一個鬼臉。

「這些花是那兒採來的？」問之平生最愛花，不問是梅花、菊花、櫻花、桃花、李花、玫瑰、杜鵑……他都喜愛。他常說自然界如果沒有花朶，春天也是寂寞的，人類如果沒有詩人，這世界就是一座冰山。「梅、菊、桃、李、杜鵑……是自然界的花朶、屈原、杜甫、李白、雪萊、濟慈……是人類的花朶。」這是他的比喻，他常把詩人與花朶看成動物界與植物界的兩個好朋友。這一大清早他看見野梧手上握着一束鮮艷的杜鵑花就不禁喜形於色。

「後面山上多得很。」野梧淡淡地說。

「帶我去看。」問之覺得城裡一草一木都是稀罕的，在上海時他常常去兆豐公園，往往[illegible]擠了半天也不過看了幾種普通的花卉。鄉下就是一個大公園，什麼花都有，尤其是在春天，正是百花怒放的時候，正應該好好地欣賞一番，還可以折回來作瓶景，這是決不會有人干涉的。

「不忙，吃過早飯再去，山上還有很多蕨薇，嫩得很，這東西和乾辣椒炒臘肉吃蠻够味哩，等會我們去摘。」野梧是個好吃的人，他發現了這樣新鮮口味，所以他願意再去。

蕨薇是一種草本植物，剛出土時像一條蜷着身子的青灰色的毛蟲，這東西生長得特別快，性質也頂賤，一到春天任何山上都有，長大了肥壯的有兩三尺高，瘦弱的也有尺把高，葉呈羽狀，莖很軟弱，一碰就倒，一到秋天鄉下人就把牠割下來當柴燒，很好引火。在四五寸高的時候漿汁很多，很嫩，可以當菜吃。相傳伯夷叔齊在首陽山上就是吃這種東西。問之對於這種植物非常熟悉，他小時就專愛結伴上山去採這類野生植物[illegible]。

「對，我好久沒有嘗過這口味了。」問之聽說還有蕨薇更加高興。

野梧回家之後馬上把這個消息公開宣佈，野桐瑞蘭也都爭着要去。

「好，大家都去，我也親自去。」野梧馬上同意，他是一個懶人，老是嘴說身不勸，如果他也去作某件事情的話，一定要加上「親自」兩個字，譬喻說：「洗臉也要我親自洗，吃飯也要我親自吃。」除了這些事之外，其他的事好像都可以派人代表似的。所以他要去時一定會加上「親自」兩個字，不然就不一定去。

吃過飯之後，野桐和瑞蘭就忙着準備籃子剪刀之類的傢具，瑞蘭還特別換了一身短裝，頭上紮了一條藍花格子的手絹，完全村姑打扮。

「喲，蘭妹子眞像[illegible]個鄉下姑娘，這樣打扮倒是別有風韻哩。」野梧端着水烟袋，一搖一擺地走到瑞蘭的面前，仔細端詳一番，瑞蘭被他羞紅了臉。

「去，去，去！眞討厭。」瑞蘭把野梧一推，野梧順勢坐到原來的竹椅上哈哈大笑。

「你這個做哥哥的就是老不正經，怎麼好開我這妹子的玩笑？」蕭老太太也淺淺地說。

「媽，你再說我就不去了。」瑞蘭在她母親的面前還像三歲的孩子似的，二十多年來她一直和老母親相依爲命，她們母女的感情好得很。

「好，說正經話，去，去，去，我帶頭。」野梧放下烟袋站起來向問之一招手：「問之，我們先走。」

於是，他和問之興冲冲地跑出去，瑞蘭和野桐拿着籃子跟在後面走。蕭老太太捧着水烟袋站在門口笑吟吟地目送他們遠去。

今年春天的雨水不多，今天的天氣又非常晴朗。野梧的堂兄大滿爹正在呼叱呼叱地趕着那條大黃牛耕田，他把萊菔菜和紫苜蓿統統翻耕過來，這是最好的綠肥。野梧他們站在田埂上和他聊了幾句閒話之後就[illegible]上後面的山路去了。

野梧的屋背後聳立着一個饅頭似的小山，除了屋邊沿留了一排樹木之外這座山上的樹木都被斫掉了。野梧的叔伯兄弟們把牠一塊一塊地開成山地，種些蠶豆豌豆蕃薯之類的雜糧，縱使這座山上有樹木都屬蕭家所有了。在這小山之後是一帶邱陵，像一座太師椅的靠背向蕭家灣弧形地圍攏過來，形勢非常雄偉。這邱陵的背脊上生長着松杉之類的常綠喬木，山腰和山脚上則生長一些矮小的灌木和草本植物，杜鵑花和蕨薇就是生長在山腰和山脚上，幾乎遍地都是。這正是杜鵑花盛開的季節，一眼望去，紅，黃，綠三種顏色交相襯托輝映，眞是非常悅目，非常壯觀。

「野梧，如果說人間眞有天堂，我想這兒就是天堂了。」聞之在山脚下停下來，望着漫山的紅的黃的杜鵑花發呆。

「鄉下就是這個樣子，沒有什麼稀罕。」野梧無所謂的回答。

「我是鄉下人，我就喜愛鄉下的生活。」聞之覺得鄉下不但環境優美，人與人之間也充滿了人情味，鄉下人特別富於同情心，而且樂於助人。他想在鄉下只要你不是一個懶蟲，你就不愁不能生活，到處都是生物，到處都有可吃的東西。在城裡人與人之間完全是虛僞欺詐，彼此漠不關心，自私，勢利，到處充滿銅臭氣味，沒有正義感，沒有同情心，純然是大魚吃小魚，人吃人的社會，眞的沒有飯吃時連草根樹皮都不可得。所以聞之的心裡他對於都市一向沒有什麼好感，對於鄉村仍然保持着一份原始的濃厚的感情。

「我可不同，我是鄉下人，我却愛城裡的生活，這就是我和你以及桐弟蘭妹子不同的地方。」野梧愛熱鬧場面，愛五花八門的世界，別人能吃他，他也能吃別人，他是一個好動的外向性格，他不甘寂寞，他不能長久住在鄉下。如果不是聞之在他家裡住，他是會三天兩天跑進城的。

他們邊走邊說，慢慢地爬上了山腰，杜鵑花在山腰裡最多，開得也最熱鬧，蕨薇也是山腰裡的多而且肥。

野梧摘了幾把蕨薇之後就躺在瀝青的大石上休息，他一面抽烟，一面從口袋裡掏出一本小說來看。

「哥哥，你倒會享福，吃得比別人吃得多，做却不肯做。」瑞蘭對野桐馬上提出抗議。

「我是哥哥呀！」野梧嘻皮笑臉地說：「孔夫子都說過：有酒食，先生饌，有事，弟子服其勞。你們年紀小，自然應該吃點虧啦。」

「爲什麼之哥不休息？他可不像你專擺臭架子嘛。」野桐和瑞蘭馬上反擊。

問之聽見他們抬槓就覺得非常有趣，他是深知他們三人的脾氣的，一遇到這種事情野桐和瑞蘭總是會站一條聯合陣線，無論爭持得怎樣兇，最後總是嘻嘻哈哈地結局，而又多半是野梧在嘴巴上讓步，實際上還是他們兩人吃虧的。

「問之，你也是哥哥，你也躺下來抽支烟，氣死他們兩個小傢伙。」野梧想把問之拉在自己這邊，這樣他們就絕對不會囉嗦了。

「好，我們大家躺下來休息休息，今天天氣太好，我們的目的是來看花，其次才是採野菜。」問之這一說野桐瑞蘭也索性停手不採，各人揀了一塊平滑的石頭坐下來。

太陽晒在身上已經有點威力了，野梧首先把毛衣褪下來，問之野桐也跟着褪了兩件衣服，只有瑞蘭兀自抹汗，她不好意思當着他們的面脫衣服。

「蘭妹子，你也脫一件。」野梧望着瑞蘭惡作劇地笑笑。

「用不着你管。」瑞蘭噘起嘴巴盯他一眼。

「要是熱壞了我做哥哥的也不忍心呀？」野梧仍然嘻皮笑臉。

瑞蘭不睬他，自動地移到一株山茶樹旁邊坐下，那一塊蔭影剛好遮住她。

瑞蘭穿一身短裝真像野梧說的別有風韻，那黑色短褲襯得臉蛋更加雪白，那藍花格子的大手絹對角地覆在頭上顯有一種說不出的標緻，坐在樹蔭下低頭不語又像一座凝神靜思的維納斯雕像，那環繞在她身邊的杜鵑花更襯托得她像一位花中的女王。

「問之，我覺得你今天應該替蘭妹子寫首詩，你看她那付神態低着頭，眼睛靜靜地注視……」

野梧打趣地說，瑞蘭被他逗得噗嗤一笑，問之野桐也笑了起來，野梧自己也在傻笑。

天氣很暖，大家出了一些汗，口裡有點乾燥，野桐順手摘了一朵紅杜鵑，放進口裡去嚼。過後他對問之說：

「老哥，這東西蠻清甜的，也許可以吃哩。」

問之點頭笑笑。

野梧一聲不響，他儘管抽烟，抽掉一支又馬上接着點燃一支。問之若有所感地對他說。

「野梧，我看金庫烟還是不要抽吧，必要時我們還得學學伯夷叔齊哩。」

「哥哥能吃那種苦？他還想抽三五哩。」野桐馬上接嘴。

「笑話？」野梧忽然坐起來很神氣地說：「我今天就要學伯夷叔齊，中午回去吃蕨薇炒臘肉給你們看。」

問之聽了覺得好笑。

野桐聽了又好氣又好笑。

瑞蘭聽了隨即車轉頭來溫柔地白他一眼。

第十二章　解甲歸田操舊業　同床異夢想前程

蕭家灣外出的青年人都陸續回來了。有的是部隊打垮了突圍回來的，有的是被俘以後經共產黨釋放回來的，他們都是抗戰初期投筆從戎的青年人，先後將近十年沒有回過家，這次都帶着一肚皮的失望，懷疑和煩惱回來了。

歲月是無情的，戰爭的歲月更會消磨年青人的青春，他們出去時都是二十左右的小伙子，活潑得像一隻雲雀，可愛得像一朵花，十年戰爭的消磨把每一個人的天庭上都磨出紋路來了。他們不再像出去時那麼蹦蹦跳跳，那麼愛說愛笑，大家都變得非常煩惱憂鬱，他們不知道這兩三年來的仗是怎麼打的？莫名其妙地失敗，莫明其妙地被俘。他們沒有帶回一枚勛章，沒有帶回任何光榮的標誌，他們帶回的是心靈上的恥辱和身體上的創傷，以及僅有的一套破棉軍服。

他們現在都是三十左右的人了，出門時都從家裡帶走一套最好的行李，回來時却是光桿一個，照理他們都是做爸爸的人了，可是連女人的影子都沒有帶回一個。父母們都不瞭解他們在外面究竟搞些什麼？就是討飯這麼多年也應該帶回幾件別人施捨的舊衣和破碗破缽，而他們除了流血流汗以外沒有撈回一點代價。他們原希望把日本人打走之後有一個富强康樂的中國，自己也好好地娶位太太成個家。可是，日本人好不容易打走了，中國却愈來愈糟，外蒙古獨立了，俄國人在東北姦淫婦女，把工廠的機器一車一車運走，把日本關東軍的武器交給八路攻打他們，却還得承認蘇俄是「友邦」，却還得和叛亂者談判他們不知道誰是誰非？他們莫明其妙地失敗，莫明其妙地跑回家來。

他們頹喪，他們煩惱，他們憂鬱，他們在五十年代的大動亂中迷失了方向。

野梧的堂侄蕭長泰也在這時回來了，他是在北平局部和平以後拿着[redacted]的還鄉證回來的。

他的輩份比野梧小，年齡都比野梧大，離家的時間也比野梧早。他今年三十五歲，已經十多年沒回來了。

北平局部和平時他的級職是中校營長，他的部隊很多湖南人，却偏偏編入傅作義的戰鬥序列，他們十幾萬部隊一槍不響眼巴巴地看着[redacted]耀武揚威地開進[redacted]古都北平，他們眞不知道這叫做一種什麼戰爭？

林彪的部隊進城之後，他們的部隊馬上接受改編，願意留下來的繼續留下，不願意留下來[redacted]准許他們回家。

「[redacted]不管中國是誰家天下？老子回家種田！」他在部隊裡苦幹了十多年，從來沒有打過這樣的仗，他就本着湖南人的辣椒脾氣，懷着這種不再過問國事的心情從北平天津循海道到上海，再經浙贛鐵路回家了。

他離家時太太正大着肚皮，孩子還沒有落地，這次回來時孩子已經十三四歲，快和他一般高了。

「[redacted]在外面十幾年什麼都沒有撈着，還是在家時留下了這個老本。」他摸摸孩子的頭頂笑着說。

大家聽見他這樣說都輕鬆地笑了起來。

「[redacted]我們十多年不見面，想不到泰哥倒蠻風趣的。」長泰雖是野梧的堂侄，但年齡比他大好幾歲，所以野梧還客氣地稱他「泰哥」。湖南人固然重視輩份，但對於年齡比自己大的晚輩還是很客氣的。何況野梧這種稱呼又是從小叫慣了的。

「梧叔，那時我們在家裡你還只有新牙仔這樣高。」長泰指着他的兒字打起長沙土話來。大家久別重逢，才知道日子過得快，才知道自己慢慢老了。

長泰十多年沒回家，也很少寄錢回來，他的太太和兒子完全靠點老本，生活相當艱難，[illegible]他的孩子至今仍然沒有上學，他對於這日漸式微的家庭，和自己放棄作家長的責任，不免有點感慨。

他對於軍旅生活現在是完全厭倦了，對於時局也漠不關心，連報紙都不再看，他日夜計劃如何重整家園？他還有一點薄田和幾坵山地，田是交給兄弟叔伯代種的，那點山地是由他太太自己種點番薯，蠶豆，豌豆之類的應急雜糧。他計划早稻收穫之後把田收回來自己種，這樣勉強可以維持三個人的溫飽。

至於那幾坵山地他是非常喜愛的，他常常拿着鋤頭在牠四週徘徊，不時地挖幾下試試自己的手勢和氣力，有時手掌磨出幾個水泡來都不敢講，一是怕難為情，二是他太喜愛那些赭黃色的土地，手上起幾個泡那又算什麼呢？這十多年來他掛了幾次彩，流了那麼多的血，却落得個空手回家。他想在自己的土地上流一滴汗總有一滴汗的收穫。看，蠶豆在他這幾天辛勤地灌溉下不是開出美麗得像紫色的蝴蝶一般的花朵了嗎？他在溝邊新種的玉蜀黍也出土了，這種有代價的辛勞他為什麼不樂於幹呢？

他是一個典型的農民的後裔，他熱愛他自己的土地。

他不僅熱愛自己的土地，他還勸野梧野桐愛他們的土地，他認為什麼都靠不住，尤其是亂世功名，只有土地才是最可靠的。

「梧叔，只有土地是靠得住的，俗語說：『風吹牮尾巴不倒』，我們鄉下人應該看重土地」。這幾天來只要是晴天他總向野梧野桐灌輸他自己的觀念。

野桐對於土地本來就有一份親切之感，他回家五六個月，把所有的菜園都重新開闢起來，而且種了各種各樣的蔬菜，現在馬鈴薯和花葉芥已經可以大批地上桌了，辣椒，茄子，萵苣也已栽好了，再過兩三個月青菜就吃不了。過去瑞蘭和母親在家時因爲沒有人力，青菜也靠兄弟叔伯們送點吃，或者託他們在舖上買一大批回來，製成醃菜，現在野桐在家，至少這件事就用不着愁了。

問之對土地和農作物也很有興趣，他時常和野桐在一塊兒工作，挖土的挖土，灌水的灌水，兩人很愉快地合作，彼此決不推諉，決不無謂地堅持自己的意見。他們是一對很[illegible]的搭當。[illegible]問之對於園藝知辦小型農場還有相當的知識，這大概和他的農人的詩人的本質都有關係。

唯一對土地不感興趣的只有野梧，他不願意勞動，不願意挑水，更不願意抬糞，鋤頭上好像[illegible]長了刺似的，他從來不去摸一摸。可是，他愛吃剛拔起來的青菜，愛吃剛挖起來的馬鈴薯，對於吃法也非常講究，就是自己不願意勞動。

但他也有一個好處，他決不干涉別人，你種什麼都好，栽什麼都好，他決不過問，在他寂寞時他也陪着問之野桐去菜園欣賞一番，就是不願意動，看見菜葉上有蟲也決不伸手去捉一下。

由於長泰成天拿着鋤頭在菜園裡山地上轉來轉去，更增加了野桐問之對土地的興趣，他們三個人時常[illegible]在一塊兒，討論這塊地宜於栽什麼？那塊地怎樣開闢？三個人談得津津有味，非常投機。這兒雖然沒有一塊土是屬於問之的，可是他對土地有濃厚的興趣，不管是不是屬於自己的。再則瑞蘭的藏書他要看的也看完了，閒坐在家裡也太無聊，野梧這一向[illegible]又很少在家，他成天在小舖子裡打骨牌，他對於賭博興趣實在濃厚，只要有得賭，決不問對方是什麼人和賭什麼的，他一概奉陪。鄉下人當然不能賭大錢，却愛賭那麼三五斤猪肉或幾十個包子什麼的。

野桐，問之，長泰這幾天來曾經談到辦農場的事，他們計劃把屋後面這座山圍起來，改種桃樹。桐樹，整個山的面積可以種好幾千株，桃樹桐樹成長得都很[illegible]，三五年就可以結實，春天開起花來也特別好看，這不但可以美化蕭家灣，而且可以坐收其利。為了增進[illegible]桐樹的結實，他們還計划養幾箱蜜蜂，這是一舉兩得的事，另外問之還提議養幾百隻雞，山上土地乾燥，不容易生病，樹脚下的小蟲雞又可以扒着當食料，這樣還可增進樹的生長，雞糞又是最好的肥料。門口那口大塘他們也計划養魚，那麼大的面積，那麼深的水，最少可以養兩三萬尾，一年下來就可以得到好幾倍的利益。另外他們還想養兩三百隻水鴨，門前那條小河多的是魚蝦，正可以好好地利用一下。

這個生產計劃如果要完全實現，最少需要三四百塊袁大頭，當他們把這個意思告訴蕭老太太和野梧時，他們都很同意，尤其是蕭老太太非常贊成，她希望兒女們不要再往外跑，免得她心掛兩頭。她已經是五十多歲的老人了，和兒女們團聚在一起是她的最高的生活享受。

「問之，你的意見我很贊成，不過我們兩人遲早是要出去的。」野梧覺得問之現在還不到三十歲，正是年青力壯的時候，無論在文學方面或事業方面都有很遠大的前途，他怕他就這樣消沉下去，所以特別提醒他。

「我知道，但這沒有關係，桐弟和泰哥在家裡就行，不過我躭心沒有這筆現款，恐怕短時不能實現。」問之知道他們的經濟狀況，這確是一筆很大的開辦費。

「你們都不必出去，問之就在我這裡，將來還不是一家人？」蕭老太太又有她的想法，她知道問之和瑞蘭的感情很好，她很希望他們能夠結婚，好了却這樁心願，不過目前的經濟狀況不大好，她又只有這麼一個女兒，她不願意過於簡單，同時她知道問之是一個很有自尊心的人，在這種情形之下他是決不願意這麼結婚的。不過她今天趁着這個機會公開地暗示她完全同意他們這件事。

第一四三章 阡陌縱橫春意鬧 杳家猜患以訛傳

現在正是農忙的時候了，所有浸滿了水的田都在翻耕，每一塊田裡都洋溢着一片呼叱聲，男子漢都高高地捲起褲脚，青年人握着犂尾巴跟在黃牛和水牛的屁股後面來回地奔走，老年人也握着鋤頭鏟鍬修理田坎，他們細心地把泥土鏟平，有漏洞的地方馬上塡塞起來，像泥水漿糊墻壁一樣，他們利用泥漿把田坎糊塗得又光滑又平整，這樣才不致於漏水。每一塊田只留一個出水的小缺口，水多時就打開來放出去，水少的日子就關閉起來，使水量能够適量的調節。田坎上的雜草也完全剷除了，像剛剃過頭的頭皮一樣，顯得非常平整乾淨，田坎上自然不能揷秧，但他們不會使牠荒廢，他們沿着以往的慣例，準備在這上面種兩行大豆，或豇豆茄子之類的菜蔬，他們經濟地使用每一塊泥土。

萊菔菜和紫苜蓿統統壓到田裡去了，間或也有幾枝花朶仍然露在泥土外面點頭微笑，但牠們的身子是完全壓進汚泥底下去了。牠們很快地就要腐爛，就要變成禾苗的肥料了，正像稻根曾經作過牠們的肥料一樣，是那麼自然。

太陽照在田裡，水和汚泥閃着光，太陽照在農人的茁壯的臂上，臂上也閃着光。

蝴蝶在田野間飛來飛去，蜜蜂也帶着細微的嚶嚶聲在油菜花間輕盈地跳舞。

雲雀飛得高高地，在天空中快樂地歌唱，布穀鳥在樹林中殷勤地叫喚，灰褐色的斑鳩也在田埂上來回地咕咕……

他們也像農人一樣地興奮，忙碌……

在這種日子裡，再沒有人和野梧打骨牌了，他只好躲在家裡和聞之璘圍下下棋，否則就睡睡懶覺。在春天，人也是懶洋洋的，好像站都站不起來，睡懶覺這也一個很好的藉口哩。

在這種日子裡野梧也會想起看報，想起朋友們的信件。不知道睦局究竟怎樣了？定文一直沒有見面，聞天到臺灣之後也一直沒有信來。這都可能引起他的懷念的，尤其是聞天，他是一個非常窮而又刻苦的人，但他有一種很好的德性，不論自己怎樣窮苦，總是樂於助人，他如果有兩條褲子一定會脫一條給朋友穿，一年到頭總是穿一套公家發的鹽腳軍服，從來沒有看見他穿過一件自己做的衣服，也沒有看見他單獨地上過館子，要去也一定拉着朋友一道去，不管吃多少，他總搶先掏腰包，他沒有一天不鬧窮，可是總看見他幫助朋友，幫不到錢的忙就出力氣。去年冬天，野梧攜家帶眷從張家口經過上海時，路費已經用光了，聞天為了幫助他們回家，把自己剛結婚的一個三錢重的紀念戒指捋下來送給他，使他們在路上不致於挨餓。他現在想起來仍然感到這種友情的溫暖。那時聞天正奉到上峯的命令，要他和老朋友飄志平（飄志平和野梧聞之璘雖然不是同學，但由於聞天的關係和他們也變成了很好的朋友）到臺灣進行籌設分社工作，他說他們到臺灣之後就將那邊的情形寫信告訴他，並囑咐他打聽聞之的消息，因為他和聞之有半年沒有通信，無形中失去了聯絡。可是兩三個月來他還沒有來信，野梧聞之雖想寫信給他又苦於不知道確切的通訊地址，因此他們兩人決定到離蕭家灣兩三里路的黃家舖子去一趟，看看聞天有沒有信來，他們也好久沒有到這舖子去了。

黃家舖子是一個小小的雜貨店，賣些香燭，鞭炮，油鹽，肥皂，糖菓，紙筆之類的日用品，另外還兼辦郵政，三天一次班，由郵差從城裡把信送來，然後又從鄉下把信帶進城去，附近村子的人發信是自己去送，取信也由自己去拿，這在鄉下人已經成了習慣，而且覺得蠻方便的。

吃過早飯之後天氣很暖，野梧和問之都脫掉棉衣，野梧換上一套藏青色的西服，問之換穿一件淺灰色的派力斯長衫，各人手裡都拿着一根自做的山茶樹手杖，在鄉下是很需要手杖的。今天野梧顯得格外倜儻風流，問之却非常溫文瀟洒。

他們出門沒走多遠，瑞蘭却悄悄地從後面跟了上來。瑞蘭穿的是一件深藍色的士林布旗袍，上面加了一件金紅色的外套，臉上雖然未施脂粉，但由深藍和金紅兩種顏色的襯托，使她的面部顯得更加雪白，人也顯得更加年青，從外表上任何人也看不出她是十四五歲的人。微風吹着她那軟柔如絲的長髮，飄呀飄的像微微起伏的波浪，微風掀動她那藍色的衣角，擺呀擺的像紅花綠葉輕輕地擺動。

野梧走在前面手舞足蹈地談笑風生，他看見路邊的野花就隨手摘一朶放在鼻子上聞聞，然後又把牠揷在胸襟上，看見熟人在田裡工作又哥呀爹的胡扯一番，但九九歸一最後還是要談到牌經上去的。

問之看見熟人只是點點頭笑笑，他不愛講野話。他愛看鄉下人粗壯的路膊和小腿，那裡面彷彿蘊蓄了無限的原始的活力；他看見他們的光腿跟在犂頭後奔走，同時飛濺着泥漿，他覺得這就是一首詩；他看見金黃的油菜花在微風中擺動他心裡就有一種難以言狀的喜悅；他望見雲雀在天上歌唱他就想起了雪萊那首名詩；他看見石龍子在地上爬，斑鳩在路邊覓食，青草不停地生長，他就感覺到春天的活力和生命的活力。在他眼裡一切都是美的，善的，詩的。

他偶一回頭，忽然發現瑞蘭跟隨在他背後，距離大約二十公尺，他就向瑞蘭笑笑點點頭，瑞蘭馬上回報他一個春風滿面的甜笑。

野梧在前面走了半天沒聽見問之講話，他猛然回過頭來問：「問之，你怎麼老不愛講話？」問之還來不及回答他就發現了瑞蘭，他馬上高聲說：「蘭妹子，你怎麼偷偷地跑出來？」

「你能出來我怎麼不能出來？」瑞蘭遠遠地回答。

野梧馬上停住脚把手杖往地上一摔：

「我出來拿信，你出來幹啥子？」

野梧故意用川腔川調說。

「我也來拿信。」瑞蘭笑吟吟地回答。

「[illegible]你的信哥哥看見了還不會帶給你嗎？」野梧双手交叉地扶在手杖上，把身體微微的前傾，睇着一隻眼睛說。

「你不懂規矩，你會亂拆。」瑞蘭仍然笑吟吟地。

「只要不是情書，我做哥哥的拆開看看又有何妨？」野梧故意向問之做個鬼臉。

「你胡扯？我不高興。」瑞蘭向野梧把嘴巴一撅。

「蘭妹子，你不高興？如果真是情書，問之才不高興哩！」野梧故意向瑞蘭擠眼，然後又望着問之傻笑。

問之知道野梧的嘴巴不會空下來，不是吃，就是說，他對付他的辦法就是不作聲，他只淡淡然一笑。

瑞蘭倒底是女孩子，尤其是一個正在熱戀中的女孩子，她生怕野梧這句話引起問之的誤會，她急紅了臉，她嘟起嘴巴說：

「等會你拆開看好了，我的信沒有一封不能公開的。」

她轉頭想起了野梧許多狗屁倒灶的事，她又抓住機會向他挑戰：

「我的信不怕公開，你的信可也得給我們看。」

這一來正好擊中野梧的弱點，他有不少情婦，說不定她們其中的一位忽然心血來潮一封信，那給瑞蘭抓住了以後在她面前就擡不起頭來。他抓抓頭皮非常友好地說：

「蘭妹子，我們兩人的信都不公開好不好？如果妳願意把妳的信拿給問之看那是妳的事，我可管不着；不過我的信只能我自已看，看過之後再斟酌情形給你們看如何？」

「做賊的心虛，我就知道你心裡有鬼。」瑞蘭勝利地笑笑。

問之看見他們兄妹兩人鬪嘴，野梧吃了敗仗，他心裡也覺得好笑。

來到黃家舖子門口，野梧大搖大擺地走進去，問之和瑞蘭跟着進去。黃老板是個彌勒佛型的人，見了任何人都是笑嘻嘻的，野梧瑞蘭同他非常熟識，問之也來過好幾次，所以一見面大家都很親切。

野梧走到櫃檯旁邊首先在璃瓶裡拿出一塊芝蔴糖往嘴裡一塞，然後邊邊扯野話：

「今天有沒有報？」

鄉村有人訂了一份上海大公報和長沙中央戶報，他們來得碰巧時可以先抽出來看看，雖然新聞都是明日黃花，但對於鄉下人還是够新鮮刺激的，反正他們沒有日曆，不妨把日子留住三兩天。野梧問之在鄉下住了這些時日，對於這些過時的舊報也是非常珍視的，甚至從城裡包東西下鄉的半張舊報他們也要看半天。所以野梧首先問有沒有報。

「唉，剛拿走了。」黃老板笑嘻嘻地說。

「有什麼消息沒有？」野梧關心地問。

「聽說還在北平談，報紙我也沒有看。」黃老板仍然一團和氣。

「黃老板，有沒有我們的信？」瑞蘭接着問。

「我去看看。」

於是，黃老板跑到賬房裡拿出一個小郵包，翻了半天才翻出三封信來。一封是野桐的，兩封是野梧的，瑞蘭倒沒有信。

瑞蘭接過信之後，把野桐的一封留下來，她準備給他帶回去。其他的兩封信統統交給野梧。

野梧打開第一封信，這是他的朋友從香港寄來的，信裡除了照例的批評政府的論點而外，還特別勸他做一個識時務的俊傑。「[illegible]的終於要倒下去，你應該走你自己的路，不要陪葬，不要[illegible]看。」這是這位香港朋友的最後結論。

第二封信是定文寫來的，聞之瑞蘭帶上回書來看：

野梧聞之：

你們回去之後我總覺得非常寂寞。城市不比鄉下，雖然是春天也看不到花開草綠，我每天走的是青石板洋灰路，踏不到一塊泥土，看的是天花板和百貨店的[illegible]限的櫥窗，我不知道杜鵑花已否開放？

你們走後城裡的謠言很多，有的說某人已經辭職，某地已被共軍「解放」，某人又正在組織救國軍，這些話[illegible]姑妄言之，我們也只好姑妄聽之了。

最後我要告訴你們的是：和談仍在繼續進行，不過共產黨又陸續的開出了幾批「戰犯」名單，胡適都在其內，除了他們自己人和「民主人士」之外，凡是知名之士幾乎包羅殆盡了。

以後如果有什麼新的消息，我會隨時寫信告訴你們的。請放心。

看完這封信，他們默然無聲。

第十四章 如蟻春蠶因暖化 太君金口吐真言

瑞蘭放在懷裡焐的蠶子已經化出來了，黑漆漆的一堆，起碼有千來隻。她小心地把牠們放在一個大長方形的紙盒裡，牠們像小螞蟻一樣地在裡面慢慢地蠕動着，瑞蘭高興得很，目不轉睛地看着牠們。

問之和野桐也很愛這些小生物。問之小時候就年年養一批，把牠們放在一個洋鐵盒子裡，塞在書包裡面帶來帶去，一下課就打開盒子看看，中午晚上放學時就忙着爬樹採桑葉，為了這些小生物，他總要辛勞幾個禮拜，有一次爬樹還把脚摔壞了，後來化了不少錢才醫好。當然他還挨了一頓臭駡。

這小東西他已經十多年沒有玩過了，現在忽然看見瑞蘭餵養，他也彷彿回到天真的童年。那時和他在一起玩蠶兒的還有一個小情人，他們都是十來歲的小鬼，一天到晚混在一塊兒，女孩子不敢爬樹，採桑葉完全由他代勞，她替他揹書包，如果他被樹枝擦破了一點皮，出了血，她就會吐口中水替他搽搽，用小手巾替他包紮，同時信口唱支兒歌慰勞他，或者貼近他的耳朵講幾句情話，這一段兩小無猜的生活他至今仍然記憶猶新。但兒時的情人已不知流落天涯何處？瑞蘭雖很愛他，但他們已不能像孩子時代那麼真情流露了。假如這世界只有他們兩人，他們是很願意那麼天真地相愛的。

瑞蘭的後門口有一棵兩丈多高的桑樹，現在剛剛生葉子，瑞蘭想伸手去摘，但站在地上攀不着，野梧野桐又故意不幫助她，她只好央求問之：

「之哥，請你帮我摘幾匹桑葉下來。」

問之望着野梧野桐笑笑，意思是說你們不摘我就要去摘了。

野梧知道他的意思，馬上說：

「問之，我看這個義務只有你盡最合適了，過去我也替華芳盡過這種義務的。」

瑞蘭聽了，好氣又好笑，[illegible]

「懶人偏多藉口，自己不動手還要說風涼話。」

「好，讓你偷個懶。」

問之望着野梧笑笑，隨即端個凳子去墊脚。

桑葉比柳葉生得遲，現在還只鷄心那麼大，顏色也是淡黃的，非常嫩，非常可愛。這種嫩葉最適宜於剛孵化的小蚕吃。問之站在凳子上伸手抓住了一根枝條，他一面摘，一面丢給瑞蘭接。瑞蘭正自在地站在他的旁邊，仰着頭望着上面。

大約摘了四五十片小桑葉，問之就下來了，多摘小蚕兒一天也吃不了，留着又會失掉水份，這種嫩桑葉是最容易乾枯的，最好是吃一頓摘一頓，常常保持桑葉的新鮮，這樣蚕兒也長得更快。

瑞蘭得着桑葉之後非常愉快。她望着野梧野桐笑笑，意思是說你們不帮助我還有之哥帮我摘哩。

桑葉放進紙盒之後，蚕兒慢慢地爬了上來，你看不見牠們的嘴巴在動，也聽不見牠們吃的聲音，可是桑葉會慢慢地現出小缺口，會慢慢地縮小體積。

「眞奇怪，這麼一點點大的東西也知道要吃，這世界怎麼不亂？」蕭老太太捧着水烟袋站在旁邊說。

「媽，如果大家都有得吃，[illegible]公平合理地生活，這世界自然不會亂。」瑞蘭一面均勻地繼續放下桑着，一面回答她母親的話。

「那知道是那年那月的事？」蕭老太太笑笑，彷彿笑瑞蘭過於天真。

「總有那麼一天。」瑞蘭肯定地說。

「就是真有那一天我也看不見了。」蕭老太太又笑笑，她永遠是副笑臉。

「也許我也看不見，但我相信總有那一天。」瑞蘭仍然充滿了信心。

「只要我們不自私自利，不你搶我奪，不弱肉强食，發揮我們的愛心，發揮我們的人性，也許我們還能看見那一天。」問之用指頭敲着桌子的邊沿，展開他幻想的翅膀。

「我是黃土巴蓋到眉毛尖上來了，現在就要靠你們青年人。」蕭老太太呼嚕嚕地吸了一口烟，然後又慢慢地吐出來。

「媽，妳還不老，妳起碼要活一百歲。」瑞蘭面對着蕭老太太笑吟吟地說，她真希望她母親能活一百歲。

「那我不變成了老妖精？」蕭老太太又笑，大家也笑。

「不，媽，只要大家生活過得好，每人都可能活一百歲」

「但願你們都能活一百歲，我死了也是高興的。」

「媽，我不高興妳說那個字。」瑞蘭走過去握住蕭老太太的手，裝出不高興的樣子。

「媽，妳還夠活，妳還要替我黑兒抱孫子哩。」野梧連忙插進一句，黑兒是他的大兒子，今年才五歲，也和他一樣地淘氣。

於是，蕭老太太和大家都高興起來。

「哥哥從來沒有說過正經話，只有這句話值得稱讚。」瑞蘭調轉頭來望着野梧笑。

「我句句話都是格言，妳不稱讚有什麼辦法？」野梧嘻皮笑臉。

「呸，好厚臉皮。」瑞蘭馬上啐他。

於是大家都笑了起來。

第十五章 野蒜胡葱鄉土味 和平戰亂夢中言

春天是復活的季節，是萬物生育的季節。

那些在泥土裡蜷伏了一個冬天的蟲蟻們迎接着春天出來了，那些在風雪的日子裡哭泣着的孩子們迎接着春天微笑了。在春天，冷淡於愛情的也會燃燒起愛，死去了希望的也會再生產希望。花在開，蜂蝶在飛舞，河流唱着豪放的歌澎湃而去。……

那仰臥於藍天底下的是綠色的原野，綠色的崗巒，綠色的大地……

在離野梧門前大約半里路遠的地方有一條蜿蜒曲折的小河，狹窄處只有三四丈寬，最寬的地方也不過六七丈寬。小河的兩岸與田的距離寬敞處有四五丈，狹窄處只有一兩丈，岸與田的分野是一條三四尺高的小壩，這個壩是防備這條小河發怒時用的。在壩上有一排柳樹和烏桕樹交錯構成的樹林，樹腳下還雜生着蒺藜之類的小植物。兩岸的土地很平坦，天氣好的日子問之和野梧他們常常攜帶一兩本書來邊看邊享受日光浴。

現在兩岸的土地是一片嫩綠，小草好像做了一場噩夢似的完全甦醒了，淺淺的，密密的舖蓋一地，蝙在上面怪舒服的，看在眼裡也怪舒服的。

與青草同時甦醒的還有一種野生植物，牠的名字是野蒜，又叫做胡葱，因為牠的形狀和氣味很像葱蒜這兩種植物。這植種物雖是野生，却有一種介乎葱蒜之間的風味，牠沒有葱蒜那麼辛辣的味兒，却有葱蒜那股清香，無論是新鮮的或泡起來吃都很可口，這是一種最引人注意的野生植物，牠生長在小河的兩岸，像青草一樣的茂盛繁多。

野稆，問之，瑞蘭，以及牧牛的孩子們都集在河邊採拔，愈是長在樹林裡邊的愈加肥大，因爲牠多了一層天然屏障，牛羊不能傷害，人也不能踐踏。

野稆來拔野蒜純然是趕熱鬧，沒有拔到三把他就躺在草地上睡覺了。瑞蘭和問之愈拔愈起勁，他們看見籃子裡的收穫一次一次地增多，重量一點一點地加重，心裡很高興。世界上沒有什麼東西比用自己的勞力得來的更被重視。珠寶雖然貴重，如果是用錢買來的就缺少那份原始的親切的感情。同樣的一種魚，買來的就沒有由自己釣來的好吃，這不是別的原因，這就是那一份用自己的勞力取得的情感，正如文章和兒子是自己的好是同樣的道理。瑞蘭和問之也爲同樣的道理拔得很起勁，他們愛吃這種東西，吃用自己的勞力得來的東西才能心安理得，才能得到真正的愉快。

孩子們一窩蜂地在前面亂搶亂跑，問之和瑞蘭在後面沿着樹林旁邊慢慢地拔。瑞蘭如果發現了一根特別肥大的就像哥侖布發現新大陸一樣地狂喜，她會先叫問之過來看看，然後再小心地連根拔起，彷彿生怕傷害了牠似的，放在籃子裡她也會給牠一個特別位置，對於一般大小的野蒜她也不像野孩子們那麼毛手毛腳，胡亂地拔起來又胡亂地放進籃子裡去，她會用她那玉筍般的纖纖的手指把牠們理得整整齊齊，有一片黃葉子堆在上面她都會細心地摘掉。

「蘭，吃的野菜妳又何必這樣細心呢？」問之也覺得瑞蘭太細心了。

瑞蘭是細心而耐煩的，平常她每天清早起來，一定要把侄兒侄女們穿得整整齊齊，把他們又是眼淚又是鼻涕的臉孔洗得乾乾淨淨，而且耐煩地用各種方法教他們愛乾淨，不要哭，野稆的幾個孩子都像他一樣淘氣，他們夫婦兩個簡直毫無辦法，孩子們倒是非常聽瑞蘭的話，別人照顧他們總不如意，老是聽着他們喊：「我要姑姑，我要姑姑。」

「弄乾淨了看起來都順眼些。」她隨即向問之嫣然一笑。

問之忽然發現蒺藜裡面有一簇又大又肥的野蒜，他馬上告訴瑞蘭，瑞蘭就想伸手去摘，但那裡面的刺很多，一碰就會破皮，問之不讓她拔，他自己小心地把手伸進去，一根一根地拔起來，在抽出來時也許因爲太興奮或偶爾一下疏忽，手背划了一個長口，血從傷處汩汩地流出來，瑞蘭看見了馬上從脅下揑出那條白色的小手絹，小心地替他包紮，然後又溫柔地問他痛不痛？

「怎樣？痛不痛？」

問之搖搖頭，握着她的手感激地笑笑。

野蒜蒜，胡蔥蔥
你來拔，我來攏
我們兩人配一對
你做老婆，我做老公

野孩子們忽然在前面唱起歌來了，問之聽見這天眞粗俗的歌詞有點好笑，瑞蘭却輕輕地罵一聲：「

孩子們雖然不懂得戀愛，可是他們卻會唱着大人們編撰的歌，他們能唱的歌很多，多半是此唱彼和，粗鄙得很，杞勁聽得，聞之不覺讚嘆一聲：

「這倒是真正的民間文學。」

「他們就只會唱這些邪歌。」瑞蘭不以爲然地笑笑。

「這也許是春天的緣故。」

瑞蘭羞澀地瞟他一眼。

他們兩人各自拔了滿滿的一籃，翠綠的葉子，乳白的根莖看起來怪可愛的。

他們提着籃子双双走到野梧身邊來，他還在草地上睡覺，睡得很甜，嘴裡在斷斷續續地胡亂囈語：

戰爭……和平……

和平……戰爭……

媽的……關老子……屁事……

天九……虎頭……

嘿！三結七……

問之聽了嘻哈大笑。

瑞蘭輕輕地罵一聲：

「哥哥眞是一個賭鬼」！

太陽已經從東方走到正中間來了，照鄉下的習慣這正是吃午飯的時候，瑞蘭和問之商量決定把野梧搖醒，問之淺聲答應。

「妳搖吧。」

「我不搖。」瑞蘭搖搖頭。

「為什麼？」問之奇怪地問。

「我怕。」瑞蘭紅了臉，嘻嘻地說。

「他又不是一條蛇？」

「你們男人身上都有一股看不見的力量。」

問之聽了覺得好笑，於是他用力一推，野梧隨即翻了一個身，呻呻唔唔地醒了過來。

他睜開眼睛一看，太陽很有威力地照射着，問之和瑞蘭正坐在他的面前，他支吾地說：

「唉！春天，眞是春天！」

「你又找到了藉口了。」瑞蘭接着說。

「奇怪，春天來了人也是軟軟的，一倒在地上就睡着了。」野梧揉揉眼睛，他的睡意還未全消。

「你做過夢沒有？」問之故意問他。

「我一點也不記得了。」野梧搖搖頭。

「我們來時你正三絡七呀！」瑞蘭笑着說。

野梧聽了也覺得好笑，馬上找了兩下自己的面頰：

「混蛋，混蛋，豈有此理，再加混蛋。」

瑞蘭和問之看見他那付實相，笑痛了肚皮。

「你們的成績倒不錯嘛！」野梧看見瑞蘭和問之的籃子裡都是滿滿的，他自

的那麼兩三把，不禁讚嘆起來。「我可沒有臉見人哪！」

「反正你的臉皮厚。」瑞蘭頂上一句。

野梧睜起一雙眼睛來盯她一下，

「死蘭妹子！」

他隨即飛快地在瑞蘭的籃子裡抓了兩大把野蒜往自己的籃裡一塞，然後哈哈大

瑞蘭看見自己裝得滿滿的整整齊齊的一籃野蒜被他搶了一半去，又弄得亂七

限的委屈，她噙着眼淚把嘴巴一嘟就伸手去搶，野梧卻拿着籃子在地上一滾，使她

惱得叫起來。

問之看見他們兄妹兩人嘻鬧，獨自坐在旁邊發笑。

野梧看見瑞蘭氣惱了，馬上把籃子遞過來：

「好，蘭妹子，我還妳，我還妳。」

當他伸過手來時，瑞蘭在他手背上重重地打了兩下，　　地笑了起來。

第十六章

墾荒種地憂愁少
作客成家左右難

長泰將附近的荒地挖出好幾塊了。這些地是他們幾家人的公地，荒廢了很久，土壤很堅硬，草很深，沒有誰肯花那麼大的功夫去搞牠，長泰一則空着無事，二則他想利用這個機會鍛鍊一下自己的身手，這些地挖出來很可以栽些馬鈴薯之類的作物，這東西既可當菜蔬，又可以當糧食。

除了長泰挖出的幾塊之外，還有一塊地方沒有開闢，野桐想把牠開闢出來作菜園，準備大量地栽一批馬鈴薯，這種作物不要多少肥料，收穫期間又短，產量又多，營養價值還很高，對於貧血症也很有效，這年頭既不能從動物身上去爭取營養，只好向植物方面去求滿足了。

大清早野梧還沒起床，野桐就和問之在挖地，早晨的空氣很清新，他們儘量地呼吸着，身體裡面的活力也不斷地循環增加。

野桐由於半年來的鍛鍊，他的氣力有顯著的增長，一下能挖起一大塊土來，手掌上也磨起硬繭了，長久的工作也不會再起水泡。這是十個並不簡單的過程，沒有吃苦耐勞的決心是很不容易獲得這種成績的。

問之因爲這一向勞動的時間不多，挖了一會就顯得有點吃力，必須伸直腰來休息一下，才有新的力量產生，他的皮膚也比較薄嫩，這地又很堅硬，挖了一兩個鐘頭手上就起了幾個水泡，他看看不覺心裡暗叫[illegible]慚愧，然後又高高地舉起鋤頭，用力[illegible]挖下去。

時間雖然還很早，長泰却已吃過早飯扛着鋤頭來了。他還帶了他的兒子來作助手，他的初步挖土工作已經完成，現在只要做些整構清除草根的工作，他把他的兒子帶來就是檢檢草根聽聽臨時使喚的。

他們三人一見面就高興地談起天來。長泰是一個勞動的工作者，也是一個健談的人，在勞動的時候他很少休息，談話似乎就是一種休息。

「莊先生，我看你就在我們灣裡不要走好了，我們都是自家人，你和我們的脾胃又很合得來，大家長在一起是很快活的。」長泰把鋤頭一停就開始談起來。

湖南人都有[redacted]好客的精神，蕭家灣的人都怕問之住不長久，沒有一個人願意他離開，但他們的潛意識裡總覺得問之好像是野鶴行雲，遲早總有一天會離開他們的，這原因是他還很年輕，又是一個人，在任何地方都不容易生根。他們也知道他和瑞蘭的感情很好，可是還沒有正式談到婚姻，只要他一開口，全蕭家灣的人都會贊成，但他偏偏不提這件事情，因此他們心裡也很納悶。

「我也很願意長住在你們這兒，不過現在還不是時候。」問之對於湖南人本來就有好感，在野梧家裡住了這些日子使他對湖南人有更深一層的認識，他歡喜他們的直爽，熱情，和刻苦耐勞的精神。他在野梧家裡名義上是作客，事實上大家都把他當作一家人看待，他也沒有一點做客的感覺，假使將來國家太平，不像現在這樣亂糟糟的話，他很願意終老此鄉的。現在他還年輕了一點，時局也不知道會演變到[redacted]什麼程度？他有一種樹欲靜而風不息的感慨。

「你和蘭姑的事倒底怎樣？」長泰早就想問他，一直沒有適當的機會，現在既然談到這兒他就順便問他

問之只是向他笑笑，不作答覆。

「你和蘭姑實在是很理想的一對，應該早點結婚才好。」長泰是個心直口快的人，他很關心他們這件事

「泰哥，我們都是軍人，你知道軍人的生活情形，尤其是在現在這種時局？……」

聞之雖然很愛瑞蘭，但僅是止於愛而已，他並沒有想佔有她，他是一個非常自覺而又有責任感的人，目前的時局和他個人的環境都使他不敢作進一步的想法。假如結婚的話，這筆費用總不能要野梧他們完全負擔，而時局仍然是這樣渾沌，和平的希望並不太大，如果繼續戰爭，他是決不能像現在這樣苟安下去的，就是要想逃避戰爭也決不可能，這點他是看得非常清楚的，假使結了婚那就不能放棄家庭的責任，而瑞蘭又是一個在正常而安定的環境裡生長的沒有經過什麼風浪的女性，如果因為結婚而擾亂了她的生活，使她寃枉吃許多苦頭他也不安於心，所以他只吞吞吐吐地講了一半。

「所以北平和平之後我就乾脆回家種田，發誓不再當軍人了！要不是老子娘早給我娶了親，現在我還不是一個光人？」長泰也有很多感慨，他隨即用力地打碎一塊堅硬的泥土。

「你的手起泡沒有？」聞之手上的泡有點痛，他不知道長泰的手怎樣。

「起過泡，不過現在好了。」他把兩隻手伸給聞之看，皮還是剛剛脫掉。聞之也把手伸給他看，四五個新起的水泡正鼓得高高的。

「你們當兵種田倒行，我連當農人的資格還不夠哩！」聞之望着長泰笑笑。

「任何事情都是看起來容易做起來難，我還得多多磨鍊才成。像桐叔這個樣子就差不多了。」長泰說着又望望野桐，他覺得野桐在這方面的資格比他老些，動作也比他熟練。

「我也只能種種菜園，下田還差把勁。」野桐謙虛地說。

「好，我們再磨鍊。」於是，長泰又高高地舉起鋤頭。野桐聞之也高高地舉起鋤頭。

溼土一塊一塊[illegible]之野梧的鋤頭底下分裂，一塊一塊地在長樂的鋤頭底下粉碎，[illegible]的兒子新牙伴也忙着撿石子和草根。鋤頭不停地在空中划着弧線，汗從他們額上一顆顆地滴下來。

太陽不知道什麼時候爬過後面這座山，偷偷地探出頭來，向他們露着一張笑臉了。

野梧一邊吸烟，一邊搖搖擺擺地向他們走來，瑞蘭也牽着他的大兒子跟在後面。

野梧還沒有洗臉，他起床的第一件事是先抽一支烟，再到厠所裡去一趟，抽足了烟之後再慢慢洗臉，但這必然是開早飯的時候，決不會比這更早。今天早晨可能是起床之後就一直跑到這兒來的，因為他一走到就扯開褲子在新挖的土地上洩一泡尿。

「哥哥你怎麼像狗一樣？要撒尿也該走遠點哪！」野桐有點看不順眼。

「嘿！正好作肥料，還免得你挑。」野梧一面繫褲子一面嘻皮笑臉地說。

「這麼大的人一點不害臊？」野桐覺得瑞蘭在一塊怎麼也該避避，他一面說一面又舉起鋤頭來。

間之望着野梧那種若無其事的樣子簡直想笑。他還記得有一次和他上館子時他一上樓就扯開褲子在痰盂裡洩尿，忽然被茶房看見大叫起來，他這才拾着褲子跑到小便池去。他就是這麼吊兒郎當慣了的，不管有沒有人看見他照樣小便。他還似乎蠻有理由，他常說扯開褲子大家都是一樣，為什麼要大驚小怪？今天因為有瑞蘭在一起他才沒有接腔，不然他一定又要大發妙論。他不同意野桐的拘謹，認為他太缺乏彈性，他常對間之說野桐有點書呆子氣。

現在他以鑒賞家的姿態站在一旁，看野桐他們挖地。他的兒子卻東扯一下，西拉一下，害得瑞蘭跟着他團團轉。

「我就是佩服桐弟這種苦幹精神。」野梧像老師看學生的作業一樣在旁邊圈圈點點。

「我也就是怕你在旁邊乾捧場。」野桐一面說一面用力地翻轉一塊泥土。

「梧叔，我看你也不妨來試試，這倒蠻有趣的。」長泰把鋤頭向野梧一讓。

「泰哥，我就是對這件事沒有興趣，這確不是假的。」野梧故意皺皺眉頭。

「爸爸，你沒有興趣我有興趣。」野梧的兒子馬上跑過去想接長泰的鋤頭，瑞蘭連忙上前把他拉住：

「黑兒，你還沒有鋤頭高哩，長大了恐怕又沒有這麼勤快了！」

「[illegible]，蘭妹子，你放心，我的兒子都會像我一樣勤快。」野梧厚顏地說。

「像你一樣那就會氣死我這個姑姑了。」瑞蘭是很愛她的侄兒侄女的，她希望他們個個都好，所以她總不厭煩地教導。說實話，她真不希望他們像哥哥那樣頑皮搗蛋，個個都是懶蟲。

「問之，你何必一大清早就來搞這玩意兒？來，抽支烟休息休息。」野梧不大讚同問之這種做法，他認為這對他沒有什麼意義。

「反正沒有事，鍛鍊鍛鍊身體也是好的。」問之笑笑，隨手接過一支金庫烟。

「問之，我們今天到定文家裡去怎樣？看看有沒有什麼新的消息？」野梧按燃打火機，忽然轉變了話題

「有新消息定文自然會告訴我們的。」問之怕野梧藉故到城裡去賭，因為最近農忙，再沒有人陪他賭了

「蘭妹子也要進城去辭職的。」

「瑞蘭去正好，她反正要到定文家裡去的，有新消息定文一定會當面告訴她，又何必我們同去？」

「你不知道，現在青年人的心眼很壞，」他摸摸那撮小鬍子瞇起一隻眼睛看看瑞蘭，「像我蘭妹子這樣的人沒有我們兩位英雄保鏢那還成？」

「剁胡社[illegible]打野桐一頓，然後又溫柔地對問之和野桐[illegible]吃飯[illegible]回去吧！」

於是野桐和問之[illegible]扛起了鋤頭，他們大小五個人一道回去了。

長泰的鋤頭[illegible]迅速地在陽光中起落……

第十七章 走山路話中有話 談氣質親上加親

本來是野梧提議進城的，結果野梧自己倒沒有去成，反而讓問之和瑞蘭同去了。並不是野梧自動放棄這個機會，而是華芳不同意他去，怕他在城裡胡天胡地。這裡面也許還有故意給問之和瑞蘭製造機會的用意，只有女人才瞭解女人的心理，也只有女人的心眼兒最細，誰知道華芳葫蘆裡賣什麼藥哩。

從蕭家灣到長沙城裡大約有六十華里的距離，另外還要走十來里小山路才能搭上汽車，所以瑞蘭和問之一吃過早飯就動身了，他們準備趕當天最後一班車回來。

一個人在步行中是最感孤寂的，覺得路是愈走愈長，時間是愈過愈慢。如果是兩個好友一道走情形就不同了，會在不知不覺間走完一段路。如果是一對愛人同走呢？那情形就完全相反了，他們會覺得路太近，時間過得太快，他們的腿子完全不知道疲倦，他們的話也好像永遠講不完。

在這十來里路的步行中，瑞蘭和問之一直娓娓而談。自然首先是談辭職的事，她就心教育科不會批准，因為她是三四年的老教員，成績又極好。其次她談到她的家庭和這地方的風俗人情，她希望問之更多瞭解一點，她認為無論對人對事只有澈底瞭解才能更加關切。她是一個情感與理智並重的人，她不隨便決定一件事，一決定就堅持到底，決不中途改變。她也不隨便交一個朋友，一經訂交就永不[illegible]好。她更不隨便付出自己的愛情，一經付出就永遠愛到底，決不收回。對人對事他都主張事先多加考[illegible]，她並不是多疑，而是希望有好的開始也有好的結果。寧可別人負她，她決不辜負別人。她對問之也是這種態度，她[illegible]愛聞之鄉是很早的事[illegible]以前她沒有見過聞之本人，但她心裡早有一個幻想的影子，直到[illegible]個影子變成真實，她才無保留地付[illegible]的愛情。最後她談到她剛看完的那本「歐根，奧尼金」，談到[illegible]金的其他詩作和那本小說「上[illegible]」，她對普希金很崇拜，但又非常惋惜他為一個愛慕虛榮而又不[illegible]於他的女人而決鬪而死。

「假如他娶了一個志同道合的好太太，那一定不會是這樣的結局。」她擡眼望望聞之，似乎是期待他的回答。

「自然，但這[illegible]需要福氣[illegible]。」聞之從來不相信命運，但對於婚姻這樁事却有點迷惑，他看見過很多儀表，學識，品格都非常好的男人，偏偏會娶個醜八怪又妬又潑的太太；很多漂亮、溫柔、學識既好而又具有女性一切的美德的女人偏偏又會嫁給一個俗不可耐面目可憎的男人，這不是冤家路窄嗎？兩人無論在那一方面都不相配，但他們偏偏會結婚，使自己[illegible]終生[illegible]的痛苦。他的朋友中這種悲劇性的故事就很多[illegible]這倒底是什麼原因呢？他到現在還想不透，因此只好委之於命運了。

「你為什麼要說福氣[illegible]不說選擇呢？」瑞蘭奇怪他會有這種想法，兩隻眼睛靜靜地凝視着他：「那不是更可鄙嗎？」

「選擇是對的，但也有困難。」聞之慢條斯理地說。

「什麼困難！」

「第一是機會問題。」

「第二呢？」

「第二是品質問題。」

「第三呢？」

「第三——沒有——」問之想了一想沒有想出第三來。

「那你先談第一個問題。」

「這要看各人的社會關係，假如他周圍的女性多，他選擇的機會就多，否則自然就少了。還有一點，眞正的理想對象往往是可遇而不可求的。」

「你再談第二個問題。」

「這個問題就更複雜了！譬喻說，在一群壞女人當中你怎麼能選出好的？——」

「那麼在一群好女人當中呢？」

問之半天不開口，只望着瑞蘭笑笑，然後俏皮地說：

「既然個個都是好的，那就個個都想要了。」

「你們男人眞沒有一個好東西！」瑞蘭嬌媚地白他一眼。

「好，別罵，讓我在好的當中再選一個最好的。」問之故弄玄虛地笑笑。

「選誰？」瑞蘭不自覺地急着問。

「蕭—瑞—蘭—」問之一字一頓地望着瑞蘭笑笑。

瑞蘭一陣風似地投進問之的懷裡。

他們趕上了九點十分的一班車，並排地坐着，瑞蘭坐在靠窗子的一邊，她爲了防灰，把一幅大手絹覆在頭上，然後把兩角在下巴底下打一個結，這樣灰塵就不會鑽進頭髮裡去了。

這條公路還算[illegible]，車子行駛在上面不大顛簸，湖南的公路比福建的是好得多了。公路兩邊都是[illegible]低矮的赭黃的小山，大部份的田裡都在春耕，少數的田已經有人在插秧了。秧苗還很嫩很短，農人[illegible]着背熟練地一行一行地插，他們插得那麼整齊，無論橫看直看都是一條直線，彷彿用繩子牽過用尺寸量過似的。

「你看，」問之推推瑞蘭，指指田野說：「中國的農民實在太可愛了，他們插得多麼好看，多麼熟練？」

「假使是太平年頭，他們是可愛而又快樂的。」瑞蘭接着告訴問之說湖南的莊稼人在插秧割穀時除了三頓正餐之外，上下午還有一頓點心，餐餐都有魚肉，夜間還可能在祠堂裡唱幾齣湖南戲調劑調劑，他們的生活是富足而安樂的。問之也聽說過「湖廣熟天下足」這類的話。

「你們湖南眞是中國的糧倉，總比蘇聯的烏克蘭還值得誇耀。可是這些農人們却那麼刻苦安份，他們是那麼謙虛和氣，一點也不驕傲。」

「中國的農人都是這麼可愛的，他們不會作非份的打算，他們習慣了用勞力來滿足自己的生活。你看，鄉下有沒有城市那麼多的偷盜案？我們灣子裡從來沒有人丟掉過東西的。」

「可是偏偏有人在他們身上打主意，把這些誠樸的可愛的鄉下人和城市裡的工人合起來當作他們的「革命」資本。」問之想起了「解放區」的農村那些血淋淋的清算鬭爭故事，他實在為這些可愛的鄉下人的命運擔憂。

「之音，你看他們會不會覺醒？會不會拒絕魔鬼的誘惑？」

「[illegible]不過農人稍太老實，感覺比較遲鈍，因此覺醒起來也比較緩慢。但是只要他們一旦覺醒起來，他們的力量會比山洪更可怕，任何敵人也會被他們沖垮。」問之是出身農村的，十年來的軍旅生活，在鄉下作戰和駐紮的時間也很多，他對農人的性格心理都很瞭解。

車子噹的一聲停了下來，原來又到了一個小站，上下了幾個旅客，上來的客人當中有兩位是帶着籮筐扁擔的，看樣子是進城去買酒糟豆楂之類的養猪飼料。

三分鐘之後車子又開走了，車子駛過時路上的鷄鴨都駭得咯咯呷呷地飛逃，瑞蘭看見鴨子那種慌張蹣跚的怪樣子禁不住回過頭來望着問之發笑。

車子從這個小站開出不遠就碰着一大批軍隊迎面走來，這大概是今天早上從長沙開拔的？可能是開到湘西去，因為那邊的情形相當複雜混亂。

他們分成兩路縱隊在公路兩邊一步一步地慢慢行走，他們穿的是棉衣，除了槍枝子彈之外還揹了一個用竹子做的大背包夾，有些人已經把風紀扣和胸前的扣子解開，有的人把軍帽取下來當扇子用，大部份的士兵都很瘦弱，情緒也不大好，不知道他們是什麼番號？問之只偶然在幾個士兵的臂章上發現「靖遠」兩個代字。

「之哥，你過去帶的部隊是這樣嗎？」車子駛過這批部隊之後瑞蘭車過頭來問問之。

問之搖搖頭，他過去帶的部隊不論裝備好壞，精神總是飽滿的，在任何情形之下都能維持軍風紀，他和部下士兵沒有[illegible]隔閡。抗戰時他就徹底實行着人事公開，經濟公開，意見公開，所以當了許多年帶兵官還是一個窮光[illegible]。這個部隊的主官在經濟方面可能有點不明不白，不然士兵不會那麼瘦弱，情緒也不會那麼低落。

「你是不是也和他們一樣吃苦？」瑞蘭好奇地問。

「當軍人那有不吃苦的？」問之望着瑞蘭笑笑：「還有像妳家裡舒服？」

「在家裡雖然舒服些，但生活沒有波浪也沒有什麼意義？」瑞蘭覺得自己的生活太平淡，圈子又這麼狹小，僅僅從書本上得到一點生活知識，不像問之野梧他們天南地北地跑那麼有趣，她覺得這也是人生的一種缺憾。

「假如妳好奇的話自然是當軍人好，最少可以免費旅行，可以參加很多驚險的場面。」

「我怎麼能當軍人呢？」瑞蘭望着問之笑笑：「不過我希望將來能多跑幾個地方，開開眼界。」

「假如你想，將來一定能夠如願。」

瑞蘭微微地合上眼珠，幻想地笑笑。

幾个鐘之後車子在長沙西站停住了。於是他們改搭木船經過水陸洲[illegible]進城。

第十八章 長街銀元響叮噹 落魄英雄夢一場

他們到定文家時快十二點了，定文和他妹妹非常高興他們兩人同來。

吃過午飯之後定文的妹妹陪瑞蘭出去了，問之和定文在家裡聊天。

定文很想知道他們在鄉下的生活情形，問之把實際情形詳細地告訴他，定文聽了非常羨慕。

「你們的生活倒很快樂，我在城裡寂寞死了。」

「你不出去嗎？」

「就是出去一個人也是寂寞的。」定文雖然結了婚在精神上還是一個鰥夫，這實在是一件非常痛苦的事，局外人是體會不到的。他隨便到什麼地方去老是一個人，看電影如此，參加宴會也是如此，別人問他爲什麼不帶太太？他總是笑而不答，這是他唯一的遺憾。

「最近的物價怎樣？」問之好久沒有見過金圓券了，鄉下根本沒有物價這個問題，一切買賣是在一塊小黑板上記一筆：猪肉幾斤米幾升，油幾斤米幾升；鹽幾斤米幾升；……這是物價的唯一標記。

「你說的是袁大頭還是金圓券？」

「袁大頭怎樣？金圓券又怎樣？」問之想同時知道兩種行情，從商業行情中往往可以推測政治行情。

「以袁大頭爲準，沒有漲跌；以金圓券爲準，自然一日三變，不過現在根本沒有人再提金圓券了。」

「沒想到金圓券會搞到這樣糟！」問之嘆口氣。

「本來改革幣制不是一件簡單的事，他認為應該具備兩個條件。」定文以新聞記者的口氣說：「第一要準備金充足，不濫發通貨；第二要時局穩定，在政治上能有強大的控制力。可是，這兩個條件當時並未具備，政府手裡可能掌握了相當數量的黃金，但是軍費浩大，決難長久支持。果然，自黃金案發生後，物價就直線上升，一發不可收拾。雖然在上海厲行經檢政策，仍然不能遏制物價的漲潮，其他各地就不用談了。以長沙來講，除了中央銀行有金圓券進出外，普通商號根本拒用，政府又有什麼辦法？」

「假使金圓券改制成功，今天的局勢恐怕不是這個樣子了？」問之切身感到錢的痛苦，十年來通貨膨脹的結果，使軍人沒有過過一天好生活，他每次看見弟兄們領了餉之後不知道是買牙刷好還是買毛巾好的尷尬情形，他心裡就不禁悚然而生一陣顫慄。他覺得中國軍人實在太好了，他們是世界上唯一不講代價而工作的人，他們並且不止於工作，隨時還得貢獻自己的生命，這種軍人是任何國家也找不出來的。如果他們能吃得好一點，穿得好一點，得到社會上應得的尊敬，他認為打勝仗是毫無問題的。

「那自然要好得多，不過，軍事、政治、經濟三者是互為因果的東西。政府好比一隻鼎，他們好比三隻腳，只要一隻腳動搖，鼎的重量就不能平衡，這是當前時局一個最好的說明。」

他們正在話談中，他出世才兩三個月的小女兒忽然在床上哇哇地哭起來，他連忙走過去把她抱起來哼哼呵呵一番。問之心裡覺得奇怪，他對太太既沒有愛情，偏偏又生孩子？而且對孩子又這樣喜愛，這是什麼道理呢？他是一個沒有結婚的人，確實不瞭解這些問題。

「唉！我們這一代的苦頭還沒有受夠，這小傢伙又趕出來受苦了。」定文邊抖孩子邊和問之說。

孩子經他抱起來哼哼呵呵之後果然不哭了，他很高興，因此他問問之：

「問之，你和瑞蘭什麼時候請我吃喜酒？」

「那有那麼簡單的事？」問之笑笑。

「慢慢來，等大局分曉之後再作決定也不遲。」定文寬慰問之。

「[illegible]定文，你剛才說起時局我正想問你，我今天進城就是專為探聽和談消息的。」問之這個意思早就想問定文說明，但經他小寶寶一打岔就把話擱在口邊沒有說出來。

「你先看看報，我再和你談。」定文指着茶几底下一大堆報紙給問之看，問之伸手拿出一疊來，先把當天的長沙中央日報打開看看，第一版的頭條標題是：

和談仍無進展
政府部份遷穗

地方新聞當中土共活動的消息佔了很大的篇幅，另外還有一點關於臺灣的報導，大致說臺灣當局正實行入境限制，沒有入境證不能前往臺灣，央行黃金已部份運臺，等等。副刊當中並沒有什麼可看的作品，水準都很低，問之也不再像抗戰時那麼關心副刊了。

問之看了半天才把十來天的舊報看完，定文又把孩子放回床上去，然後再坐下來和問之繼續談天。

「怎樣？你都看過沒有？」

「看過了，看樣子恐怕和不了？」這是問之看了十來天的報紙所得的印象。

「很難，」定文遞支烟給問之，他自已也點燃了一支，抽了一口。「不過我倒可以告訴你一個內幕消息。」

「什麼消息？」問之[illegible]驚奇地問。

「湖南也在醞釀局部和平。」定文降低音調說。

「難怪我總覺得湖南的局面有點陰陽怪氣的。」問之若有所悟，接着他又問：「你們的大家長同意嗎？」

「他倒很想搞搞。」

「誰不同意呢？」

「就怕武漢方面的小諸葛，所以湖南的局勢就微妙在這裡。」

「毛澤東是你們的同鄉，一般湖南人怎樣想法呢？」

「湖南的軍人政客自然有不少的小圈子主義，再加上個人的恩怨關係，因此時局就愈弄愈糟了。不過今天不是個人英雄主義的時代，也不是玩弄漂亮名詞和口號的時代，一切都要真正地為國家民族着想，並且做給老百姓看，如果違背這個最高原則，無論他是你的同鄉，我的同鄉，無論他的政治招牌怎樣高明，結果必然失敗。」

「可是現在一般聰明人就專走這條老路，結果他個人固然失敗，國家民族也幾乎斷送在他手裡。」

「這班傢伙生下來就是一個俗物，像蒼蠅嗜狗屎一樣，一輩子就為眼前的富貴權勢追逐，只要自己暫時滿足，他還管什麼國家民族？」

「這真是中國的不幸，為什麼總會出這種敗類子孫？」

他們說得正起勁時瑞蘭她們回來了，問之知道時間不早，馬上站起來說明要趕下鄉去，定文無論如何不放他走。

「在我這邊和在野梧那邊有什麼兩樣？」他把問之硬按下去。「我一個人實在悶得很，今夜陪你們兩位出去逛逛，明天再去嶽麓山一趟，春天快過完了，我還沒有看過花開葉綠哩。」他又轉向瑞蘭：「瑞蘭，今天無論如何不能回去，反正妳也沒有什麼事。」

定文的妹妹也堅留瑞蘭住兩天，她們女孩子有幾天不見面就更加親熱，瑞蘭也覺得盛意難却，但她不願單獨表示意見，她用兩道溫柔的目光向問之發出一串問號。

問之馬上回她一個微笑。

定文和他妹妹看在眼裡又找着話題：

「喲，現在就這樣相敬如賓，將來一定夫唱婦隨啦！我說今天就在我這兒住，改天回去就是了。」

「旣是盛情難却，我們陪你玩一天好了。」問之沒有去過嶽麓山，他也想趁着這個機會去一趟。

瑞蘭因爲問之巳經答應下來，當然不好單獨回去，嶽麓山她還是做學生時去過，現在也有好幾年沒去了，舊地重遊也是一樁樂事，何況這是春天？於是，她也在問之旁邊的一張椅子上坐了下來。

「學校的事怎樣？」問之湊過頭去輕聲地問。

「還是不准。」

「課怎麼辦呢？」

「方非答應暫兼。」

「長久拖下去不是辦法，我看妳還是上學去好了。」

「他高興兼就由他兼下去吧，反正我是不去的。」

吃過晚飯之後，定文和他妹妹陪問之瑞蘭上街逛逛。長沙沒有公園，天心閣春天也很少人去，只好在幾條熱鬧的大街看看。

長沙市面有一種非常奇怪的景象，滿街都是銀元叮噹聲響，街頭轉灣抹角處總站着三五個銀元販子，手掌上托着十塊八塊銀元，嘩嘩嘩地響着，夜市尤其熱鬧。長沙市總有好幾百人靠這種買賣維持生活。銀元也有大頭小頭之分，袁大頭的身價最高，船洋和孫頭價值差不多。這也是大時代中的一個小插曲。

一般說來市面還不算壞，老百姓是水長船高，買的照常買，賣的照常賣，只苦了一般公教人員和軍人，他們那種慘慘不可終日的情形比升斗小民還要可憐幾倍。尤其是軍人，一個校級軍官一個月不過拿三五塊大頭，有誰相信他們是國之干城呢？他們由於經濟地位的低落和社會的鄙視，普遍地形成了一種自卑心理，不但不以當軍人為榮，反而引以為恥。他們在街頭走過，連百貨店的窗櫥都不敢望，即使有人好奇地注視一下，店員們也報以輕蔑鄙視的眼光。

聞之他們看見這種情形心裡非常難過，聞之是一個軍人，他就嘗過這種滋味，現在穿的是便衣還可以大搖大擺地在百貨店出進，要是穿着軍裝，他真沒有勇氣和他們逛街了。

「把軍人弄到這種地步，要他們打[illegible]不是一件冒險的事。」定文覺得現在的軍人是真正的無產者，他們比無產者更苦，在精神上又沒有一點[illegible]，怎樣能教他們去打這場戰爭呢？共產黨祇有[illegible]聞着，只要喊幾句口號就可以使他們放下武器了。這一年來許多部隊的叛變投降和這未嘗沒有關係。

瑞蘭看見這種情形也很難過，原因是她從他們身上看見了聞之過去的生活情形，所以她看看他們之後又轉過頭來看看聞之，幸好聞之穿的是便衣，不然她真想抱着他痛哭一場。但她還是忍不住叫了一聲

聞之回過頭來看見她那對深情的眼睛，還不知道她需要的什麼。她也不想說明，只是貼近他緊緊地握住他的手。

他們在街上大約逛了個把鐘頭，順便拐進一家電影院看了一場七點半的電影，片名是「反攻緬甸」，是二次大戰期間盟軍和國軍合作反攻盤踞緬甸森林裡的日本人的戰爭故事，這場戰爭問之是親身參加過的。

他們看了這張片子都很興奮，瑞蘭更向問之問長問短，從緬甸的氣候問到風俗人情，問之都一五一十地告訴了她。

「唉！這眞是一場夢！」

問之一走出電影院就大聲地嘆口氣。他回想當時盤踞緬甸森林裡的日本人是多麼兇狠狡詐？裝備又好但結果還是被他們消滅了。想不到現在竟在自己的土地上在裝備比他們差的共產黨手裡栽了觔斗？這眞是從何說起呢？

第十九章　紅袖青衫遊岳麓　杜鵑花底望湘江

鬧鐘在七點三十分就鈴鈴鈴地響了起來，定文在床上翻了兩個轉身，再揉揉眼睛，然後坐起來伸個懶腰，才披着衣服走下床來。平常他總要到八九點鐘才起身，今天因爲要去岳麓山，才提早一個多鐘頭起來。

這幾天的天氣眞好，每天早上都有一個大太陽，它比城裡人起的早得多，定文推開窗子時它就直射進來，一觸着它自然有一股暖意。

因爲今天天氣暖，等會又要爬山，所以定文換了一件醬色的長夾袍子，另外還換了一双布底鞋。

定文的姊妹和瑞蘭是同時起來的，定文打開房門時她們就望着他笑着。

「哥哥今天起得眞早。」定文的妹妹向他讚賞地說。

「瑞蘭，問之起來沒有？」定文問她。

「我不知道，宗哥你自己去看看。要是起來了就更好，沒起來就請你催他一聲，下午我們好回去。」瑞蘭昨天就和問之商量好了準備遊過岳麓山之後就順路搭車下鄉，不再進城來了。

定文走到問之房裡一看，問之正睜着眼睛躺在單人帆布床上望天花板，他看見定文進來連忙爬起，一邊穿衣一邊說：

「我早就醒了，我知道你們起得很晏，一直躺着不敢起來。」問之知道城裡人有睡早覺的習慣，他不敢像在鄉下起得那麼早，他怕吵醒了他們的好夢。

他們洗過臉吃過飯之後就一道出發，定文找了兩根籐手杖，他和問之一人拄一根，這是登山的好助手，瑞蘭和定文的妹妹只好望着他們，她們不好意思也拄一根。

他們在一家店舖裡買了一點糖菓餅干麵包之後就一直往河邊走，他們搭船經水陸洲到對岸，然後步行。

定文一到鄉下彷彿鄉下人進城，覺得樣樣新鮮，這一帶的風景本來很好，湘江裡的船隻很多，有最原始的帆船，和招商局的江字輪，還有灰色的小砲艦。水陸洲晋專附近幾座學院派的西式樓房隱在森森的楓樹林中彷彿一張油畫，嶽麓山和附近一帶人家又純粹是一幅中國淡墨山水。因為是春天，去嶽麓山的人也不算少，雖然沒有秋天上山看紅葉的人那麼擁擠，但路上並不寂寞。

他們走了半個多鐘頭之後就望見湖南大學了。這是湖南的最高學府，那宮殿式的建築，靜靜地躺在岳麓山的脚下，眞是一個最好的讀書環境。

「假使我們倒退十年，在這兒讀書多好？」問之羨慕地說。

「可是現在的學生並不安心讀書，一天到晚搞運動。」定文想起近兩年來如火如荼的學潮和[redacted]職業學生的大肆活動，不免有點惋惜。

「我覺得學生固然應該關心[redacted]，但不必轉入政治漩渦，~~尤其不應該參加政治鬥爭~~。這對[redacted]的學業實在沒有一點益處。」問之也想起上次學生大遊行有湖大的學生在內。

「可是一有職業學生他們就無法安心讀書了。」定文因為在新聞界工作的關係，對於學潮的實際情形瞭解得比較清楚深刻。

「難道是每個學校都如此？」

「易地則皆然。」

「那這些學生一出學校不都變成政治家了？」

「所以中國就多的是這種政治家。」

「我眞奇怪他們爲什麼不好好地學學本行？幹幹本行？何必一定要搞政治？」問之覺得中國大學生學法律政經的一出來就搞政治，學電機土木工程的也搞政治，學中外文學的也搞政治，甚至學音樂美術的也搞政治，大家都搞政治，不但搞不好，反而愈搞愈糟，他很奇怪爲什麼會有這種現象？

「在中國只有搞政治才有事業前途，不管你學什麼？如果你出來不搞上一點政治關係，那你一輩子就沒有出息，甚至連飯碗都要被人迺破，我想這也許是中國紊亂的根源？」

他們邊走邊說，不知不覺間已經走到湖大了。上山的路就在湖大旁邊，開始上山時定文回過頭來問瑞蘭和他妹妹：

「怎樣？妳們走不走得動？」

「你走得動我們也走得動。」定文的妹妹是個爽直好強的女孩子，她不願意示弱。

瑞蘭望着問之笑笑，意思是說她還能走，不必耽心。

山上的杜鵑花正在凋謝，沿途落英繽紛，定文惋惜地說：

「唉，可惜我來遲了！」

岳麓山在春天雖可一遊，但一年當中風景最好的還是秋天，因爲山上的楓樹很多，一到秋天眞是紅葉滿山，確實好看，坐在愛晚亭看楓葉那就頗有坐看楓林晚那種詩意了。

問之和定文走在前面，瑞蘭和定文的妹妹走在後面，定文間或發出愉快的笑聲，他妹妹一向愛笑，常常嘻嘻哈哈地笑了起來，有時笑得像鷄婆生蛋似的。

半山上有幾家人家兼賣茶點，門前用茅草搭了一排遮太陽的天遮，擺了十幾張竹躺椅竹几，定文首先走過去，問之他們跟着過去，他們在這兒休息了。定文告訴問之說這地方叫做「白鶴泉」，是嶽麓山名勝之一。

這幾家茅屋旁邊的山上還有幾株遲開的杜鵑，定文看見了就要妹妹去折了過來，他把杜鵑花紮成一束，放在鼻子上聞聞，很愉快地說：

「[illegible] 總算不虛此行。」

女主人泡了四杯綠茶出來，定文隨即在他妹妹的手提袋裡拿出一包點心，於是大家邊吃邊看風景。

這一帶的花木不多，但很幽靜，路邊的幾棵松樹又高又大，如果是在冬天，一定可以聽到「松濤」，此刻牠卻非常沉靜而堅定，太陽照在牠綠色的針葉上閃着一種綠色的亮光，遠看深沉而年青，那高高的枝柯上還停了幾隻紅嘴綠毛的小鳥，牠們在上面蹦蹦跳跳，更顯得春意盎然。

後面的遊客繼續上來，多半帶了如花的女伴，單身漢很少，有的進來休息，有的一直前進，大家都顯得愉快而年青。問之心裡想，假如沒有戰爭那該多好？學生在放春假的日子可以到這兒來玩玩，軍公人員公餘之暇也可以到這兒來調劑調劑，大家都保持一種愉快的心情，就可以化戾氣為祥和了。大家生活得都好，大家都一團和氣，仇恨的哲學就無處生根，愛的教育就可以普遍推行了。

他們休息了十幾分鐘又繼續上山，大家都覺得體力充沛一些，腳步也輕鬆許多。現在是定文和她妹妹走在前面，瑞蘭和問之在後面並肩行走，問之怕瑞蘭吃力，把手杖交給她用，瑞蘭對他深情地一笑。

上山後他們在小山徑上穿來穿去，在愛晚亭停了一會兒，又到蔡鍔墓、黃興墓、張輝瓚墓瞻仰一番，

這茂座[redacted]得莊嚴宏偉。聞之特[redacted]作[redacted]殉職的將[redacted]

遊客中多半帶了照相機，大家都在儘量搶鏡頭，名勝古蹟統統攝了進去，癡人的倩影更是運用了各種巧妙的角度和背景，連聞之和瑞蘭偶爾並立在[redacted]時也被人偷照進去了。瑞蘭很想要一張留作紀念，但又不便啓齒，她望望聞之，聞之也只好笑笑。

附近的名勝[redacted]玩過之後，他們又去山頂看了當年長沙保衛[redacted]時挖掘的防禦工事，這倒是一個很理想的砲兵陣地，地勢高，有天然掩蔽，整個長沙市都在大砲射程之內，湘江的交通可以完全封鎖，他們徘徊了一陣[redacted]就直接到雲麓宮午餐。

吃過飯[redacted]已經十二點了，瑞蘭急着要下山，她想和聞之趕兩點半的車子回去，定文只好結賬，一共化了兩塊多大頭。

回來時他們走另外一條小路下山，這條路比較近，他們在山上往下望，湘江彷彿一條白色的玉帶纏繞着長沙這位古典美人的纖腰，而[redacted]的上空卻是烟霧瀰漫，迷濛一片，[redacted]定文就心地說：

「恐怕長沙還要遭劫！」

長沙是一個古戰場，一向是兵家必爭之地，歷來不知道受過多少次兵燹，[redacted]在抗戰[redacted]中[redacted]的一把火就燒去了這古城的精華，三次保衛戰中更使這古城在國際新聞中嶄露頭角，現在[redacted]又像要面臨一次新的考驗了。

聞之和瑞蘭趕上了兩點半的班車，在陽光照耀中向蕭家灣急駛前去[redacted]

第二〇章 骨牌輸贏打手掌 小河解凍聽蛙鳴

瑞蘭回家之後非常高興，她首先看看她的小蠶，這小東西長得很快，現在有小蛆那麼大，並且露出一點灰白的顏色了。她看着桑葉不多，又請問之替她摘了幾把，桑葉也像蠶兒一般迅速地生長，現在有鷄蛋那麼大一片了，顏色也由淡黃變成淺綠，整個的樹長得有點像把綠傘了。

野梧是既不喜歡養蠶也不喜歡挖地，問之只離開他兩天他已經頗感寂寞了。問之一回來他就向他問長問短，問之把城裡的情形和遊嶽麓山的事都告訴了他，他暗自埋怨華芳沒有讓他去。最後他特別貼近問之輕輕地問：

「打牌沒有？」

問之搖搖頭。

吃過晚飯之後沒有事，野梧的牌癮實在熬不住了，他要問之瑞蘭陪他打一會骨牌玩，輸了打手心。

瑞蘭不肯來，她知道野梧的牌比她打得好，同時還會在洗牌擲骰子時玩花樣，同他來準定是挨打的。

「你會搞鬼，我不來。」瑞蘭說。

「蘭妹子沒有種，怕打手心。」野梧對瑞蘭慣用激將法。

瑞蘭馬上提出一個條件，不許野梧洗牌，問之和野桐都支持她這個意見，野梧沒有辦法，只好答應。

「就依你的，蘭妹子，等會打手心打重些。」野梧向瑞蘭示威。

[illegible]打量？」瑞蘭也不肯示弱。

幾盞油燈在小桌上閃亮着，照着四張年青，興奮，愉快的臉。野楠的眼睛閃着灼灼的光彩，嘴巴的形狀顯得堅決而有力。時楷則是一張滑稽的臉譜，肌肉不時地在上面跳動着，嘴角上掛着一絲狡黠的笑，小鬍子修剪得短而整齊，充滿着男性的魅惑。問之是一個智慧內蘊的人，他的眼光溫和而堅定，不到必要時不會閃出那智慧而果敢的光芒，他的長方形的臉時常露着微笑，但那厚薄，大小，都很適度的嘴唇有時會顯出無比的莊嚴和堅決。瑞蘭的鵝蛋形的臉在燈光下顯得又紅又白，那對清澈動人的眸子不時閃着智慧和感情的光芒，端正而豐隆的鼻子顯示着莊嚴和尊貴，那一口晶瑩潔白的牙齒只有在她笑的時候才會微微地顯露一點出來，因此更有一種吸引人的力量。

暮春的夜像一個成熟的少女，在溫存中仍然可以聽到她胸脯的跳動，一種熱情的呼喊，一種無法壓抑的生命力的擴張。牆腳下菜園中已經有蟲兒聯合鳴奏，輕輕地奏着一種細微的幾乎難辨的低音階的悅耳音樂。在這種低調的鳴奏中忽然響起了一種超越一切音響的高調：

——嘓，嘓，嘓，嘓，嘓，嘓……

「噢，青蛙叫——青蛙叫！」瑞蘭高興得放下骨牌跳起來說。

的確，青蛙是一個動人的高音歌手，那聲音是愉悅的，是壓抑太久了的歌唱，那聲音是勇敢的，是突破自然的封鎖的勝利的歡呼，那聲音是誘惑的，彷彿一隻輕薄的手，輕輕地揭開了青春的秘密，而使少女們臉紅暈。那聲音是熱與力的交響。當你聽見第一聲蛙鳴，你彷彿聽見大地突然解凍的聲音

當我聽見第一聲蛙鳴，
我彷彿聽見大地突然解凍的聲音。

問之一面打出一張九點，一面隨口輕吟。

瑞蘭望着他甜蜜地笑笑。

「喲，之哥又在寫詩了。」野桐也高興地說。

「這不叫做寫，這叫做吟，你不會寫詩連這點情調都不懂。」野梧又擺出哥哥的樣子，一臉假正經地隨口糾正。

「我不懂你懂？你也吟兩句我聽聽好了？」野桐馬上向他挑戰。

「我也不懂，我只會這個。」野梧隨手把天天九虎四張牌一翻，神氣活現地說：「四結八！」

於是大家又好氣又好笑。瑞蘭忽然發現自己的一張天牌變成了四六，馬上叫起來：

「我不承認，哥哥偷了我一張天牌。」

原來在瑞蘭站起來聽青蛙叫，大家都不注意桌面時，野梧很快地把瑞蘭的一張天牌換了過來，瑞蘭看見他有兩張天牌時就知道是他幹的好事。於是大家都不答應，瑞蘭和野桐還要罰他手心，他一溜烟地跑出去站在外面哈哈大笑。

「死不要臉，我說了不跟他來就不跟他來。」瑞蘭又氣又笑。

[illegible]太站在旁邊也高興地笑了起來。

[illegible]导，野梧又要和聞之下象棋，瑞蘭和野桐爲了要抵制他，[illegible]不要聞之和他下。

「之哥，[illegible]死皮賴臉，你下他不過，不要和他來。」

「我和聞之一板一眼地下，決不賴他，用不着你們管閒事。」野梧拿着棋子棋盤往桌上一擺，瞪了野桐和瑞蘭一眼。

「你不賴我也下不過你。」聞之向他笑笑。

野梧的棋確實比聞之下得好，蕭家還沒有一個人是他的敵手。可是他只怕華芳，華芳不怕輸，儘和他下，他連下三盤之後精神就有些渙散，不論輸贏她決不放手，因此他不敢和華芳下，要下起碼得準備三個鐘頭，他有一個最大的缺點就是不能持久，無論做什麼事都是上場三把火，任何人都擋不住，慢慢地就不濟事了。

「沒有什麼關係，棋不走不熟，慢慢地你就會走了。」野梧有點急不可耐。

「之哥，別理他，讓他一個人去走車馬炮。」瑞蘭故意梗阻。

「你這個花面妹子！」野梧忽然在瑞蘭的鼻子上擰一把，瑞蘭痛得叫了起來，馬上把棋子弄得稀亂，大家都好笑，野梧更是得意地大笑。

「野梧，你這麼大了還要逗她？」蕭老太太怕瑞蘭惱怒，馬上替瑞蘭幫腔。

野梧自小就愛逗瑞蘭，常常把她抱到一條寬溝的那邊不讓她過來，或是把她抱到一個很高的地方不讓她下來，不然就打花臉嚇她，瑞蘭常常被他逗得哭起來，然後他又裝鬼臉引她發笑，蕭老太太也常常罵他。

「我一百歲還是她哥哥，她還是妹子，看她好不好意思再哭？」野梧嘻皮笑臉。

瑞蘭被野梧弄得啼笑皆非，但她總能控制自己的情感，不使自己失態。她瞪了野梧一眼之後又望着問之笑笑。

野梧看見這情形又找到了話柄：

「媽，難怪人家說女心外向，你看蘭妹子對我吹鬍鬚瞪眼睛，對問之又那麼笑嘻嘻的……」

「誰叫你做哥哥的不像做哥哥的樣兒？」蕭老太太笑着替瑞蘭辯護。

「是，媽說的對。」他馬上兩脚立正，然後半面向右轉，學着戲臺上的小生一揖到地：「蘭妹子，哥哥這廂有禮了。」

於是瑞蘭噗哧一笑，大家都笑，他反而若無其事地站在那兒，望着大家自負地說：

「我說我要蘭妹子笑她就不能不笑，做哥哥的就有這點本領，何況是偷張把牌？」

大家聽了又笑。

「哥哥，我看你真像戲臺上的小丑。」野桐笑着說。

「人生就是一臺戲，你小孩子得什麼的？」野梧又老氣橫秋地教訓野桐。

野梧的個性本來很詼諧，他初入社會時原是雄心萬丈，很想幹一番事業的，後來入世漸久，受的挫折也一天天多，現實與理想的距離愈拉愈遠，而社會上一些不正常的現象又不大看得順眼，但又沒有力量扭轉過來，因此漸漸的變成一種玩世不恭的態度。去年自張家口回來，目擊北方的官僚政客翻手為雲覆手為雨，今天不共戴天，明天又攜手拍肩，同志長，兄弟短，不講道義，不辨是非的作風，和自己身受的許多痛苦，更增強了他憤世嫉俗的心理，他慢慢把人生看成一臺戲，隨意喜笑怒罵，寄沉痛於詼諧。這可以說是一種心理變態。在朋友當中唯一能影響他的心理的只有問之，過去他有很多次由消極而墮落時都是問之使他重新振作起來，在他正常而積極的時候，他更能儘量發揮他的才能，但他最需要一個新的環境新的力量來刺激的，而聞之是最能運用這種環境和力量來推動他的人。

——嘓，嘓，嘓，嘓，嘓，嘓……

青蛙忽然又大聲地叫了起來，牠們的聲音是那麼昂揚，亢奮，給人以無限的喜悅，希望，和力量。

「野情，你聽！」聞之抓住機會向他提示說：「青蛙叫得多麼好聽？牠不但是一個優秀的男高音，還是一個面對現實的勇敢的戰士，人類的歌聲，牠一天不知道要為人類挨來多少音樂呢？」

「所以我很愛牠。」瑞蘭也望著聞之興奮地說。

「不僅要愛牠，還要學牠。」聞之接著說。同時用指頭敲着桌子的邊沿吟咏起來：

會我聽見第一聲蛙鳴

我彷彿聽見大地突然解凍的聲音

野橋立刻背出聞之那兩句詩回應：

第二十一章

不和不戰學農圃　或走或留大費心

野桐挖的那幾塊地已經完成了，現在正準備種馬鈴薯。

吃過早飯之後，他就和間之一同整理溝畦，打洞眼，這些地可以打一千五百洞，也就是說可以種一千五百株馬鈴薯，每株平均產量以半斤計算，將來就可以收穫七百五十斤，如果再打一個七折，也可以收五百斤左右。他們每打一個洞眼，彷彿打下了一個希望。

洞眼打完之後，他們就同去抬糞，還有一種柴灰和垃圾堆裡的污濕的泥土拌和的乾肥，每一個洞眼裡要先滴一瓢糞，然後再洒一層乾肥，他們忙了半天才把這件工作完成。

瑞蘭吃過早飯之後，就在家裡幫着切馬鈴薯種，一個優良的馬鈴薯種大約可以切成三四塊，每塊上面最少須有一個凹下去的小眼，這個眼就是發芽的地方。

野桐和間之的施肥工作完成不久，瑞蘭正好送來了一籃馬鈴薯種，於是她和間之在每一個洞眼裡丟下一塊，野桐跟在他們後作覆土的工作。

陽光晒在土地上，土地反映出一種耀眼的光亮，晒在人的背上，背上感覺到一種刺癢。

瑞蘭今天穿的是單衣，胸脯顯得特別豐滿而有彈力，間之平常只注意到她的性格美和那隱藏在她心靈深處的美德，今天第一次看見她這樣充滿曲線美的身體和青春的活力，他幾乎有點不相信自己的眼睛。

「今天種下去什麼時候可以收穫？」瑞蘭用手揩揩額角上的汗說。

「八月[illegible]的。」

「一株可以收多少？」瑞蘭邊放擔子邊問。

「這要看肥料和人工。」野桐蹲下來說，「像這樣的肥料再多加一點人工，一株收個半斤是不成問題的。」

「人工不成問題，你和之哥再加上我，這點地一定弄得很像個樣子。」瑞蘭自信地說。

「假使我在這兒都沒有問題，恐怕看不到牠成熟我就走了。」問之估計時局決不會這樣長久拖下去，頂多一兩個月就會分曉，無論如何那時他該有個決定，他不能長久住在這避風的港灣，他仍然要振着翅膀飛出去，像海燕在暴風雨中翻翔，他也許會跌到大海裡死去，不留一根羽毛，但他決不能這樣活下去，這是他已經決定了的。

「之哥，你真想走？你到那兒去？」瑞蘭的聲音有點顫抖，她的眼圈已經發紅。

「去那兒？這是沒有辦法的事。」問之也有點黯然，但他還是繼續說下去：「我不能長久這樣活下去。到什麼地方現在我也不知道，不過我想我應該到我應該去的地方去。」

瑞蘭的眼淚偷偷地流，偷偷地滴進泥土……。

「之哥，我看你真不必走，外面實在沒有什麼意思，我們的家還不是你的家？」野桐是在外面吃過苦頭的，他回來後就決定永遠不再出去，所以他能在家裡安心地工作，安心地生活，他們幾個人只有他的心情最安定的。野梧雖然是在自己家裡，但他不能在鄉下長久生活。瑞蘭到底是個女孩子，不能老不出嫁，何況她早已到出嫁的年齡了？問之自然是她唯一心愛的人，但他又像浮萍一樣沒有生根，他還要和他的理想一同飛翔，而在目前的情形下根本不可能結婚，所以她心裡最感苦悶。

「假如中國眞的這樣太平的話，我自然願意永遠和你們一同生活下去，可是擺在我們面前的恐怕還是戰爭，無休止的戰爭……」問之憐愛地望望瑞蘭又平靜地答覆野桐。

「國家也不是你一個人的，你何必這樣勞心？他們要打讓他們打去，你何必再去參加這種無謂的戰爭？」野桐對目前的戰爭也厭煩透了，他也不知道這場戰爭到底是爲誰打的？

「固然我們不應該參加私人爭權奪利的戰爭，如果這次和談破裂了，如果繼續戰爭，那這場戰爭我們就應該重新估價。」

「你還想跟着政府跑嗎？」

「恐怕沒有第二條路。」

「恐怕那是一條死路。」

「只要路線正確，死路也還是要走的。」

問之就是這麼一個不計利害的人，只要他認清楚了方向，他決不考慮前途是多麼危險，他的信心又常常支持他突破了許多危險。「要死也只有一次，」每逢他作了一個重大的決定之後他常常這樣想的。

「之哥，我希望你能多多考慮。」瑞蘭偷偷地擦乾眼淚，然後溫存地對問之說。

「你放心，我不會隨便決定一件事情，到那時我自然會再考慮。」問之安慰瑞蘭。

慎重

他們繼續栽種馬鈴薯的工作，瑞蘭的籃子裡已經空了一半，她覺得輕鬆了許多。

野桐對墾土的工作做得很仔細，大塊的泥土他一定把牠敲碎，瓦片石片一定檢開，草根一定拔起來，他做事從不馬虎，問之對他這種性格非常喜愛。

長春的地已經栽完了，他也栽了一千多株，還澆了一次水，他對這幾塊地非常愛戀，有半天沒見就不放心，生怕有什麼野獸會來翻土壤把馬鈴薯種吃掉，土撥鼠也確實要吃地下的種子的。

現在他又扛着鋤頭來了，不問用不用得着這種農具，他一出來總是把鋤頭扛着，這好像成了他的生活習慣，也變成個一種特殊的標誌，所以野梧常常笑他：

「一看見扛鋤頭的我就知道是泰哥。」

長泰與鋤頭是那麼不可分，是那麼形影不離，甚至比他和太太的關係還要親蜜，野梧不常扛鋤頭和他白天的太太哩。

現在他又扛着鋤頭來了，來了，他走過來看野桐他們工作，他望見野桐的肥料施的比他的多，他就非常羨慕。

「桐叔，你的將來一定比我的長得快，可惜我沒有你這麼多的肥料。」

他一面說一面把路旁一泡狗屎用鋤頭勾到他的地裡去，然後又慎重地挖點土蓋着。

「這不過是第一次施肥，將來你還可以繼續加一兩次，本來用不着這麼多，因爲這是荒地，所以底子應該打厚一點。」野桐向他解釋。

「唉，人不在家裡連糞也落不着啦！」長泰很惋惜他這十多年不在家，積起地來連肥料也不够用。平常只有他太太和兒子在家裡，又沒有養猪養牛，肥料的確不够的，現在雖然加了他自己，一共也只有三個人，而且他回來還不久呀。

「泰哥，你可以利用空閒去檢點糞，以後需要的地方還多哩。」野桐提醒他。

「唉，那裡去檢？糞金貴得很，牛糞不等落地自己人就接着了，猪又是關起來養的。」這是確實情形，沒有人肯隨便損失一點糞，尤其是在春耕揷秧的時候，不要說糞，連肥水都捨不得讓牠流到別人田裡去

[illegible]。

問之聽見長泰的話非常同情，他是一個在外面傷了心的人，他再沒有什麼想望，他只天天望着他自己的一點土地，但這必須流很多的汗才有一點收穫，肥料自然是不可缺少的，因此他勸長泰買兩隻小猪來養，有兩隻猪糞就會多起來啦。

「沒有食料也不行哪！」長泰考慮到實際問題，他人口少，又沒有餘糧。

「你可以利用空閒去摘點野菜，小猪用不着餵得那麼好。」猪是雜食動物，問之過去看見川東窮人養猪根本不給米糠牠吃，只採些野蔴葉和野菜煮着餵牠，也長得很大，不過油少一點。同時小猪也不能給牠吃得太好，肥早了骨架還長不大。

「你這話倒有道理，我想試試看。」長泰同意問之的意見，在農場無力開辦之前，他們只好分頭努力了。

問之他們邊說邊種已經快種完了，[illegible]多還剩十畝多個洞眼沒有放下去。

「之哥，只有這麼多了，你看够不够？」瑞蘭把快空了的籃子遞給問之看。

「種完了再說，還有沒有？」問之接過籃子看看又遞還瑞蘭。

「家裡還有一點。」瑞蘭點點頭。

問之把最後一塊馬鈴薯種放進土洞時，野梧唱着「莫負青春」裡的揷曲搖搖擺擺地走過來了。

「怎麼？你們一上午就種好了？」野梧剛站住脚就驚奇地說。

「人手多，做得快，假使你也來帮忙恐怕早就好了。」問之笑着說。

「[illegible]問之，我拿樣東西給你看。」野梧先在褲子口袋裡一掏，然後又把手一揚，故弄玄虛地說。

「什麼東西？」問之[illegible]着問。

「信。」瑞蘭眼快，野稻手一揚時就被她看見了。

「誰來的？」問之又問。

「你猜猜看。」野稻把信仍舊握在手裡。

「是不是開天來的？」問之想想沒有什麼人的信值得這麼驚奇，大概不是定文就是開天來的，他隨便猜了一下。

「對，一猜就着。」野稻馬上把信交給問之。

問之把信拿在手裡，瑞蘭，野桐，長榮都圍了攏來，他一面打開一面輕輕地唸着。

野稻：

照理我早就該給你寫信了，因為這邊的籌備工作很忙，同時我又回上海去了一趟，把小鼠和母親、岳父、岳母、志平的太太都接了出來，現在心情才算安定[illegible]，所以我纔提起筆來。

臺灣的氣候比內地暖，過年還吃西瓜，你們聽了恐怕都不會相信。

臺北像一個大公園，市區裡也有很多樹木，長年開着花。這兒的濶葉植物很多，香蕉很便宜，檳榔樹瘦瘦[illegible]高高的，很像一個行吟詩人。

你在家裡的情形怎樣？時局還不知道如何發展？我們的經費老是不能按月匯來，這是我們在此地最就心的一件事。

臺北的內地人本來很多，二二八事變之後有很多人都回去了，現在新來的不多，還要辦入境證才能進口。

問之現在在什麼地方？我和志平都很關心他，徐蚌會戰之後有好多同學朋友都失踪了，希望他平安無恙。如果你得到他的消息，請隨時寫信告訴我們。

祝

全福

闢天手上

志平附筆

「野梧，我們馬上回去寫信告訴闢天，就說我們在這兒好得很，假如他能替我辦張入境證——」問之看完信之後很興奮，他回頭望望瑞蘭又把下半截話縮了回去。

「問之，安靜點，還是在我這兒住下來再說，他們在臺灣還沒有站穩腳跟，時局又是這個樣子，萬一經費發生問題那就不堪設想了。」野梧知道問之的意思，馬上阻止他，同時又回過頭來看看瑞蘭，瑞蘭的眼圈又紅了。

第二十二章

劉■進與錄自案
璞也向答解謎團

瑞蘭由於問之一再提到走，心理非常痛苦不安。她對問之真是一往情深，一種單純的固執的愛使她不能解脫，她覺得她一時一刻都不能離開問之，一不見他就彷彿失魂落魄似的，她不知道別的女孩子在戀愛時是怎樣的？別的男人是否也像問之一樣有這麼大的吸引力？她不能問，她也不願說出來，她甚至不大願意看見別人，她只躲在房裡重讀問之的詩集，翻看問之那張騎馬的照片。她並不懂問之事情，她知道問之的感情非常深沉含蓄，他有他[illegible]的苦悶，他還有他的廣濶的世界，他雖然很愛她，但他不能像土撥鼠那樣老是躲在一個黑暗的小角落裡而不跑到曠野去。他是一隻鷹，他要在高空翻翔；他是一隻雲雀，他要在高空歌唱；他是一隻海燕，他要在海洋上翻飛。她不能阻止他，她也不願阻止他。而她自己則是一隻畫眉，一隻小白鴿，她怎樣才能和他永遠生活在一起呢？這是她在心裡考慮而又考慮的一件大事。

問之對於自己的走是早已決定了的事，但他心裡也很苦悶。如果他沒有愛上瑞蘭，如果瑞蘭不深深地愛着他，那問題就要簡單多了。他知道他的走可能大大地刺傷瑞蘭的心，這對於自己都是一件非常難受的事，何況是瑞蘭那樣的人？而他們這一別將不知道那年那月才能相會？生離也許就是永訣，他是失掉了一個女孩子的人，這次如果再走，無疑地又會失掉第二個，而這一個是他一輩子也忘記不了的。以後要找一個和瑞蘭一樣漂亮，一樣愛他的女孩子也許還不太難，但要找一個和瑞蘭一樣瞭解他，有瑞蘭那樣好的品性的女孩子就是費盡一生的力量恐怕也不可能。何況青春總有限度，他已經是將三十歲的人了。三十歲在中國人是一個多麼重要的關鍵？從前的人到三十歲也要結婚啦，孔夫子就說過「三十而立」的話，而他是什麼都沒有基礎，有家也歸不得，像現在這種樣子他是寧願一輩子也不回家的，他實在不好意思去見自己的父母，他感傷的成份比瑞蘭還多。但他是一個男人，而且是一個軍人，他經歷過人生的最大痛苦，他學會了怎樣咬緊牙關，忍住眼淚。在抗戰時的一次戰役中，他面對着成堆的死亡的弟兄，曾經把手指咬破，寫下「復仇」兩個字來代替眼淚。一年前他看見戀人的大幅結婚啓事，他曾經把嘴唇咬出血，不讓眼淚流下來。現在他雖然還沒有走，但他知道這日子一定要到來，這當然又是最大的一次痛苦了。

他有點怕再見瑞蘭，爲了解除內心的痛苦，他單獨地拿着野桐的釣竿，帶着一本書，到前面小河邊去釣魚。他對釣魚本來有很濃厚的興趣，現在正是春江水暖的日子，好吃的小魚也許會上鈎。

這條小河因爲不寬不深，沒有什麼大魚，只有小鯽魚小鯉魚，小鯿魚和其他雜色的小魚。

問之選擇了一塊樹蔭掩蔽的僻靜的地方坐下，他先放了一些鐵皮做的引食下去，再把釣鈎上好蚯蚓，調好浮標，然後投進原先放了引食的水中。

他沒有打算釣多少魚，純粹是爲了消愁解悶，他把釣鈎放進水中之後就仰臥在岸邊草地上看書，釣竿仍然握在手裡。

他沒有看上幾頁手裡的釣竿就開始震動，起先是輕輕的，後來一下重一下，最後竟帶着釣鈎衝走，闊這連忙把竿子舉起來，一尾鯽魚隨着在空中搖搖擺擺，他的心情馬上輕鬆起來。

他取下鯽魚之後，用一根繩子穿進牠的兩腮，仍然把牠放進水裡，然後又上好蚯蚓把鈎子投進水中，不久又釣了一條起來。

這樣釣了五六條之後，半天沒有魚來上鈎，他也不想再換一個地方，他索性一心看書了。

他看得正起勁時瑞蘭來了。她在草地上踏著黑貓般輕輕的腳步，悄悄地來了。她靜靜地站在聞之背後，一聲不響，她的面部沉靜而蒼白，像一座聖女的雕像。聞之一心看書，他不知道她什麼時候來，也不知道她站在自己的背後。

「之哥。」瑞蘭站了很久，看他沒有一點動靜，於是輕輕地禮貌地喚了一聲，生怕驚擾了他似的。

聞之回過頭來看見瑞蘭沉靜而蒼白的面孔，溫和地說：

「瑞蘭，妳怎麼也來了？」

「我來看你。」瑞蘭彷彿是那麼輕輕地漫不經心地說，彷彿踏著貓的腳步，踩的輕輕的。

「真想不到妳會來？」聞之讓出一塊平整的草地給瑞蘭坐下，望著她的臉孔說。

「我心裡很悶，我猜想你一定在這兒。」瑞蘭深情地望着他。

「我也很悶，所以才到這兒來。」聞之輕輕地撥動手上的釣竿。

「之哥，我問你：什麼叫做愛情？」瑞蘭輕輕地說，兩眼靜靜地凝視聞之。

「這是非常難以解答的問題，我們不談這些好嗎？」聞之委婉地閃避。

「不，我相信你能解答，現在也只有你配解答。」瑞蘭的眼睛仍然靜靜地凝視聞之。

「我是一個俗人，而且是一個流浪者，我不配解答這樣的。」聞之轉動着釣竿，把頭微微地低下。

「之哥，你知道你這話會傷我的心嗎？」瑞蘭儘量忍住眼淚，保持禮貌的平靜。

「假如既然如此，那是我罪過，假如尚未如此，我現在應該給妳祝福。」

「我說的愛沒有罪，即使有罪，[illegible]」

「你能原諒我輕率地向妳射了一箭的彼德的企圖嗎？」

「在我看來應該是感謝。」

「別這麼說，對於妳我像射傷了一隻小白鴿一樣地歉疚。」

「在我是無上的光榮，我感覺到我的血液在幸福地流動，我瞭解你，我看見你的心在顫慄，你在痛苦，但是不必，這就是我爲什麼到這兒來找你。」

「是看我釣魚嗎？」問之想把空氣弄得輕鬆一點，故意把繩子扯起來，六條鯽魚馬上在水面上蹦跳。

瑞蘭望着問之的臉上微微一笑，然後又溫柔地問：

「之哥，你真的要走嗎？」

「誰知未來的事怎樣說呢？」

「不，我要你對我講明白，我希望知道你的決定。」

「現在還不一定。」

「假定一下怎樣呢？」

「怎樣假定？」

「如果這次真正和平——」

「那我自然不走。」

「我們的事呢？」

「妳可以想像。」

「我想像不到。」

「你看野梧和華芳好了。」

「你呢？」瑞蘭望着問之深情地一笑。

「如果繼續打仗那又怎樣？」瑞蘭又接着問。

「我的意思早就講過了」

「是？」

問之點點頭。

「一個人嗎？」

問之望着瑞蘭半響，然後吃力地點點頭。

「我呢？」

「早點找個好對象，然後結婚。」

「我不瞭解你的意思。」

「早點把我忘記。」

「那麼簡單嗎？」

「時間會幫助妳。」

「牠只能幫助別人。」

「也能幫助妳。」

「幫助我永遠與你同在。」

「請[illegible]。」

「我還與你同行。」

「假如我明天走呢？」

「我同你一路。」

「我的路是艱難而險阻。」

「我會幫助你平安通過。」

「我的路是一條死路。」

「我和你死在一起。」

「[redacted]妳在說夢話？」問之忽然睜大眼睛望着她。

「不，[redacted]這是白天，句句都經過考慮。」瑞蘭溫柔地深情地說。

於是眼淚從問之的臉上慢慢地流下來……。

瑞蘭的心裡頓然有一種從未有過的安定，一絲淡淡的幸福的微笑馬上浮現在她的白皙的平靜的臉上，像一朵白蓮花靜靜地開放。

第二十三章 採桑養蠶樂趣味 拾螺玩耍兄妹親

瑞蘭和問之並肩地站着看她的小蠶兒。這小東西又長大了，像蝴蝶的幼蟲那麼大，吃桑葉時會發出沙沙的響聲，一批桑葉很快地吃掉，盒子裡只剩一些殘梗了。

「之哥，你再去摘點來好嗎？」瑞蘭溫柔地望着問之。

桑葉現在又肥又大了，早生的葉子顏色已經完全變綠了。問之揀嫩的又摘了兩大把下來，然後他和瑞蘭小心地把殘梗和蠶屎倒出來，再把新桑葉揩乾水，小心地放進去，蠶兒一見新的桑葉身子蠕動得更快，吃葉子時也發出一種急雨似的聲音。

「之哥，你看，蠶兒的背脊快發亮了。」瑞蘭看見蠶背上那根大動脈似的東西一閃一閃地她顯得非常愉快。

「再有兩三天就會吐絲了。」問之知道蠶兒背脊一發亮離吐絲的日子就不會遠了。

「這小東西真好玩。」瑞蘭讚美地說。

「嗯。」問之又彷彿回到了童年，瑞蘭已取代了昔日小戀人的地位，他們兩人現在自然慣得更多了

「之哥，我們去撿田螺。」野桐忽然從外面興沖沖地跑進來，手裡拿着四五個大田螺，一双剛從田裡拔起來的赤腳還是水淋淋的。

田螺在插秧以後天氣暖和就會鑽出來，這東西可以吃，蛋白質不少，據說就是有點性涼，有很多地方

的人是很喜歡吃田螺的。

問之小時就喜歡到田裡去檢這東西，他不是檢來自己吃，是檢來把牠們敲碎餵鴨子的。鴨子吃了田螺長得特別快，他看見鴨子日長夜大就高興得了不得，那種興趣眞不下於養蠶[illegible]。

「好，」問之隨口答應一聲，然後又問[illegible]瑞蘭：「你去不去？」

「我怕打赤脚。」瑞蘭小時就怕打赤脚，現在大了自然更不好意思了。

「在田埂上看看，用不着妳下去。」問之鼓勵她。

「好，我替你們照顧鞋子。」瑞蘭點頭[illegible]。

野桐到厨房挑了一擔水桶出來，扁擔上還掛了兩隻籃子。瑞蘭看見兩隻大水桶就驚奇地問：

「你帶這樣大的傢伙去幹什麼？」

「妳不知道，田螺多得很。」野桐興奮地說。

「檢這樣多怎麼吃得了？」

「晒乾了和辣椒炒才好吃哩。」野桐歡喜吃辣椒，尤其是晒乾了的紅辣椒，和點什麼葷腥炒炒，那是他最高興不過的事。田螺和辣椒倒也是一樣很好的口味。有很多東西在舘子裡吃不到，在鄉下却可以大飽口腹，而且不化一個錢，鄉下就有這點好處。

「野梧呢？問他去不去？」問之覺得這是一個新鮮玩意，他希望野梧也一道去。

「好，我去問。」

於是，瑞蘭跑去找野梧，他正坐在大滿爹家裡和大滿嫂她們吹牛，本來也無聊得很，一看見瑞蘭來叫也就高興地同來了。

「這東西嘛我最喜歡吃，我可是不會撿。」他一走到就事先聲明。

「用不着你撿，你去看看就是，太晴天就在家裡也怪無聊的。」問之笑着說，忽然他又想起一件事來：

「噯，你前天的信發了沒有？」

「昨天就發過了，找你半天找不着，我只好一個人到黃家舖子去。」

「昨天我不是釣魚嗎？」問之一面說一面又望望瑞蘭。

「好，鄉下日子你倒過得來，昨天釣魚，今天撿田螺，我却閒着屁股無處放，真悶得發慌。」

「你三天不賭就要發慌，誰叫你不找點事情做做？」野桐接着說。

「鄉下實在沒有我做的事。」野梧抓抓頭皮。

「好，給你點事做，現在你去看我們撿田螺。」問之向他笑笑。

「站久了腳酸，這差事我看也還累人。」野梧故意做出一付苦臉。

「哥哥你真懶得不像話，我看你吃飯都想人餵。」瑞蘭調侃他。

「倒是這件事要我親自動手，如果你只餵飯不餵菜那我可要哭臉。」

野梧嘻皮笑臉。瑞蘭，問之，野桐也只好望着他笑笑。

野桐挑着水桶在前面走，問之他們跟在後面。

太陽晒在身上已經很有威力了，剛從家裡出來眼睛看着有點睜不開。野桐由於經常在外面工作，手臂和臉子已經晒得黧黑了，他一個人在前面領路，步子顯得那麼有力，身體顯得特別健康。

「蘭妹子，妳不怕晒黑嗎？」野梧有點可惜瑞蘭那一臉皮膚。這種太陽一晒是有點吃不消的。

「黑就黑有什麼關係？」瑞蘭很坦然。

「好，蘭妹子有勇氣。」野梧俏皮地豎起大姆指。

「這點勇氣沒有那還行。」野桐在前面接腔。

「這算什麼勇氣？」瑞蘭不以爲然。

「蘭姐，在我們不算什麼，在妳就要這麼大的勇氣了。」

「桐弟，不要瞧不起人。」瑞蘭有點不服氣。

「好，蘭妹子，我們等着瞧吧。」野梧像釣魚一樣把線放得很長。「別人瞧不着，我做哥哥的總瞧得着啦。」

「我做弟弟的也瞧得着吧？」野桐一面說一面在一塊大大田旁邊停了下來。他把水桶放在路上，把籃子取下來，他自己拿一個又交一個給問之。

「這塊田裡好多。」野桐高興地走下田去。

這塊田裡田螺眞不少，三兩寸遠就是一個，甚至三四個擠在一堆，而且都是壹大一個。禾秧還不到三尺高，一眼望去看得淸淸楚楚的。

問之也把鞋子襪子脫了下來擺在路上，瑞蘭馬上替他包好。

田裡的水只有一兩寸深，泥却很厚，一踩下去就是一個幾寸深的脚印，這塊田裡的泥土倒相當肥沃的，禾苗又綠又嫩，長得很好，就是沒有完全「發棵」，問之伸手下去在一棵禾秧旁邊一下檢了兩個。

野梧和瑞蘭也蹲在路邊伸手到田裡去檢，田邊也很多，又比較大。野梧高興地說：

「看，我不打赤脚都可以撿得多。」

不一會他一下撿着兩個，他高興得舉起手來叫：

「哼！你們看，我捉到一對野鴛鴦。」

瑞蘭聽着羞紅了臉，野桐馬上笑着罵他：

「哥哥，你怎麼這麼寶氣？」

問之看見他那寶相也不覺笑了起來。

野桐撿得很快，他一會兒撿了滿滿的一籃，大約有二十多斤，他提過來往水桶裡一倒，桶裡馬上發出丁丁多多的聲音。

「這些大的有臺灣蝸牛大。」野梧在二二八事變後曾隨憲兵隊從福州開到臺灣，在嘉義住了兩三個月才又調回福建，所以他知道臺灣蝸牛特別大，在湖南是看不到的。

「臺灣蝸牛是怎樣的？」瑞蘭好奇地問。

「形狀比大田螺稍長一點，殼是赭黃的，蠻好看。」野桐大致地介紹了一下。

「可不可以吃？」

「臺灣有人吃，內地人不敢嘗試。恐怕沒有田螺的味道好？」

「桐哥也有機會去一趟總是好的。」問之愛遊歷，這十年來他隨部隊確實跑了不少地方，只有西藏和臺灣沒有去過，他常常引以爲憾。

「臺灣初去覺得還很好，住久了就有點討厭，一年四季總是一個老樣子，沒有一點變換，花是天天開，但一點不香；鳥兒是天天見面，但沒有聽見牠叫，那像我們這邊一季有一個樣子。尤其是南部更單調悶人。因爲臺灣地方小，各方面表現的氣魄不夠大，我覺得還是我們這個地方好。」

「桐弟什麼都好，就是有點固執偏見。」野梧又批評他。

「一點不固執偏見，你去過之後自然知道。」

「好，爲了證明你的話，將來有機會我準備去一趟。」野梧隨手把那對「野鴛鴦」放進桶裡去。

一會兒問之也檢了一籃子過來，他倒下去桶子就滿了許多，再有一籃一隻水桶就可以裝滿了。

野梧和問之又分頭去檢，瑞蘭也蹲在田邊檢，野梧却坐在路邊的草地上抽烟。

「蘭妹子，妳也來休息一下。」野梧招呼瑞蘭。

「哥哥你好意思？」

「站着腿酸，我早就說了這差事會累人。」

「我看你打起牌來精神倒蠻好嘛。」

「那就叫做情有所鍾呀。」

「莫不要臉吧。」瑞蘭白了他一眼。

「正像妳對問之一樣呀。」野梧向她做了一個鬼臉。

瑞蘭隨手在田裡抓了一團污泥向野梧一拋，正好打在他的臉上，問之和野桐看見了哈哈大笑。

野梧馬上把污泥抹下來，捉住瑞蘭擦了她一臉，瑞蘭氣得跳脚，他反而拍手哈哈大笑。

「哥哥，蘭姐，你們兩人眞好看哪！」野桐走過來笑着說。

「我怕什麼，糊泥巴是家常便飯，今天又算過了一次年。」野梧還是嘻皮笑臉，隨後又望望瑞蘭：「蘭妹子，我看妳這醜樣子問之一定不要。」

瑞蘭瞪他一眼，連忙用手絹把污泥擦掉。

春天來後潮濕，天氣重了起來，到處是濕漉漉的，地上簡直踹得出水，牆壁上掛的，箱子裡裝的東西都在發霉，睡的床板上也有很重的濕氣，墊的稻草也是濕膩膩的，鄉下人說這是「地氣上升」，因此一切動植物都很容易繁殖生育。但是濕氣太重人也容易生病，所有用的睡的都隨時保持乾燥，因此鄉下人一到晴天時常要把東西清理出來晒晒。

春雨節季來臨，現在春天快過去了，正是初夏時分，但是房子裡的濕氣還是很重，華芳和瑞蘭正忙着晒東西。

間之除了一身之外別無長物，睡的也完全是野梧分過來的，華芳正忙着晒自己的東西，自然沒有空閒再管別人的事。瑞蘭却不聲不響地把閒之的舖蓋墊絮統統搬出去晒，她小心地把每一件東西對着太陽攤開，翻來覆去的曝晒，她發覺閒之的墊絮已經上霉，單身男人是那麼忽略自己的生活，她眞躭心他這樣下去會損害健康，她深深地感覺到他需要一個女人來照料他日常的身邊瑣事，她希望自己能擔任這個角色。

「要使這次能夠眞正和平，我們早點結婚吧？」她坐在簷底一面晒着一面想。

的確，他們都是應該結婚的人了，閒之同瑞蘭兩人需要的，並非需要閒之的熱情與安慰，只有他們兩人結合在一起才能開始一個理想的完整的生活。不論男人或女人，如果他們沒有結婚，不論他們的年齡多大，都不能算是一個完整的人生，他們只是作為一個單獨的個體在寂寞地生活，人生的最高意義就是男女兩性身心双方的協調與和諧，這樣才能創造最美滿的生活，才能享受人生的最大樂趣。她記不清是誰說過這樣一句話：「一對最美滿的婚姻，就是一個最幸福的世界。」而她與問之的結合正可以創造一個最幸福的世界。他們的氣質相同，興趣相同，彼此都真正地瞭解，而不是一時感情的衝動，建築於這種平衡而穩固的基礎上的婚姻自然是人間最美滿最幸福的婚姻了。

但是這次會不會再打起來呢？如果再打起來那就不知道要拖到那年那月了？一想到這裡她心裡就有一種淡淡的憂鬱。問之之所以到現在還沒有結婚，她之所以到現在還沒有出嫁，這都不是因為戰爭嗎？每想到這裡她就不僅僅是憂鬱，簡直有些害怕了。她們不能老是這樣就擱下去，再就擱下去她的青春快完了，問之的青春也完了。他們難道要到四十歲五十歲才能結婚嗎？固然她有這種決心等待，問之也決不會移情別戀，但到半百之年結婚那不是太可悲嗎？那時他們的愛情也許會更成熟，那可能已經完全超過男女之間的私愛，（而且她覺得他們現在已經有點超過普通的兒女之情了，不然那天那樣好的機會問之為什麼不抱着她狂吻呢？）而變成兩個理想的結合。但這種結合如果能提早一點不更好嗎？如果能提到現在不是更可以得到身心一致的和諧歡樂嗎？但是現在，這是怎樣的不可能啊！現在還不知道明天是和平還是戰爭呢？即使母親哥哥願意破產為他們結婚，問之也一定不會同意的，他是一個很有男性的自尊心的人，而他現在連一床鋪蓋都沒有，他怎麼肯這樣將就從事呢？還有一點，問之不是一個急色兒，他用情很深，雖然在生理上也很需要女性，但他非常重視女性的尊嚴，尤其是他所深愛的人他更會尊重，他甚至連瑞蘭的手都不常握，也正因為如此，她更深愛問之，不僅是愛，愛的裡面還含有一種尊敬，對於他這種高貴的感情的尊敬，相人格的尊敬。她幾年前所夢想的就是這種愛人，一直到今年才不期然而然地使這種夢想突然實現。她真感謝現有這樣一個哥哥，她的哥哥又有這樣一個同學。但他們訂交已經十年了，他和她為什麼早不相遇呢？

如果是在抗戰時或抗戰結束時，有現在這種相處的機會，那不是早已結婚了嗎？爲什麼偏要在這種局勢混沌，自己人和自己人戰爭的時候相遇呢？是不是上天妬嫉他們？是不是冥冥中有誰在操縱他們的婚姻呢？

她的思潮像潮汐一樣地起伏，她的情感像浪濤一樣地洶湧，她沒有什麼辦法把她的心情表達出來，她想起了詩。她心裡有着一種詩的衝動，於是她在書的最後一頁空白上用紅藍鉛筆寫下了她的心聲。

我們應是一對幸福的鴛鴦
爲什麼你早不飛到我的身旁
幾年來我日夜將你夢想
夢想你有一天會飛到我的身旁

你果然沒有使我失望
那一天你忽然飛進我爲你敞開的心靈之窗
你在我的窗上梳理你的翅膀
我縛住你的翅膀不讓你再飛翔

你的形影永遠印在我的心上

你的聲音永遠響在我的耳旁
我永遠不能擺脫你的影響
[illegible]我決定和你一道飛翔
是上天妬嫉我們美麗的翅膀
還是冥冥中有誰在作魔障
爲什麼不讓兩個人結成一双
爲什麼不讓兩個理想變成一個理想

她[illegible]寫下了她的心情，寫下了她的苦悶，她彷彿輕鬆了一些，於是她又站起來翻動問之的舖蓋，把背着太陽的一面又翻轉來對着太陽。

問之因爲起得太早，又作了太多的勞動，他有點疲倦，他從外面跑回房裡想睡一會兒，一看只有一張空床，不知道是誰把舖蓋拿走了？也不知道是洗是晒？他跑到後面這個小晒場來，看見瑞蘭正在翻晒，他輕輕地叫了一聲。

「[illegible]」

瑞蘭馬上回過頭來向他笑笑，指着一塊發霉的地方說：

「之青，你看，整棵都上了漆。」

「[illegible]！我們不知道。」闇之[illegible]地笑笑。

「你要小心點，不然會生病的。」瑞蘭深情地說。

「我沒想到這些事，」闇之的確不會想到這些事，過去這些身邊瑣事都是由勤務兵料理的，用不着他操心。現在沒有勤務兵，他還是像過去一樣不大關心自己的。

「以後我替你做。」瑞蘭向他深情地笑笑。

闇之不知道怎樣說好，他覺得世界上的語言是這樣貧乏，沒有什麼適當的言詞可以表達他的心意，他只望着她笑笑，是深激的笑，也是幸福的笑，他已經覺得有人在隨時關切他了。

「[illegible]我想睡一下。」

「你不舒服？」

「不，只是有點疲倦。」

「好，你先在椅子上坐一下，我馬上替你把床舖好。」瑞蘭一面指着她剛才坐的小椅子，一面把墊絮抱了進去。

闇之正要坐下來，他忽然發現椅子上有一本書，他隨手拿起來翻閱一下，這本書的封底封面已經毀掉，不知道是誰的作品？他看了十幾行有點像屠格涅夫的筆調，他翻來翻去，翻到最後那張空頁上看見潦潦草草的十幾行字，他費了很大的勁才看出那首詩的全文和原意來，他被瑞蘭的深情深深地感動，但是他無法確切地解答後面那十幾句的問題。

瑞蘭舖好了墊絮又出來拿被蓋，闇之馬上過去幫助，同時在她耳邊輕輕地說：

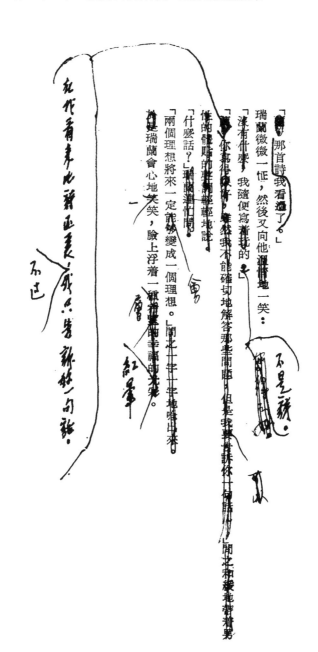

「[illegible]那首詩我看過了。」

瑞蘭微微一怔，然後又向他溫情地一笑：

「沒有什麼，我隨便寫着玩的。」

「[illegible]你寫得很好，雖然我不能確切地解答那些問題，但是我要告訴你一句話。」聞北和緩地帶着男性的體貼的聲調輕輕地說。

「什麼話？」瑞蘭追問。

「兩個理想將來一定能夠變成一個理想。」聞北一字一字地唸出來。

於是瑞蘭會心地笑笑，臉上浮着一種甜蜜的幸福的光彩。

第二五章

吳縣山俐大隊失
人心渙散 走為先

四月的鄉村是靜靜的，靜靜的像一個睡着的少女的勻均的呼吸。

遲秧也統統插完了，禾苗在田裡日夜生長，一分分地長，一寸寸地長，已由淡綠的穀秧變成青綠的禾苗了。一天一個樣子，像一個正在發育的少女，生命力是那麼旺盛，生長的速度是那麼高，不知不覺間你就發現牠們高了，高了，高了。走近田邊去，你彷彿可以聽見牠們吸收水份的聲音。

太陽照着，以牠那強力的光線，照着禾苗，照着水田，照着靜靜的鄉村。

微風吹着，以牠那女性般的溫情的軟綿綿的姿態吹着。吹着禾苗，禾苗輕輕地擺動着牠柔軟的腰肢，吹着鄉村，鄉村像一個冬天躲在墻角落裡晒太陽的老人那麼沉靜。

四月的鄉村是靜靜的，靜靜的，偶爾從田坎上走過一兩個行人，也是那麼懶洋洋的，像要睡覺似的。母猫懷孕了，牠膨脹着肚皮在墻脚下閉着眼睛，一動也不動，連懶腰都不想伸一下。

四月的鄉村是靜靜的，靜靜的……

但一個晴天霹靂忽然震動了這靜靜的鄉村，使牠像一隻忽然挨了一下打的猫一樣本能地抽搐了一下。

——重慶艦叛變了！

——江陰要塞守軍叛變了，八路過江了！

長泰從黃家舖子裡帶回來這兩個「路透社」的消息，但這消息是千眞萬確的，他雖然沒有看到報紙，但黃家舖子裡的人有很多看過那張報，那也許是幾天以前的舊聞，但大家還在談論着，像談論一件剛發生的新聞一樣。

「現在不知道打到那裡來了？」黃家舖子裡的人還在這樣談着。

當長泰把這兩個消息帶回時問之野梧都不免一驚，他們早就預感到和談是會破裂的，但他們不相信共產黨會這麼輕易地渡過長江。現在正是春水泛漲的季節，政府早就在長江南岸作了必要的準備，無論如何應該隔江相持一個時期。前些時不是還有人說政府將和共產黨劃江為界，隔水而治嗎？這應該不是空穴來風，找諸事實是很有可能的，政府在江南還有幾十萬可以決戰的部隊，長江中還有佔盡優勢的海軍，無論是和是戰這都是一筆不算太小的本錢，但重慶艦怎麼會叛變？共產黨怎麼會在一夜之間渡過這一道天塹呢？他們實在猜不透。

叛變，叛變，如果國軍都肯拼命戰爭不是這種局勢了。幾個月以來，要想找一兩個在徐蚌會戰中那種拼死一戰的部隊已不可能了。重慶艦都會叛變，江陰要塞都肯出賣，其他就可想而知了。

「完了，完了，這種戰爭拖不下去了。」

大家都搖頭嘆息。

瑞蘭關切地望望問之，問之的臉色非常沉鬱嚴肅。

「我看這兒也躭不下去了。」問之是一個軍人，他知道士氣是怎麼一回事。俗話說：「兵敗如山倒」，打起敗仗來部隊真是像山一樣地崩潰，水一樣地急流，一下子是堵不住的。共產黨既然過了江，江南也休想守得住。日本人沒有到過黃家灣，看樣子共產黨恐怕不會放過，時間也可能不會太久了。

「這兒固然躭不下去，整個中國也沒有地方可躭，現在不比抗戰可以逃難，和共產黨打仗是無處可逃

的。你看現在有幾個老百姓滿意？」[illegible]共產黨的野心，[illegible]將來[illegible]

[illegible]「我看還是就等幾天再講，在[illegible]人來[illegible]，八路軍不會讓我們活命，我們就上山有[illegible]。」

[illegible]提出他的意見。

「莊先生，我看你不必躭心，像我們這樣的人中國真不知道有多少？你又不是戰犯[illegible]，天塌下來大家擔，總不讓你一個人吃虧。」[illegible]也是一番好意。

[illegible]共產黨雖說得很好，好像和我們總有點不同，問之沒有當過俘虜，也沒有參加過三人軍事小組工作，更沒有和共產黨共同生活過。但在主觀上和直覺上他總覺得他和共產黨之間有些地方不同。他平生最討厭玩弄權術，最討厭花言巧語，而共產黨是善變的，在宣傳上一直講着最動聽最漂亮的名詞，把自己總是說成救世主一樣，任何事情也總是他們有理，閒之決不相信世界上有一個十全十美毫無缺點的人，更不相信世界上會有一個絕對完美的政黨。別人聽了共產黨太多太動人的宣傳而感動，他是聽見共產黨的宣傳越多就越起反感。他歡喜直率，歡喜天真，好就好，壞就壞，用不着掩飾，用不着欺騙。他知道政府本身有許多缺點，並且渴望政府改造，但共產黨把政府罵得一文不值這就引起他的反感。共產黨處於湮滅[illegible]勢時他還很同情共產黨，但當共產黨還只佔個半個中國就接二連三地開出一批又一批「戰犯」名單，那種氣勢凌人的樣子比過去日本人對付政府還有過之而無不及，這就引起他的反感。這和他平日作人處世的態度絕不相同，這就是他認為無法和共產黨相處的最大原因。他知道他自己並不重要，但他重視他自己的獨立思想和人格，他不反對紀律，而且遵守紀律，但他討厭秘密警察的統治。納粹黨也好共產黨也好，誰要用這種方式統治，不管他的口號喊得多麼漂亮，他是一律反對的，即使全國人都臣服，他一個人還是要反對的。他不是學政治的，他不懂政治，但他認為政治的最高的意義是合理的群體管理，而不是絕對的[illegible]

涉，監視。蘇聯和納粹德國無論在行政上表現了怎樣高的效率，他還是不讚成的。他認爲人是人，人有人的尊嚴，統治人不能用對付畜牲的方法，這是天經地義的。嘴裡專喊民主自由的口號，而所做的恰恰相反，他就討厭這一套。他覺得他要考慮的不單是共產黨清不清算他的問題，而是他根本不能接受共產黨的統治。

「莊先生，你不必太主觀，共產黨也是中國人，我們現在做老百姓，管他什麼的！」長泰現在抱定做老百姓的態度，他什麼也不管，張三也好李四也好，反正他是老百姓，任何人統治中國都沒有他那幾近地重要。

「對，之哥，我們做老百姓管他是張三來也好，李四來也好，反正大家都是中國人。依我看共產黨無論怎樣都比國民黨強。」野桐到底是年青人，他希望國家進步，希望社會進步，因此他像許多年青人一樣對共產黨或多或少存着一種美麗的幻想。

問之知道他們都是一番好意，知道這是一個非常複雜的時代，一個萬花筒似的時代，裡面有各種各樣的顏色，站的角度不同，觀點就沒有辦法一致，而且各人有各人的主觀看法，正如瞎子摸象，有的說是圓的，有的說是方的，有的說像這，有的說像那，看法很難一致，他自己的看法也不能完全脫離主觀，因此他也不想要求別人和他一致，誰對誰不對？不經過時間的考驗是無證實的，何況他們都是一番好意，他又何必和他們辯駁呢？

「之哥，我們吃自己的飯用不着管這些閒事，我看我們還是去看看洋山芋吧，我下去許多天了不知道出土沒有？」野桐時刻在記掛他那塊新種的馬鈴薯地。

「對，莊先生，我們搞我們的，管他什麼國家屁事！去，我們去看洋山芋。」長泰馬上附和野桐的話。

「好，你們都去看洋山芋，我也有我的事。」野梧煞有介事地說。

「野梧，你有什麼事？」問之奇怪地問。

他馬上伸個懶腰，打個呵欠，然後笑嘻嘻地說出兩個字：

「睡覺。」

大家看見他那懶散的樣子都好笑。

問之心裡雖很煩亂，但他還是跟着野桐長泰去看洋山芋，當他剛跨出門坎時，瑞蘭忽然趕上去拉住他的衣袖問：

「之哥，你到底打算怎樣？」

「我沒有改變我的主張。」他溫和而堅定地回答。

第二十六章　暴風雨前多詭異　不速客到現原形

劉伯承在南京舉行入城式以後，國軍叛變的消息一天天地傳來，河南省主席也在湖北咸寧叛變了，局勢發展到令人想像不到的壞。

湖南的情形也一天天複雜起來了，湘西的土匪非常活躍，沅陵曾一度被佔，其他各地的土共也加緊蠢動，到處襲擊鄉政機構，另一方面某人所組織的救國軍也在湘鄉邵陽一帶活躍，小諸葛的部隊也陸續地向湖南撤，唐孟瀟這個名字又經常在報章上出現，在暴風雨之前，湖南的局勢是複雜而微妙的，誰也不知道這個葫蘆裡裝的什麼藥？

共產黨的傳單文告在鄉下到處飛，而且會寄到鄉公所去，寄到稍有地位的個人家裡去，他們對於這種傳單文告的光臨是一則以喜一則以懼的。

傳單文告的內容都是勸告大家各安所業，不要驚慌，「人民解放軍」很快地就要前來「解放」湖南除了「戰犯」，「國特」，「及其走狗幫兇」之外，「人民」一律寬大爲懷，對於普通軍公人員一概既往不咎等等。

野梧他們雖然沒有接到這類的傳單文告，但一天早晨他們忽然發現院子外面的圍墻上貼了一張，這些時來灣子裡的狗一到半夜就驚驚慌慌地狂叫，大概是爲了這些事，白天也常常看見十個八個不穿制服背槍的人，不知道他們是從什麼地方來的？也不知道他們到什麼地方去？更不知道他們是什麼部隊？現在再沒

有人敢多嘴惹禍了。

就在這時候，瑞蘭的上司方主任方非來了。

這天只有問之和瑞蘭在家，野梧野桐他們都出去了。問之正和瑞蘭商量走的問題，他認為這是整個問題，不單純是他們兩人之間的問題。瑞蘭願意同他走他自然高興，但他還希望野梧同走，他不相信共產黨的寬大，他不相信共產黨會寬恕他們這些人。

方非進來的時候瑞蘭還和以前一樣客氣地迎接，問之因為已經見過一次面也連忙上前招呼，當他伸過手去時方非故意把眼睛望着天，裝做沒有看見。與第一次和問之見面時那種謙虛的樣子完全不同。過了半天他才把眼睛斜睨了問之一下，以十足上司的口氣說：

「莊先生，你還沒有走？」

瑞蘭怕問之聽了不愉快，連忙搶着回答：

「問之哥就快走了。」

「喲！多親熱的稱呼？」方非馬上發出一聲奸笑，隨即轉問瑞蘭：「妳這一向過得很愉快吧？」

「我們沒有什麼，多謝方主任替我代了這麼久的課。」瑞蘭客氣地說。

「怎樣？現在該要上學了吧？」方非緊接着問。

瑞蘭顯得有點為難，她一時不知道怎樣回答才好。說去嗎？她根本就不打算去，說不去嗎？又怕方非多心。過了一會她才支吾地說：

「我還有點私事，等過些時再去。」

問之覺得他在這兒沒有事，同時他也不願看方非那種趾高氣揚的樣子，他悄悄地走了出去。

方非看見問之走開，就單刀直入地問瑞蘭：

「是不是爲了姓莊的？」

「喂，方主任，請不要多心，我實在還有點事情。」

「算了吧，這還瞞得過我的眼睛？我上次來的時候就看出來了。」方非一臉奸笑。

「不，沒有那回事，他是我哥哥的同學。」

「不錯，他是你哥哥的同學，同時還是妳的愛人，對嗎？」他盯着瑞蘭問。

「方主任，請你談談別的問題。」瑞蘭有點不高興，她不願意再和他在這上面兜圈子。

「我就是爲這而來的，我們同事一年多了，妳還不知道我對妳的心意嗎？」方非並不放鬆這個機會，反而靠近一點。

「我很清楚，謝謝方主任的好意。」瑞蘭稍微後退一步。

「這不是謝的問題，我問你，莊[illegible]到底什麼時候走？」

「那只有他自己知道。」

「妳不是說過他快走嗎？」

「因爲那是我說的。」

「他自己呢，想賴着不走嗎？」

「他根本沒有這個意思。」

「那麼是妳留他了？」

「誰也留他不住了！」

「這倒怪了，我倒想瞭解瞭解他，你要他來談談好嗎？」

瑞蘭怕他糾纏自己，於是把問之找來。

「方主任找我有什麼見教？」問之禮貌地說。

「莊先生，我想同你談談某些問題，比如說最近的時局——」方非故意從遠地扯起。

「對不起，我沒有看報。」問之也確實好久沒有看報，他向來不願信中雌黃。

「最近的消息實在令人興奮，莊先生不看報真錯過了大好機會。」方非好險地笑笑。

「是什麼消息值得方主任這樣興奮呢？」

「這不僅是我個人興奮，我想全中國人民都會興奮。」方非有點忘形。

「是天塌下來了嗎？」

「不，是解放軍解放了南京，這不是一件大事嗎？」

「請問那和方主任有什麼關係？」

「這不僅同我有關係，同全中國人民都有關係。」

「同我也有關係嗎？。」瑞蘭忽然插進一句。

「當然有關係，而且有很大的關係。」

「我倒沒有這種感覺。」

「我常說妳什麼都好，就是對於政治問題缺少警覺，這是小資產階級的通病。」方非完全一付共產黨員的口氣。

「方主任，我不奉陪了。」問之站起來想走，他實在不願意聽他這套[illegible]。現在的蔣家灣，還不是共產黨的蕭家灣，方非就如此放肆起來，他真有點看不順眼。

「莊先生，我還有很多話沒有和你談哩！」方非馬上阻止他。

「請問有何見教？」問之有點不耐煩了。

「莊先生，請問你什麼時候請我吃喜酒啦！」

「我不瞭解你的意思。」

「明人不說暗話，你和瑞蘭小姐的事呀？」

「你何必這樣關心呢？告訴你我馬上就要走了。」

「同反動政府一道嗎？」

「我不知道什麼叫做反動？」

「這也難怪，因為你一直在作他的幫兇。」

「方主任，請你考慮一下再使用這類的字眼。」

「你認為不恰當嗎？」

「我認為這是侮辱。」問之正言厲色。

「你替國民黨打了這麼多年的仗不是幫兇是什麼？」

「我請問你！你到底站在什麼立場講話？對什麼人講話？」

「我站在人民的立場對反動派的幫兇講話。」方非昂起頭來望着天花板。

瑞蘭看見情勢不對，馬上把問之拉開一步。

「請你再重複一句。」

方非得意地一笑，接着又諷刺地說：

「這倒是一個聰明的辦法。」

「要是我不去呢？」

「那會給你難堪的。」

「你又要拿我們？」

「騎着驢子看唱本，走着瞧吧！」

「我站在共產黨員的立場對我的敵人講話！」方非以一種勝利者的口吻驕傲地說。

「謝謝你使我認清了敵人的面目。」

於是他對準方非的鼻子重重地打了一拳，方非踉蹌倒退幾步，血隨着汩汩地流出來，他很想舉起拳頭來回手，但鼻子的痛楚使他自覺地把舉起來的拳頭又垂放下來。

「好，你敢打我，國特，等着瞧吧！」

於是方非一面捂着鼻血，一面悻悻地逃出去。方非走後問之不禁好笑：

「這小子真是該打。」

「之哥，你為什麼打他？」瑞蘭憂愁地說，她知道方非很陰險，尤其是在這種渾水的時候。

「蘭，不打這種人還打誰？」問之愉快地笑笑。

「你要知道時局不對呀！」瑞蘭溫柔地說。

「正因為如此，他才以為我們可欺，他才得意忘形，我就要給他一點教訓。」

「之哥，我總耽心，我們早點走吧！」

「蘭，不要怕，一切由我承擔。」

問之輕輕地拍着瑞蘭的肩頭，她順勢倒進他的懷裡。

二七章

三大問題難解決

一封書信定前程

野梧他們知道聞之打了方非之後馬上舉行一個家庭會議，野梧、野桐、蕭老太太、華芳、瑞蘭、聞之統統參加，長泰也被邀「列席」，會議的主席自然是野梧。他在家裡是站在家長這個優越的地位的。

「爲了息事寧人，我看還是請蘭姑到學校去一趟，向方主任道歉一下，免得以後麻煩。」長泰首先貢獻他的意見。

「蘭妹子，妳看看怎樣？」野梧望望瑞蘭說。

「我已經向方主任表示暫時不到學校去，如果現在又去他倒以爲有機可乘，更會糾纏不淸。」瑞蘭不大同意。

「方非這傢伙也太欺侮人，我看打了就打了，蘭妹也不必去道什麼歉。」華芳雖是一個女人倒頗有點丈夫氣，她只要自己有理也是不怕人的。

「現在時局這樣，我們的步子總要站穩才好。」蕭老太太審愼地說。

「之哥這件事做得並沒有什麼不對，是方非這傢伙不存好心眼，故意來找格亮。」野桐是很有正義感的，脾氣很爽直，看不慣的事他就要講，不問你是什麼人。

「我是[illegible]王不怕雷，如果方非識趣的話就不該再來，如果眞要來找麻煩那就和他幹，這很簡單。」野梧他斷然地說。

「哥哥，我們老就在家裡總不是辦法，萬一八路來了是鬧他們不過的。」瑞蘭覺得她在家裡很危險，方非既然對她有野心，萬一八路來了是不會放過她的。野梧他們如果就在家裡很可能因她受累。所以她[illegible]問之的意見要大家一起走。

「我看目前還沒有什麼問題，以後倒應該考慮考慮。」問之覺得這是他提出意見的最好機會，他在瑞蘭說完之後就接着說：

「問才你的意思怎樣呢？」野梧問他。

「我看我們只有走。」問之把他考慮了幾天的意見說出來。

「剛才你的意見不能說不對。不過現在有三個問題必須考慮：一是走的方向。照我看還沒有一個真正安全的地方；二是錢一時還籌不出來，就算媽媽桐弟不走，但華芳是不願意和我分開的，她一走孩子自然也要帶走，還有蘭妹子，她自然也不能和你分開，光是這筆旅費就夠瞧，以後的生活更是一個問題。三是媽有這麼一把年紀，我不能把她老人家帶走，我也不忍心再離開她。」一二兩個問題是實際的困難。第三個問題是野梧的一片孝心，他覺得母親三十歲就守寡，好不容易把他們一個個守大，現在到了風燭殘年，而且又是大難臨頭的時候又一個個離開她，無論怎麼說心裡都不忍。

「只要你們出去好，倒用不着躭心我，何況還有野桐在家？」蕭老太太一面說一面又望望瑞蘭：「不過我沒有看見瑞蘭結婚心裡總好像有一件事沒有完成。」

「媽，這你倒用不着躭心，現在由我來負起這個責任。」野梧馬上安慰蕭老太太。

「你們走的旅費怎麼辦呢？」野桐提出這個急待解決的問題。

「是的，旅費確是一個問題。現在他們的日常生活已很簡單，要什麼都是量米，手頭根本沒有一個現款，在這種年頭借錢也是頂困難的事，何況這不是一筆小數目。

「旅費還不是打田的主意，反正你們又不能種，我和野桐在家裡吃用也很有限，喊聲八路來了還不道是怎麼辦法？」蕭老太太送兒女上學是賣田，野梧結婚也是賣田，現在兒女們長大了，田也快賣完了，但她並不着急沒有飯吃，她認爲田是死寶，人才是活寶，所以她又提到田上來。

「現在這種時局田是不是有人要？」長泰關心地問。這也是一個問題，因爲窮人買不起，有錢的人不敢買，共產黨分田地的宣傳多少能影響現在的人心。

「那只好多拜託幾個中人，要總有人要。」蕭老太太清楚鄉下的情形，田總是有人要的，不過不敢明目張膽地買，買賣双方做得秘密一點就行。

「梧叔，你們到底往什麼地方去決定沒有？」長泰又關心地問。

「這倒沒有決定，等定文來信再說吧。」野梧對於到底往什麼地方去這個問題一直把握不定，西南雖是抗戰根據地，現在同共產黨打的情形可不同，這半壁河山不見得就能保全。問之是主張到臺灣去的，但野梧認爲臺灣光復不久，語言又隔閡，很多地方都不方便，二二八事變的陰影還籠罩着人心，同時地方又小，四面是海，萬一有什麼問題那眞是死無葬身之地，所以他認爲到臺灣有點像賭博，完全是孤注一擲。爲了考慮周到一點，他還想再聽聽定文的意見。

說也湊巧，定文一直沒有來信，却在野梧擧棋不定的時候差了一個專人送信來，野梧接過手就連忙折開，問之瑞蘭野桐長泰都圍攏來看：

野梧，問之：

明天我就要走了，事前我沒有能來和你們長談，我心裡非常抱歉。

他開始這樣寫，野梧問送信的人他為什麼不能來？送信的人說起先他和定一的意見不一致，一直沒有決定，等他決定去重慶時又要忙着籌款，現在籌大頭真不好籌，大家手頭都緊，定一自過年以來又輸了不少錢，賭賬還沒有還清，他只好自己四出奔走。現在款是籌齊了，他又不願意再多耽擱，因此沒有能來。

野梧他們聽過這番話之後又往下看：

現在政府已經完全遷往廣州了，但是司徒雷登和許多國家的大使並沒有跟隨政府撤到廣州去，這當然是一件令人喪氣的事，而廣州恐怕也難保住，政府可能再遷重慶，重慶究竟能不能長保無恙，西南半壁能否維持？這都是問題，因為西南又正在鬧派系。

我決定到重慶去，因為那裡有我的工作崗位，以後我當然還是跟着政府走，不過這是一段非常艱難的歲月，一條非常遙遠的路，中華民國能不能復興？那就要看大家覺不覺醒，別人是替不作主。

你們究竟打算怎樣？我看擺在你們面前的有三條路。第一條路是到臺灣，到陳天那邊去；第二條路是去重慶，我會在那邊等你們，以上兩條路都是跟着政府走，但吉兇禍福均不可測，艱難是

承

可以預料的，第三條路是繼續留在家裡，生活可以安定一點，但以後的命運亦未可知。我覺得到臺灣是上策，到重慶是中策，留在家裡是下策。無論到臺灣到重慶，我們都會碰在一塊，如果大局尙有可爲，你們可以再回到重慶來，如果大陸不保，我自然會到臺灣去。只有留在家裡我們才會分開，以後那是兩個世界。也許我們會變成敵人。這三條路請你們愼重考慮一下再選擇一條走。

最後我祝福你們作一個明智的抉擇。

定文寫於赴渝前夕

看完了這封信，大家的心情是沉重而又興奮。因爲這是一個生離死別的關頭，這次離別眞不知道那年那月才能再見，所以心情不免沉重。興奮的是定文到底是老同學，臨行前還能寫這麼一封懇切的信，這對於他們的一生可能是一個很重大的決定。

「想不到定文的意見和我不謀而合。」問之看完了信之後他和國慶幸定文的看法和他一致，也主張他們去臺灣，他彷彿得到一個有力的支持。

「這樣說我們只好去臺灣了，」野桐和泰哥到底怎樣呢？」野梧揑着信望望問之又望望野桐和長泰。

「我們是決定留在家裡的，八路來了以後再看情形決定，如果不問我們的事我們就規規矩矩地作老百姓，如果一定要找麻煩那就拖着上山或者去找你們。」野桐和長泰已商量好了，他們就這麼決定。

「好，就這麼決定。」野梧輕鬆地站起來，望望蕭老太太又望望問之：「媽，請你去託人賣田，問之，我們去寫信，要閔天早點辦好入境證。」

「哥哥，別忘了我的。」野梧問之走後瑞蘭趕上去叮囑一聲。

「就是爲了妳這個禍根。」野梧回轉頭來向瑞蘭微笑。

第二八章 一草一木一幅畫 好山好水好風情 光

走的問題決定之後，野梧他們反而輕鬆起來。

野梧又照常地和大滿爹大滿嫂他們吹牛，或者和問之瑞蘭打打骨牌，要不然就睡睡懶覺。

問之和瑞蘭則愛在附近散散步，他們有一種惜別的心情。

他們和野桐種的馬鈴薯統統生出來了，普通的有兩寸高，肥壯的有三寸多高了。他們天天要來看看。野桐長泰更是天天來澆澆水除除草的，瑞蘭是沒有出過遠門的，她對於這生長她二十多年的土地自然更有一番親切之感和戀戀之情的。附近的每一棵樹她都要摸摸，甚至普通的野草她也要隨手扯幾根放在嘴裡嚼嚼，好像那上面有糖似的。對於她和問之野桐三人種的這些馬鈴薯自然更是親切萬分，她也奇怪自己在栽種時並沒有這份濃厚的感情，而現在好像每一株馬鈴薯都和自己有很深的友誼，每一片小葉子都顯得很親暱，每一塊泥土都像在對自己微笑似的。

「可惜我看不到牠們成熟了。」瑞蘭摸摸馬鈴薯的幼小的葉子惋惜地說。

野桐看見瑞蘭如醉如癡的樣子也學着她的腔調說：

「可惜我看不到蘭姐結婚了。」

要是在平常瑞蘭一定會害羞的，可是現在她聽了並不覺得難爲情，反而望着問之笑笑然後又親暱地對野桐說：

「桐弟，以後我會寄張照片給你。」

「蘭姐，以後我也會寄個洋山芋給你的。」

瑞蘭和問之聽了都笑了起來。

「好的，桐弟，我希望以後能收到你的洋山芋。」瑞蘭高興地說。她想那時就是一個洋山芋也能代表故鄉的情感，代表姊弟的情感的。

「桐弟，你應該寄兩個，這裡面也有我的情感呀，一看見牠我就會想起你的。」問之也湊趣地說。

「謝謝你之哥，以前我就會時常想起你的，今後自然更會想起你，想起你和蘭姐來。」

「桐弟，我也會時常想起你的，想起你和洋山芋來。」

「之哥，除了我和洋山芋外你還會想起別的嗎？」

「當然，我想的很多，我會想起伯母，泰哥，和每一個熟識的人，想起每一座山頭，想起每一棵樹，想起門口的塘和那條小河……」問之把蕭家灣當作第二故鄉，把野梧的家庭當作第二家庭，他對這兒的每一個人每一件事物都有好感，都有深切的懷念，他的這種情感並不亞於瑞蘭，更是超過野梧的。

他們離開馬鈴薯地之後又去看看前面的小河，他們在那小石橋上站站又到小河兩岸的草地上坐坐，他們望着那緩緩地流動的河水，河水彷彿唱着惜別的歌，他們撫摩着綠茵的草地，草地是那麼親切柔和……

蕭家灣是可愛的，他們深深地愛着蕭家灣。

「之哥，假如不是為了你，假如不是為了戰爭，我真不願意離開家鄉。」瑞蘭手裡扯着青青的草，眼睛望着問之。

「雖然我們將要離開，但是我們還要回來。只要我們能記住這條小河，這青青的草地……」

「可是那不知道是那年那月的事？」

「也許一年兩年，也許三年五年，也許十年八年，也許那時我們都老了，但是我們一定要回來，只要我們能記住這條小河，這青青的草地……」

「我生在這裡，長在這裡，我永遠不會忘記。」

「你不會忘記這塊草地，我也不會忘記這條小河。」我們的記憶連結起來，就是一個完整的記憶。」

「甜蜜的記憶，永久的記憶。」

「記住今天。」

「也記住你垂釣的那天，記住我們扯野蒜的那天。」

「記住所有的日子。」

「記住我們每一個脚印，記住每一根小草。」

「太多了，反而會忘記！」甫之望着瑞蘭笑笑。

「我永遠不會忘記。」瑞蘭也望着甫之甜蜜地笑笑。

「好！我們永遠不要忘記，將來我們才有回來的勇氣。」

「那時家鄉也許變了，變得我們都不認識。」

「這塊草地不會變，這條小河也不會變。」

「我們的愛情呢？」

「和這條小河一樣。」

「那時我們應該在小河上再建造一座橋。」

「什麼橋？」

「就叫它幸福橋。」

「我也想把蕭家灣建成一個大公園。」

「怎樣的公園？」

「那裡面有各種好看的花，春天有桃李杜鵑，夏天有玫瑰芍藥牡丹，秋天的菊花像一片海，十里以外就能聞着丹桂的飄香，冬天的梅花像雪一樣白，[illegible]和雪分不開，自然還有各種好看的鳥，有會講話的鸚鵡、有白鶴、有孔雀、有黃鶯、有畫眉，當然還有鴛鴦……有各種善良的獸，有長頸鹿，梅花鹿、斑馬、大象，和各種可愛的小動物。就是不養吃人的獅子、豺狼、虎豹和有毒的蛇，討厭的貓頭鷹。穀子一年可以收三次，大家都相愛相親，沒有妒嫉，沒有仇恨更沒有吵嘴打架的事情。」

「你想得太好。」

「只要你也這樣想，野梧野桐也這樣想，大家都這樣想，我們這次離開蕭家灣才有意義。」

「如果小河懂得我們的意思小河應該快樂，蕭家灣懂得我們的意思，蕭家灣應該高興我們這次的離別。……」

小河在快樂地流着，流着……牠以那不徐不疾的節奏唱着一首春天的歌。

蕭家灣在陽光底下笑着，笑着……牠像受難的老人一樣含淚地笑着……

第二十九章 百担稻谷如糞土 黃道吉日展翅飛

戰爭離瀟家灣愈來愈近，戰爭在粵漢路上進行。

咸寧丟了，岳陽也丟了，湖南正對戰爭敞開着大門……

野梧的田終於以最低的價格賣掉了，但所得的不是袁大頭，而是一百擔穀。

要把穀變成袁大頭，必須自己雇木船由門前的那條小河運到長沙去。因此野梧和問之又上了一次長沙。

長[illegible]，長沙已經開始顫慄了。街頭堆滿了沙包，重要的地方也站了崗哨，但長沙的人心是悵惘的，混亂的，恐懼的。他們不信任廣西部隊，甚至還有點敵視的心理，這裡面有很多複雜的原因，遠的近的都結連在一起。他們一方面怕共產黨來擾亂他們的生活，一方面又怕廣西部隊臨走的時候搶劫。他們心靈裡唯一的寄託是陳明仁和黃杰，他們希望自己的同鄉能夠擔負起双重任務，必要時起來保護他們

陳明仁是四平街的英雄他們對陳明仁的信賴更超過黃杰，他們認為將來林彪兵臨城下時廣西部隊可能會搶一批財物撤走，也許只有陳明仁能決一死戰，他們希望要打就在長沙門外汨羅江畔打一次徹底的勝仗

堵住八路不讓他們過來。不然還是乾脆不打，這樣他們可以多保存一點元氣他們經過一次大火，三次會戰，現在剛剛喘過氣來，有些地方還是斷垣殘壁，他們知道戰爭是怎麼一回事？戰爭會帶給他們怎樣的災難？

野梧和間之跑了很多糧食行和米廠，商人們又想貪便宜，又怕賠老本，很難成交，野梧和間之又都不是做生意的人，不懂得生意經，三句話不成交就走，野梧在外面又是揮霍慣了的，一旦遇着這種情形更是又憤又氣，最後才和一家米廠以一元七角一擔的價錢賣掉，除了船錢和挑力和佣金之外，每擔只能賣得一元五角。

「[illegible]！真是賠償老本。」最後野梧氣憤地說。「[illegible]湖南是一個糧倉，穀子本來就不貴，一遇着這種兵荒馬亂的日子，自然更不値錢了。有些商人還說俏皮話：

「送給我還嫌得挑哩。」！

偏偏在這種時候野梧又碰到一個賭博朋友，如果不是間之硬拉硬勸，他還會拿這筆錢去碰碰運氣的，結果是還了十五塊大頭的賭賬了事。

「[illegible]！真倒霉，剛拿到錢就碰着討債鬼！」野梧氣極也不免好笑。

他們在街上買了一些日用品和兩條金華火腿之後，手裏只剩一百二十來塊錢了。

「[illegible]，這筆路費怎樣也不再用。」野梧大發狠心地說。

「再用我們就走不成了。」間之望着他笑笑。

田是賣了，旅費也勉強湊足了。但臺灣的入境證還沒有寄來。他們在焦急地等待着。

江南的戰爭瘋狂地進行着，上海保衛戰也已進入尾聲了。這場戰爭算是八路渡江以來國軍打得很像個樣子的十仗，陳毅的部隊也確實吃了一些苦頭，但這畢竟是江南的最後一戰了。大家對於這一仗也並沒有寄予多大的期望，傳說中的江浙皖南大會戰也無形中烟消雲散了。因爲國軍正繼續地後退着，而且顯得有點混亂。

他們等待着，焦急地等待着。

蠶豆豌豆在他們的等待中成熟了，禾苗在他們的等待中長高了，青蛙在田溝裡池塘中疲倦地叫着，拖長着聲音嘓嘓地叫着。

他們等待着，焦急地等待着。

終於，開天的掛號信來了，是那麼厚厚地一疊。

野梧和問之懷着興奮而緊張的心情，把它小心地折開，幾張入境證赫然地露了出來，野梧高興得大聲說笑，問之和瑞蘭喜悅地相視一笑。

除了入境證之外還有一封長信，他們攤在桌子上慢慢地讀着：

野梧，問之：

你們的信早就收到了，我們真佩服你們如此迅速而勇敢的抉擇，（否則我們也想勸你們來）在今天多少將軍大員們正紛紛投降靠攏，你們居然不計利害肯冒險渡海來臺，和我們滙合在一起，我們真非常興奮。你們來了我們的力量就增加了一分，我們的友情也不會因爲兩個世界而分開甚至還受損害。

入境證相當麻煩，我們天天跑保安部備，直到今天才拿出來。在未拿到入境證之前，我們不好寫信，不知道怎樣下筆？我們希望你們來，但又怕使你們失望，所以遲遲不寫，今天拿到入境證，我們覺得才有一個圓滿的交代。

本來我們知道聞之的消息之後早就該寫信來，但不湊巧得很，志平的太太得了神經病，志平天天跑松山精神病院，社裡的事就由我一個人東跑西跑，加之我們是住在鄉下，離辦公的地方太遠，每天跑得精疲力盡，這點是要請你們原諒的！

我們住的地方環境很幽美，也許沒有你們住在家裡那麼安逸，但這完全是另外一種情調。一清早鄰家的火雞就咯咯咯地叫，公火雞那種像戲臺上的黑頭走臺步的神態看起來頂有意思。淡水河就在我們的屋後面，我和志平天天傍晚就到河裡去洗個冷水澡，在內地現在河水也許還冷，在這兒卻很舒適冷爽了。

現在臺灣物價還算穩定，不管將來生活怎樣艱苦，我們大家在一塊兒總是快樂的。過去在大陸我們只顧各自東西，想不到共產黨促成了我們這次的大團聚，臺灣像一隻船，我們歡迎你們來共同掌舵，太平洋上的風浪雖然險惡，但我們堅信這隻船在我們同心協力之下一定能夠突破驚濤駭浪，突過這大颱風的季節，然後把我們載到平靜安寧的港灣……

大陸也許會在短期內暫時丟掉，但有臺灣存在中國就不會亡，有我們存在中國就不會亡。

歡迎你們來，歡迎你們早點來。到臺灣時再寫封航空信告訴我們你們的船期，我們會到基隆來迎接的。

其餘留待見面時再談。祝

旅安

開天
志平　寫於臺北頂溪

信是由開天執筆的，他感情豐富，很有文學修養，在軍校時他也是隊刊編委之一。

開天向是反共的，他對共產黨的瞭解比野梧問之他們都深，他抗戰時曾入蘇北敵後工作，同共產黨有過很多次的接觸，知道他們講的是一套，做的又是一套，他們的話多半要從反面去理解。同時他還有一個同父異母的哥哥在新四軍工作，他這個哥哥在家時就是一個不安份的腳色，為整個弄堂的鄰居所不齒。二十七年他們就分道揚鑣，他從上海到香港轉武漢投考軍校，他那位哥哥却由蘇北去延安進入抗大，以後就變成共產黨最前進最革命的同志了，另外他太太又是山東人，她唯一的哥哥就是被共產黨殺害的。所以他在和談時就把親人統統接到臺灣來，不讓他們落在共產黨手裡。

野梧問之讀了這封信之後心裡更加安定，問之華芳主張早天走，因為現在的局勢變化莫測，他們倒不是怕共產黨立刻就來，他們最怕長沙兵變和共軍的騷擾，華芳還躭心方非真的報復，既然入境證已經來了還不如早走，免得發生事故。野梧和瑞蘭對於母親都有點戀戀難捨，他們認為過幾天走也沒有什麼關係。最後還是蕭老太太選擇了一個黃道吉日才決定了行期。

「出門總要討個吉利，我總希望你們平平安安的。」蕭老太太倒底是老年人，如其說她迷信倒不如說她對兒女們太關心。她守寡將三個兒女養大，很不容易。

第三〇章

白髮送行多少淚

紅顏撿点一包[illegible]

野梧他們確定行期之後，親戚朋友們都盛意地餞行，他們瞭解這次離別的意義。抗戰八年，他們終於勝利地回來了，這次出去就不知道那年那月能夠回來。他們知道要把共產黨打走，比打日本人還不知道要難多少倍。政府原有幾百萬大軍都被八路打垮了，將來那有可能再建立幾百萬大軍呢？留在家裡前途吉凶固然不可測，但到底是留在家裡的人多，八路要殺也殺不了許多的。但是一般將軍大員們正紛紛棄職投降，[redacted]政府的和談代表也一個不願回來，難道這些大官們都是傻瓜嗎？而且他們都是政府的紅人，你華芳和野梧問之算得什麼呢？頂多不過是一條可憐的小毛蟲罷了，既沒有得過政府半點好處，又不認識政府裡那十位部長委員，連一個新任人微的角色都拉不上。許明末他們雖是好朋友，也是和他們一樣的小毛蟲呀！等十八路打到臺灣還有幾架飛機逃命嗎？將來八路殺的還不是這班小毛蟲？要員們早就會溜到美國去了。他們真不知道野梧問之他們為什麼一定要跑到老遠的海島臺灣去呢？所以他們愈想愈糊塗，他們事先也用過各種方法阻止，但阻止不住他們這種冒險的行動，現在只好讓他們去碰碰由己的運氣了。

「俗話說：狡兎有三窟。你們到臺灣以後還是要放聰明一點，要見機行事 不能一根腸子通到屁股眼。」親戚朋友們都這樣好心地叮囑他們。

這兩天來，野梧問之在外面應酬的時間比較多，華芳和瑞蘭則在家裡清理行李，收檢應用的東西。華芳是常出遠門的，經驗比瑞蘭豐富，感情也比瑞蘭硬朗得多了。

瑞蘭在收檢東西時反而有點點遲疑起來，她覺得樣樣東西都是親切的，一樣都捨不下，她捨不得她的房間，捨不得她的單人床，捨不得她的梳裝臺兼書桌，捨不得桌上那一長列的心愛的書，甚至那小巧精緻的洋瓷馬桶。

當然，她更捨不得她年老的媽媽，她和她厮守了二十五年，在哥哥和弟弟他們都在外面的日子，她就是她母親的影子，一步不離。她想起她兩鬢一天天增加的白髮，和額上一條條的縐紋，以及她時常要發的頭痛病，她的心就在發軟，軟得簡直快要溶化。

她一面收檢一面流淚，她心裡想假使媽媽和房子以及許多的心愛的東西都能帶走那該多好？免得她和問之在一起又掛念媽媽，和媽媽在一起又掛念問之。這多痛苦呢！

「唉！我為什麼要長大呢？」她心裡又這樣想，假使還是一個三歲的孩子那該多好？除了媽媽以外就不會想到另外的人了。現在人大了，想的也多了，除了媽媽以外她還會想到許多人，尤其是問之。奇怪，為什麼問之在她心裡一下子就會佔着與媽媽同等重要的地位？甚至還更重要呢？

「唉，假使我是一個男人那該多好？」她心裡又這樣想。假使她是一個男人，她就不會這樣留戀媽媽，假使她是一個男人她就不會跟着問之走，如果她和問之的地位變動一下，問之還會跟着她走哩。那該多有意思呀！

可惜她是一個女孩子，可惜她又長大了，她愛媽媽，但媽媽不是她最後的歸宿。她還需要男人，問之才是她最後的歸宿。這有什麼辦法呢？華姐是這樣，所有的女人都是這樣。

想着，想着，她把衣服裝進箱子去了。

想着，想着，她把心愛的書裝進箱子去了。

想着，想着，她把問之的騎馬照片和手抄的詩稿放進箱子去了。

想着，想着，她把雪白的蠶繭放進箱子去了。

想着，想着，她望着精緻的白瓷馬桶和不能裝進箱子的東西嘆氣了。

問之恰在這時走了進來，他想看看她究竟帶了些什麼東西？他是終年在外面跑的人，知道行李愈簡單愈方便。同時這是一次長途旅行，還有野梧三件活動行李處處要人照顧，他事先和野梧商量好了，儘量減少一些不必要的東西，多讓出一點箱子的空間來裝應用的物品。

他把瑞蘭的箱子打開看看，仔細檢查了一番，他摸着那一包蠶繭問瑞蘭裡面是什麼東西？瑞蘭要他自己打開看。

問之打開一看發現一包蠶繭，不禁笑了起來。

「[redacted]這東西妳帶去有什麼用呢？[redacted]破皮鞋比它還有[redacted]。」

「沒有用？牠可以治療我的鄉思病，看見牠我就彷彿看見家，彷彿看見後門口那棵桑樹……」瑞蘭說着不自覺地眼圈又紅了。

「好，好，好，帶去，帶去。」問之連忙包好，仔細地塞進箱子裡去。

「東西都檢好了嗎？」問之不放心地問。

「你看。」瑞蘭指着房裡那麼多的東西，那都是她天天用的，每一樣都是她選擇過的心愛的東西。「還有這麼多的東西，一口箱子怎麼裝法？」

問之望着她笑笑。「還有什麼沒有？」

「還有媽媽。」瑞蘭的眼圈又紅了。

這一向都是好天，偏偏他們動身的時候天氣却陰沉起來。大家心裡都不愉快，蕭老太太心裡更像起了一個大疙瘩。他一大清早起來就在祖宗牌位前點燃一支長香，叩了幾個響頭，伏在地上默禱了半天，野梧問之他們看見了都暗暗流淚，瑞蘭更躲在房裡泣不成聲。

這種天氣和蕭老太太這種愛兒女的深情，幾乎打消了野梧走的勇氣。問之的態度雖然非常堅定，他知道母子母女的愛比海洋還深，他不能講什麼，他也不願作聲。抗戰時他初離家時他的母親也是這樣的。最後還是蕭老太太鼓起了野梧和瑞蘭的勇氣。

「你們去吧，放心地去吧，我會替你們天天祈禱，天天唸一次長生經。」蕭老太太安慰他們，又特別對瑞蘭和問之說：「你們現在雖然還沒有結婚，不過我希望你們永遠相愛，永遠不要二心，將來結婚時寄張照片給我我也是高興的。」

瑞蘭和問之都感動得流下淚來。

走的時候蕭家灣的人和附近的親戚朋友都來送行，大家都有一種戀戀不捨的心情。瑞蘭是第一次出遠門，她在家裡和別人處得很好，沒有和任何人紅過一次臉，她的走女眷們都有點傷心，尤其是和她要好的女孩子們。問之在蕭家灣的時間自然不能算長，但他的人緣也極好，大家都真心地歡喜他，關切他，愛護他，再加上他和瑞蘭的關係，更是沒有一個人對他不好。

「可惜我們沒有吃到你們兩位的喜酒，將來回來時應該請我們吃紅蛋了。」大家都這麼湊趣，想把離別的空氣冲淡一點。

瑞蘭聽了不免有點臉紅，問之望着大家感激地笑笑。

他們動身時已經挨到上午十點了，大家把他們送到小河上的石橋旁邊，野梧問之無論如何不讓他們再送。臨別時蕭老太太又叮嚀了他們一番，最後顫着聲音說：

「希望你們早點回來。」

「媽，我們一定回來。」野梧瑞蘭含着眼淚回答。

於是，野桐扶着母親顫巍巍地回去了。她的眼淚在她剛一轉身時就像這條小河的水同樣地流，流，流，流……

瑞蘭的眼淚也同樣地流，流在石橋上，流在小草上，流在鄉村的崎嶇的路上……

大陸的人心淪沉了，淪沉了……

將軍們和要員們正在向他們自己的敵人投降，靠攏；靠攏，投降……

而問之，野梧，瑞蘭他們却像沙丁魚一樣地擠在中興輪的露天甲板上，在南中國海的暴風雨中向臺灣急駛着，急駛着……

（第一部完）

第三一章

狂風暴雨渡南海
知己深情接故人

中興輪在基隆港外拋錨了，這是一九四九年，中華民國三十八年六月一日上午三點鐘的事。問之野梧他們這兩天來擠得腰酸背痛，鋪蓋行李統統打濕了，只有箱子裡的衣服是乾的。基隆本來是個雨港，但他們到達時天氣却例外的晴朗，天和海一樣地藍，天上的星光燦爛，港口的燈光閃着誘惑的光芒。上船之後他們就沒有好好地睡過一次覺，南中國的海上的暴風雨專向他們這些擠在露天甲板上的人肆虐，同時又沒有一塊可以把他們的身子放平的地方，即使偶爾打一下瞌睡也不能安神，這夜他們更因爲抵達目的地而興奮，沒有一點睡意了。

他們想起了在長沙上火車時那種擁擠紊亂的情形，如果他們不是人手多，大家年輕力壯，這些行李是擠不上車的，三個孩子還是從窗子口裡塞進去，華芳和瑞蘭伸手在車廂裡接，問之和野梧在月台上把孩子們舉起來往車廂裡塞，等他們把大孩子塞進去時車子已經開動了，瑞蘭和華芳急得大叫，幸好問之野梧旅行經驗豐富，他們一個人看準一個車門，快步跑過去一躍而上。車門口的人也擠得滿滿的，連站的地方都沒有，他們兩手抓緊鐵扶手，在踏板上站着，過了兩三個小站，他們才找到一個安全的立脚點，過株州以後他們才和瑞蘭華芳滙合，坐的地方還是沒有，直到衡陽下去了一大批旅客之後他們才能坐着，而車廂中的叫囂叫罵聲在到廣州以前一直沒有停息過。到廣州之後又因爲語言的不通和廣州人的「欺生」傷了不少腦筋，他們住在一家小旅館裡候船就候了一個多星期，問之和野梧天天跑長堤沙面探聽消息，間或有一兩輦船開臺灣不是旅客已滿就是只到高雄，而一些私人輪船公司的船不但都是一些愈齡的老傢伙，票價還比較高，他們想起太平輪在臺灣海峽沉沒的慘劇就不敢冒這不必要的危險。他們也找過差船，但麻煩多，且無一定的開船時間，如果行李搬來搬去那是吃不消的，廣州吃用比長沙貴，人力車價也高得嚇人，而他們的身上的錢已很有限，不敢隨便化用了，爲了穩妥起見，只好在旅館裡多等幾大。最後好不容易輪到他們，但上船時人已經擠得滿滿的，原來有很多旅客半夜就上了船，所以較好的空間都被先來的人佔領了。他們買的是三等票，沒有資格住房艙，只好在甲板上躭了。甲板上是沒有頂蓬的，他們把包舖蓋的油布打開來用繩子懸空扯平，權充天遮，這種臨時措置只能遮遮露水，想不到上船之後就遇着海上的暴風雨，這樣大家都變成落湯鷄了。現在既然到了基隆，天氣又很晴朗，雖在夜間他們還是打開了箱子，拿幾出件乾淨的衣服大家換換，把濕的髒的衣服捆在一块，往網籃裡一塞。這樣就覺得輕鬆了不少。

問之和野梧的鬍鬚已經長長了不少，頭髮也是亂的，瑞蘭和華芳的頭髮更亂，臉上也有污垢，尤其是瑞蘭，她那白皙的臉上只要有一點其他的顏色都會看得清清楚楚的，今夜在燈光下看她的臉彷彿一床弄髒了的印花臥單。上船之後大家都沒有洗臉，因爲船上節制淡水，規定了盥漱時間，時間很短，三等旅客又特別多，一滴水彷彿一滴血，實在不容易搶到手，這種生活問之野梧過得很多，雖不能甘之如飴，却能安之若素，華芳也過過，只有瑞蘭是有生以來第一次，問之野梧都很同情她。

「蘭妹子，這種生活過得來嗎？」野梧關心地問，他現在很像一個哥哥。

「還好。」瑞蘭看見問之憐愛的眼光，她點頭笑笑。

在旅途中瑞蘭和問之的感情更深，雖然沒有結婚，但已開始共患難了，人與人之間只有在患難中才能相互瞭解，他們會自動地卸除一切僞裝，問之和瑞蘭的愛情本來就很純眞，經過這次的長途旅行，他們除了更能互相瞭解還多了一份体貼，在表面上他們也不再拘小節了，因爲現在完全進入一個新的環境，一個共同奮鬪的環境，需要更緊密的合作，他們兩人已沒有再拘小節的必要了。他們知道未來的日子非常艱苦，所以瑞蘭對這幾天的生活雖然不大習慣，但她還是愉快地忍耐過來了。她只要看見問之就非常愉快，只要看見問之臉上那種堅定不移的表情她就心安了。

這幾天來他們沒有好好地活動一下，現在船靜靜地停在基隆港外，沒有一點風，沒有一點浪，夜色如此美麗，空氣如此淸新，海面如此平靜，問之和瑞蘭都想看看這海島的夜景，於是他們讓出了自己的地位，使野梧華芳有機會躺躺，（在這種時候能把手和脚伸直把身子放平也是一種難得的享受）他們慢慢地小心地走到鐵欄杆旁邊並肩站立着。他們望着靜靜的海面，望着港口明亮的燈光，望着天上閃灼的星星，他們的心情也非常恬適，非常寧靜。他們沒有到過基隆，沒有到過臺北，他們都展開了想像的翅膀，儘量翺翔，儘量想像，儘量摩擬。聞天的信對於臺北雖有過簡單的介紹，但還沒有他們自己想像的美麗，新奇。

他們想得很多，想到現在，他們不時地互相看看，瑞蘭看見問之的頭髮亂了，鬍鬚長了，眼眶下陷了，顴骨高起來了，她非常憐惜地說：

「之哥，你瘦了。」

「蘭，妳也瘦了。」問之看見瑞蘭有點汚垢蒼白的臉，蓬亂的頭髮，失神的眼睛，他也覺得她瘦了。是的，瘦了，瘦了，他們幾個人統統瘦了，這半個月來他們沒有好好地吃過，沒有好好地睡過，心情是那麼焦急，那麼不安，人到底不是鋼鐵，怎能不瘦呢？

他們想到未來，未來眞不知道是怎樣一種歲月？他們的錢快用光了，身邊只剩下幾個大頭，聞天他們也是薪水階級，忽然增加這麼多的人，怎麼能負担得起呢？找工作嗎？不錯，他們都能工作，但初到臺灣人地生疏，那兒去找呢？何況除了聞天志平之外，在臺灣又沒有一個有錢有權有勢的親人，這年頭找工作也是不大容易的。而且臺灣守不守得住，共產黨會不會打來，這也是一個很大的問號。雖然誰也不能回答這個問題，他們更不[illegible]，想到這裡他們雖很擔心，但這都是早就考慮過了的，既然[illegible]也就有勇氣就下去，萬一共產黨打來當然只有一拼，此外沒有第二條路可走，他們就是抱着這種[illegible]而後生的態度來的。

他們想到過去，想到蕭家灣就有無盡的懷念。距離愈遠，懷念愈深，這一別眞不知道什麼時候能再回去了？尤其是瑞蘭，她的懷念更深，她想到門前的池塘，和塘邊的那幾株柳樹，想到那條小河，想到河邊的小草和野蒜，更想到她決定和問之一同走的那块釣魚的地方。她想到家，想到房間的許多傢具，想到後門口那株桑樹，想到蕭家的許多人，自然更會想到桐弟和母親。一想到母親，瑞蘭的眼淚就淌淌地流下來了，她的眼淚汩汩地流了。

「瑞蘭，妳怎麼的？」問之忽然看見瑞蘭流淚，不免有點驚異，他以為是這半個月來生活的折磨使她傷心。因此他馬上安慰她：「在路上自然苦些，到了臺北就會好點，慢慢地我們的生活就會走上軌道。」

瑞蘭抬起充滿淚水的眼睛，望着問之搖搖頭，顯然她，她不是因為生活的折磨而流淚。

「那麼妳是想家了？」

問之這句話深深地打中了她的心，她馬上倒在問之的懷裡飲泣。由於她儘量地抑制，所以身体顫動很兇。問之是一個流浪慣了的人，平常不大想家。現在忽然被瑞蘭這種深切的鄉思所感動，他[illegible]，瞭望海天茫茫的前途，他也不自覺地流淚了。

「瑞蘭，堅强一點，我們從那兒來，一定回到那兒去。」問之儘量抑制自己的情感，儘力安慰瑞蘭。

「之哥，這真可能嗎？」瑞蘭慢慢地仰起頭來惶惑地問。

「蘭，我早對妳說過，只要我們有信心。」

「信心——？」瑞蘭拖長了聲調，睜着夢樣的眼睛注視他，靜靜地注視他。

「是的，信心。」問之堅決而有力地回答。

瑞蘭的臉上慢慢地，慢慢地露出一絲微笑，淡淡的感傷的微笑。

問之輕輕地擦乾她的眼淚，同時指着逐漸發白的東方在她耳邊輕輕地說：

「蘭，別再流淚，妳看，天快亮了，等會人家看見那多難爲情！」

瑞蘭馬上自覺地揉揉眼睛，掠掠頭髮，望着問之笑笑。笑得那麼美，那麼甜，彷彿初開的花朵，初升的朝陽。

甲板上的三等旅客開始活動了，大人在伸懶腰，打哈欠，小孩子在哭在鬧，不是要奶吃，就是要拉屎拉尿。

野梧和華芳因爲太疲倦，手脚剛一伸直就睡着了。問之瑞蘭看見他們睡得那麼甜，不忍馬上叫醒。港外停了很多船，有一萬噸以上的大貨船，有豪華漂亮的客船，有灰色的軍艦。港務局的小巧玲瓏的交通艇已經開始在港外各船間來回地行駛了，有的船已經扯起出港旗，有的已經得到進港的通知。中興輪什麼時候進港現在還不知道，聽說要檢查之後才能決定進港的時間。

野梧被其他的船沉濁的開航汽笛聲吵醒了，野梧揉揉眼睛問問之：

「我們的船什麼時候進港？」

顯然的，野梧希望早點進港上岸，這幾天的三等旅客生活的確有點受不了，能夠早一個鐘點結束這次的長途旅行總是好的。

問之搖搖頭，他也同樣地焦急。

十點鐘的時候港務局的交通艇才開過來，大家都有點歡欣若狂的樣子，因爲艇上載來了港務局的檢查員和警長，這是進港以前必須經過的手續。

檢查人員上船後就進入官廳，船長馬上宣佈所有的旅客須隨身携帶入境證在官廳外面排隊聽候檢查，問之野梧他們也跟着大家排隊。檢查人員工作認眞而有禮貌，給旅客們的印象很好。問之心裡更私自慶幸，他認爲這是一種進步的象徵。臺灣地方很小，如果搞不好那這一輩子也休想再回大陸了。

檢查入境證大約化費了一個鐘頭的時間，檢查人員離船後，船上就升起進港旗，同時啓錨，準備進港。

問之野梧他們已經把行李捆好，心裡非常高興，他們都扶着鐵欄杆站在船頭上眺望基隆。這時他們唯一關心的事是開天他們會不會到基隆來接？如果來了他們就可以免去許多麻煩，如果沒來他們就要自動張羅，在內地倒無所謂，在臺灣語言風俗一概不懂，難免到處碰壁，他們在廣州就因爲語言不通被碼頭挑伕亂敲竹槓，寃枉化了不少錢。

「不知道開天他們來了沒有？」野梧有點躭心。

「我想開天一定會來，他是一個守信的人，我們的船又沒誤期。」問之很瞭解開天，他猜想他一定會來。

船慢慢地駛進港口，港裡的船比港外的更多，船身向前移動一點他們的心情也隨着興奮緊張起來。漸漸地船快駛進碼頭了，岸上歡迎的人羣已在向船上揮動着帽子和手絹，船上的人也同樣地揮動着，大家都很興奮，大家都在注意着迎接自己的人。

碼頭被先到的船靠好了，他們的船是靠在那條船的外檔，他們在人羣中搜索聞天志平，望來望去都沒有望見。最後還是問之發現聞天擠在人羣的後面，他身邊還跟着一個小婦人似的女孩子。問之心裡想這大概是他去年才結婚的太太？當問之把聞天指給野梧看後，野梧證實了他的猜想，他去年經過上海時看見過聞天的太太的。

「怎麼這樣小呢？」問之有點奇怪。

「她很年青，個子也很小。」野梧向他解釋。

問之也知道聞天的太太小鳳年青，今年才十七歲，聞天在結婚之前就寫過信告訴他，並且附了一張半身照片，但並沒想到她的個子會這樣小？只有聞天的胸脯高。

「小鳳比妳矮多了。」問之回頭對瑞蘭說。

瑞蘭善意地笑笑。

問之和聞天一般高，都是一百七十二公分，瑞蘭的頭剛好齊到他的耳朵，所以兩人站在一块非常相稱現在一看聞天和小鳳高矮相差許多，看起來好像不大調和。

聞天在岸上向船上東張西望，問之和野梧馬上向他揮動着手絹，他和小鳳終於發現了問之他們，聞天馬上向他們一面招手一面笑，小鳳在旁邊拉着聞天的手高興得直跳。

「你看，小鳳真天真。」問之高興地對瑞蘭說。

「她很年青。」瑞蘭高興地笑笑。

「很奇怪，志平怎麼沒有來呢？」野梧詫異地說。

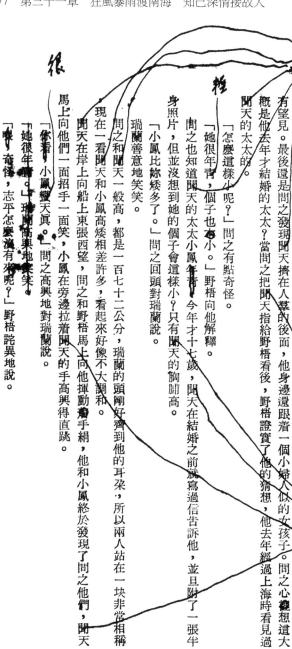

「你怎[redacted]？月軒不[redacted]住[redacted]嗎？也許他去松山看她去了。」問之記得開天的信裡說過志平的太太患神經病，志平要[redacted]的事。

「[redacted]你不[redacted]我倒忘了[redacted]不知道現在好了沒有？」經問之一提，野梧也想起這件事來。

「我們只吃得補藥吃不得瀉藥，希望她早點好才好。」問之知道他們這一批人到達之後一定要增加開天志平他們的負担，如果月軒久病不愈，那怎麼支持得下去呢？所以他暗自躭心。

船靠攏之後他們就忙着搬行李，開天小鳳也趕着上來幫忙，他們一見面自然非常喜悅，開天還特別說明志平因事去松山醫院補繳住院費不能同來，他們昨天曾經來過一次，知道船要今天上午才能進港，所以他和小鳳一吃過早飯就來基隆。小鳳和瑞蘭是初次見面，女孩子自然更親熱地表演一番。

開天看見瑞蘭很高興，當他知道問之和瑞蘭的關係後更高興。

「問之，我們都結過婚了，現在就看你們的。」開天拍拍問之的肩頭高興地笑笑。

問之和瑞蘭都望着他笑笑。

「開天，想不到我們又在臺灣見面了？」野梧感慨地說。

「我們這次見面的意義很大，只有集中我們的力量才能渡過這個大難關，才能戰勝我們的敵人。」

開天一面說一面拿起一捆行李往肩上一扛，問之野梧也拿起行李箱子扛着，他們三個人在前面走着步子沉重穩定而有力。華芳瑞蘭小鳳三人緊跟在後面，她們不期然而然地相視一笑，會心地一笑。

第三二章 海島風情多迢迢 府衙總督返扶桑

他們從谷地由基隆坐上了南開的火車。問之野梧很興奮，他們第一次看見火車站的秩序這麼良好，大家都自動地排隊買票，依次序上車，一點不爭先恐後。他們尤其驚奇的是女人都背着孩子踏着跳板搭火車，小脚的老太婆也坐這種交通工具，這要是像他們在長沙上車的情形那她怎樣也擠不上來，除非有幾個年青力壯的人照顧。但在這兒她們都是單獨地上下，一點不感到困難，上車之後還有人禮貌地讓坐，車上的秩序也非常良好，沒有吵吵鬧鬧，這些人的教育水準並不見得怎樣高，但他們都守秩序，這是內地火車上很難得看見的好現象，尤其是三等車廂。

臺灣的路軌沒有內地那樣寬，車廂也比內地狹窄，自然更沒有京滬路上的飛快車那麼豪華，但在樸素中却可以看出整潔，一點不污穢寒傖。問之他們一上車就耳目一新，彷彿到了另外一個世界。

闓大到臺灣已經幾個月，他對於一般民情風俗相當瞭解，他向他們解釋很多疑問。譬喻說臺灣人賣東西不講價錢，說多少要多少，決不像內地商人漫天叫價就地還錢，以做生意的手段來講，他們自然要笨拙得多，但他們有一個美德就是誠實。另外他還告訴他們一般政治動向，他說臺灣當局正在勵精圖治，準備把臺灣作為民族復興基地，執政者的清廉和苦幹的作風已經贏得臺灣同胞一致的信任與支持，這對於問之他們都是很興奮的消息。

他們到臺北車站之後就叫了一部三輪車拖孩子和行李，小鳳和華芳坐車先走，闓大，問之，野梧，瑞蘭四人準備搭[illegible]公共汽車，結果[illegible]半天車子沒來，闊之他們很想看看臺北市，許多天沒有走路也想活動一下，[illegible]着他們從重慶路一直走。他們覺得樣樣新奇，這條街道在內地本來算不了什麼，但他們覺得另有一種情調，走到以前的日本總督府現在改稱介壽館的時候，他們在這座莊嚴雄偉的建築前面停了一下，他們覺得這比南京的國民政府要神氣得多。闊天接着對他們說日本人對於公家的建築很考究，私人卻很節省。從這件事上面他們瞭解日本人爲什麼能強盛起來？

「我們應該徹底的覺悟，這次的失敗應該有失敗的價值。」闊之望着莊嚴雄偉的介壽館說。

「這就是我們爲什麼要來臺灣的用意。」闊天附和闊之的意見。

他們走着說着，經過牯嶺街廈門街而至川端橋，橋這邊是市區，橋那邊是鄉村。他們站在橋上眺望鄉村的景色，首先映入眼簾的是一片綠色的田野和一叢一叢的竹林，竹林裡面是人家，淡水河像一條灣灣的玉帶，從上游環繞過來，闊天告訴他們說上游那山旁邊的許多房屋是國防醫學院，與國防醫學院遙遙相對的是頂溪洲，他們就住在那叢竹林裡面。

「等會我們吃過飯之後和志平一道到河裡去洗個澡，河水非常清爽，洗過之後特別舒服。」闊天預計志平也快回來了，他們是天天要去洗一次澡的，闊之和野梧望望橋下的流水的確很清，他們這幾天連吃的水都很節省，那有水上身？現在看見這一河清水，彷彿身上也更膩人，他們走了這一大段路又出了很多汗，眞恨不得馬上跳下去洗一洗。

「我今天這個澡非到河裡去洗不可，在家裡十盆水也洗不乾淨。」野梧本來是一個不大愛乾淨的懶人，經過這半個月來的長途旅行和兩三天的甲板生活，身上也的確骯髒。

他們到家時華芳和小鳳已經到了半天，華芳已經搶着替孩子們洗了澡，飯菜已經擺在桌上，專等他們到來。

聞天的母親和岳父岳母看見問之他們到來也很高興，野梧和他們都見過面，問之和聞天的母親也見過幾次面，那是三十四年勝利後他隨部隊接收上海特地到聞天家中去看她的，那時聞天還沒回來，和問之也有兩三年沒有通信，聞天的岳父岳母他們是沒有見過的。

他們到家不久，志平也從松山回來，他比在大陸時瘦了一點，面容也有點憔悴，大概是因爲月軒生病的關係。

志平是一個梗直熱情急躁的人，沒有半點虛僞，對任何人都是一片眞心，他之能和聞天有手足般的感情，就是因爲這種個性，同樣的，他之能和問之野梧成了相知也是因爲這種個性，他的過分梗直和眞誠使人初看起來有點愚笨，因爲他不會用任何美麗的言詞來裝飾自己，他常常以行動代替語言，所以他和問之野梧見面也像是天天見面一樣，只是握手時顯得更爲有力。他對華芳瑞蘭只是點頭笑笑，尤其是和瑞蘭初次見面他眞不知道怎樣說好？

「月軒的病怎樣？」問之野梧都很關心。

「很有進步，現在不打人，不檢香蕉皮吃了。」這兩個月來志平被月軒弄得神魂顚倒，她本來是蠻漂亮蠻乾淨的人，自從患了神經病之後，臉也不要洗，羞恥也不顧，常常向小孩子討東西吃，不然就在馬路上檢香蕉皮吃。

「奇怪，她怎麼會得這種病呢！」華芳詫異地問。

「原因很多。」志平像講故事一樣地把她這種病的起因說了一遍。

原來她和志平結婚後生了三個女孩子，她自己沒有奶，抗戰時生活又困難，雇不起奶媽，買不起奶粉，前兩個孩子都因爲營養不良而夭折了。第三個孩子是三十七年多在江陰生的，志平的父母看得很重，特地雇了一個奶媽餵養，孩子長得又白又胖，非常可愛，開大接她出來時還不能斷奶，志平的父母也捨不得讓她把小孫女兒帶出來。他們都是六十開外的人了，兒子媳婦自己會飛，他們沒有辦法留住，小孫女兒還在吃奶，不能像爸爸媽媽一樣遠走高飛，老人爲了解除晚年的寂寞和減少對兒媳的思念，堅持要把孩子留下來，月軒瞭解老年人的心境，只好含着眼淚割愛，同時她也知道就是帶出來也不一定能夠養活，頭兩個孩子就是一個痛苦的經驗，因此她只好單身跟着開天小鳳到臺灣來，到臺灣之後她天天想念小女兒，日夜心神不安，她生怕共產黨來後小女兒有什麼長短，這是第一個原因。第二因爲她是山西人，她父親是閻伯川的部下，在八路進攻太原時她父親死得很慘，一直到臺灣來後才在山西同鄉口中得到這個消息。她是她父親唯一的女兒，母親死得很早，父親對她非常疼愛，他們父女的感情太好，到臺灣後忽然聽到這個晴天霹靂，她當時就暈了過去，以後精神就有點恍恍惚惚，加之生活不太如意，所以愈來愈嚴重，到最後實在瘋得不成話了，只好把她送到松山精神病院去。現在已經住了一個多月了，治療很有效果，人也發胖了，自然也不再檢香蕉皮吃了，只是沒有完全恢復正常。爲了她的病，志平和開大弄得心力交瘁，所有的錢都擠到上面去了，月軒從家裡帶出來的最後一枚戒指今天也換掉繳醫藥費了，他們的經濟狀況已經快到山窮水盡的地步，但是他們絕口不提這件事。他們希望閒之野梧他們能快樂地過幾天，然後再慢慢地商量大計。

他們吃過飯之後時間已經不早了。於是他們帶着肥皂手巾衣服到後面的溪水裡去。

他們住的地方離河邊大約有兩三百公尺，穿過一排水田竹林就到了。現在的河水正好不深不淺，河床裡面都是一些細沙和鵝卵石，水清可以見底，閒之和野梧把衣服脫掉縱身一躍就跳入水中去了。

他們在河裡來回地游了幾圈才回到水淺的地方用力地在週身洗擦，油污一條一條地滾下，然後又跳到水中作最後一次的清洗。

上岸穿好衣服之後他們就在一塊大石頭上躺着，覺得一身輕鬆愉快。

「嗨！我從來沒有洗過這樣痛快的澡。」野梧高興地對問之他們說。

「淡水河就是我們的大澡堂，以後可以天天來洗。」閒大笑着說。

在淡水河裡洗澡游泳的人很多，每天夕陽西下時河裡盡是人頭浮動，國防醫學院的員生們每天都在這時集体到河裡來洗澡游泳。現在河裡的人還是很多。

他們坐在河邊輕鬆地擦扔天，抽抽烟，看河裡的人游泳，看天上的彩霞變幻，問之和野梧首次看見那美麗得像一幅水彩畫的晚霞，不時發出幾聲讚嘆。

「美極了，臺灣真是一個美麗的島。」問之心裡彷彿有着詩的感覺。

「假使沒有戰爭？這地方真是蓬萊仙境。」閒天也有同樣的感覺。

「如果沒有戰爭我們也許不會來。」臺灣光復後問之就想來看看，但一直未能如願，想不到現在真的來了。

「就是來也不會大家都聚在一塊。」這些年來除了閒大志平在一塊工作之外，野梧，問之，定文都是各自東西，即使偶爾能見一兩次面時間又是那麼短促，更沒有大家都聚在一塊這回事。

「可惜定文沒有來。」問之覺得現在只缺少一個定文，不免有點遺憾。

「將來可能會來的。」閒天在四川就得很久，他很瞭解四川的情形，四川是一個「天下未定蜀先定，天下未亂蜀先亂」的地方。現在不比抗戰，政府的處境又如此惡劣，四川那些舊軍人是最善於投機的，個川在這次戰爭中不一定能長保無恙，四川十有問題，整個西南就靠不住，所以聞天認為定文在重慶不一定能久留，萬一有事他自然會隨着杜方撤退，很顯然的，最後的退路又只有臺灣。

「聞天，你看西南能不能保？」野梧問。

「我們要作最壞的打算。」聞天和聞之有同樣的看法。

「有很多人認為這是明末歷史的重演，你看怎樣？」在大陸上的確有很多人抱有這種看法，大公報也常常發表這類的文字，野梧又把這問題提出來。

聞之和聞大認為這只是某些現象的偶合，倒不一定是歷史的重演。雖然政府可能丟掉整個大陸，最後搬來臺灣，他們這些人可能被共產黨視為「白華」，也可能被一部份人視為孤臣孽子，但今天的客觀環境畢竟不同。民主國家現在固然還不敢反共，也不願意援助政府，但只要共產極權與人性、民主、自由的衝突存在一天，最後必然難免一戰，國民政府是始終站在民主國家這邊的，只要能夠撐持三年五載，反共戰爭自然會慢慢地合流。

「如果我們能支持三五年我們就不會重蹈鄭成功的覆轍。危險的是最近一兩年，渡過了這個大難關我們就不會再演悲劇了。」聞天冷靜地綜合他的見解。

他們都是身經兩次戰爭的人，他們還記得抗戰初期的情形，美國商人公開地對日銷售軍需品，而英國人在中國最困難最危險的時候還封鎖滇緬路哩。但結果還是攜手合作，打倒了共同的敵人。一想到這裡他們的信心就更堅定。戰爭使他們更增堅忍，能夠面對任何困難。

「堅持，堅持，今天我們最要緊的是堅持。」他們知道目前的國家環境和他們自己的環境是同樣的艱難危險，要渡過這艱難危險的關鍵，唯一的辦法就是咬緊牙關，堅持到底。這也是他們四個人的共同結論。

他們回家時已經是暮色蒼茫了。

瑞蘭、華芳、小鳳都在樓上平台上乘涼，瑞蘭、華芳經過一番梳洗之後又恢復了本來面目，不過稍微清瘦一點。瑞蘭稍覺清癯的臉顯得更加莊靜美麗，她看見間之走過來就含情脉脉地笑笑。

闊大特別拿出一聽白錫包香烟來招待野梧和間之，這聽烟是闊大四月間去上海接家眷時親戚送他的，本來有好幾聽，他和志平陸續地抽了，剩下這最後一聽時恰巧接着間之野梧的來信說要到臺灣來，因此他們一直保留着一根未動，預備他們到達時再開開來抽。

「這聽烟留了一個多月，現在專爲你們開開。」闊大一面揿開烟蓋一面笑着說。

間之野梧都感到一陣友情的溫暖。

接着志平又提出一壺煮好了的咖啡上來，他很快地替每人倒了一盃。

烟味很醇，咖啡很香很濃，間之他們得到這溫暖的款待和愉快的休息，頓時忘記了這半個月來旅途的辛勞，他們覺得這是人生的最大樂趣。瑞蘭看見哥哥和間之有這樣眞摯的朋友，她心裡也很快樂。

海風踏着黑貓般地輕輕的脚步一陣陣吹來，吹在身上非常舒適涼爽，野梧華芳早晨睡了一覺精神很好，間之瑞蘭爲這新鮮的環境和眞摯的友情而興奮，加之咖啡的刺激，更提高了說話的興趣。

現在他們談的是各地的風俗人情和生活趣味，從四川的茶館談到臺灣的冰店，從湖南的臘肉談到臺灣的生魚片，從上海小姐的乳罩談到臺灣女郎的金牙，他們輕鬆地談着愉快地談着……

臺灣的夜不同於內地的夜，鄉村也是燈火輝煌，臺北市的電燈更像一個熱帶女郎的眼睛，閃着明亮的誘人的光芒。

夜，慢慢地靜下來，靜下來。

川端橋上的行人已經絕跡，他靜靜地躺在淡水河上。沒有一點聲響，橋上的路燈一到半夜更顯得明亮。

臺北市也顯得格外溫柔寧靜。只有介壽館像一個莊嚴的巨人，靜靜地、堅定地，矗立在臺北市中心，在這靜靜的夜裡，顯得更加莊嚴，堅定。

第三三章　咯咯火雞啼破曉　張張晚報歎夕陽

他們昨夜睡得很遲，問之野梧華芳由於這半個月來沒有安靜地睡過覺，所以睡得特別安神甜暢。他們像一艘遠洋的船隻，經過無數驚濤駭浪，和不斷地奮鬪掙扎，帶着一身疲憊和驚悸，停泊在靜靜的安全的港灣一樣。

一清早，鄰家的公火鷄伸着脖子咯咯地叫，聞天的母親岳父岳母和火鷄起得同樣地早，他們老年人不習慣於睡早覺，一向起得很早，今天因爲多了許多人洗臉吃飯，起得比平常更早。

聞天的母親要去買菜，她把聞天叫醒商量，究竟買些什麼好？問之他們剛來，第一天無論怎樣困難都應該弄點好菜。聞天把口袋裡的錢統統交給母親，並且特別囑咐她菜要買好一點，口味也要改變一下，因爲湖南人的口味和江浙人的口味不同，所以他對母親說：

「多買點辣椒，菜裡面不要放糖，多放點鹽和辣椒。」

許老太太繃々嘴，聞天馬上向她抱歉地笑笑。

許老太太的心腸蠻好，只是性情有點固執，當然頭腦也很舊，她雖是老上海，但從來沒有到過虹口，年青時是在鄉下住，同聞天父親結婚後就一直住在法租界辣斐德路。聞天的父親死得很早，當時她的神經受了很大的刺激，發過瘋病，到現在還有點失常。她只生聞天一個人，對聞天非常愛護，這種愛護簡直有點獨佔性。聞天現在是三十歲的人，她還要隨時關心他的冷熱，小鳳和聞天過於親近她都有點不舒服。聞天很知道母親的心理，同時又非常孝順，他總是處處依從她，另一方面他和小鳳的情感又非常好，她比他小這麼多，他處處都像對待小妹妹一樣對待她，如果遇着婆媳之間有什麼不愉快，她總是一方面服從，一方面勸解安慰，但兩方面都不聽他的話，這常使他精神痛苦。但他有一種男性所少有的忍耐美德，任何言語任何事情他都能忍耐，一點不急躁，從來沒有發過脾氣，這是閏之，野梧，志平所不能的。他對他母親和太太這兩個時代的婦女都很同情，在母親方面來講，她年輕時就是孀婦，又只生他這一個兒子，全部精神愛心都寄託在他身上。在小鳳方面來講，她很年輕，也很愛他，原先有個哥哥，三十七年又在山東老家被共產黨殺了，所以岳父岳母現在把她看成心肝寶貝似的，閏天當然也不忍使她受委屈。以前閏之他們沒有來時鬧點小意見還沒有什麼關係，現在閏之他們初來無論如何不應該表現一點不愉快，無論自己的情況和心境怎樣惡劣，他願意自己承受一切委屈，擔當一切痛苦，決不願意閏之他們心裡有一點不安。他知道母親的個性，不愛自己不喜愛的人，不願意弄自己不喜愛的菜，她總覺得上海的一切都是好的，上海的話比別地方的話好聽，上海的菜自然也比別地方的菜好吃。其實她自己節省得很，無論什麼好菜都省給別人吃，同時她又是吃長齋唸佛的人，不沾一點葷腥。可是只要經過她弄的菜，她總希望樣樣好吃，人人稱讚。湖南菜她是從來沒有弄過的，自然也沒有吃過，因此他不自覺地縐々眉，閏天怕她不開心，只好連忙陪笑臉。

閏天被母親叫醒之後不想再睡，他輕輕地爬起來，生怕弄醒了小鳳。同時她怕母親不樂意，又陪着她去買菜，幫助她提籃子聽使喚。一方面儘量使他高興，一方面又趁機買幾樣閏之野梧都喜歡吃的小菜，還暗示母親這幾天要高興一點，一切都不必躭心，柴米油鹽他自然會想辦法。

閏天和母親買菜回來時志平也起來了，他正在廚房裡洗臉，他輕輕地問閏天：

「今天的菜錢夠不夠？」

「勉強湊合了一下，還買了幾樣葷菜。」聞天向他點點頭，又輕輕地問他：「你身上還有錢沒有？」

「還有一點，勉強可以用一兩天。」志平一面洗臉一面說。

「我想吃過飯之後陪問之他們去植物園玩玩？」聞天覺得問之野梧他們初到臺北應該陪他們出去看看，植物園比較清靜，路也比較近，是可以去玩玩的。

「也好，反正沒有什麼事。」志平表示讚同，他們還沒有正式辦公，辦公的房屋還是最近交涉好，經費廣州方面又不能按月滙來，因爲他們人少單位小，辦公費少得可憐，也做不了什麼事，這種情形也不只他們如此，凡是新在臺北設立或從大陸撤來的小衙門單位，工作也多半在停頓狀態中。人心還是非常的不安定。

「以後的生活怎麼辦呢？我們應該想點法子。」志平對於他們這許多人今後的生活很耽心，以前他們兩家人的生活都是勉強維持，現在忽然增加了這麼多的人口自然更感吃力，光靠兩個人的薪餉是不成的，必須另想辦法才是。

「明天我們分頭去借。」他已經沒有半點積蓄了，志平最後的一枝戒指昨天又換了織月軒的住院費。好在他們來臺北有幾個月，還認識幾位熟朋友，所以聞天想到借貸上去。

他們商量好之後就一同上樓來，他們的脚步走得很輕，生怕驚擾了問之他們。

問之已經醒了，聞天志平上樓時他正在穿襯衣。他起來不久瑞蘭也輕輕地推開紙門，她看見聞天志平就禮貌地笑笑。

「塌塌米睡得慣嗎？」聞天笑着問她。

「還好！」瑞蘭向他笑笑。她沒有睡過這東西，自然覺得很不習慣，彷彿有睡在地板上的感覺。她不知道日本人和臺灣人爲什麼要這麼睡？起先她在榻榻米上翻來覆去地睡不着，最後還是這半個月的疲倦幫助她沉沉地進入夢鄉，一覺醒來天已大亮，太陽也出來了，她從來沒有睡到這樣晏，她連忙爬起來，昨夜雖不十分睡得怎麼好，但她還是向閩大偉他們笑笑。

閩之還沒有洗臉，看見瑞蘭起來就陪她一同下樓去了。

「他們兩位眞是我們這幾對中最理想的一對。」閩之瑞蘭下樓之後閩大志不禁讚歎起來。

「可惜還沒有結婚。」閩天有點惋惜。

他們也知道這在目前是不可能的事，但他們有一個共同的想法，都希望瑞蘭閩之能夠早點結婚。像一部偉大的著作一樣，只有上冊沒有下冊總是美中不足的，現在他們看到的就是上冊，一本寫得像詩一樣美麗的上冊，因此他們急着要看下冊，下冊應該像小說一樣有個美滿的結局才好。

他們正在談論中野梧的幾個孩子都醒了，大的喊媽媽，小的就哭起來了。華芳首先被他們吵醒，馬上爬起來，野梧吵醒之後反而罵一聲「小鬼」，又翻身去睡了。華芳看看時間已經很晏，馬上用脚在野梧屁股上一蹬：

「懶鬼！還不起來？」

野梧經這一蹬神志清醒多了，他揉揉眼睛望着華芳說：

「太座，何必這樣不客氣哩！」

「客氣？再客氣不知道你會睡到什麼時候？」華芳知道野梧會睡懶覺，不能不蹬一脚，既然這一脚蹬醒了，她自己也不免好笑。

問之和瑞蘭洗好了臉又一同上樓來。瑞蘭看見侄兒們都醒了就把臉盆交給問之，自己起來幫助華芳料理孩子。把他們弄得整整齊齊之後又帶兩個大的下樓去洗臉。

問之看見野梧還賴在榻榻米上就笑着說：

「十點了，快起來囉！」

野梧連伸幾個懶腰，然後慢慢地爬起來：

「嗨！昨夜這一覺睡得眞好！」

「[redacted]榻榻米習慣嗎？」聞天是主人，他生怕野梧沒有睡好。

「嘿！我們這些羅漢還有什麼習慣不習慣？這比我們受訓時睡稻草乾淨舒服多了。」野梧他們受訓時最初三個月是在行軍當中過去的。他們從湖南一直走到四川，因爲人多老百姓的房屋少，床舖更談不到，天天用稻草打地舖。野梧這個懶鬼有時就一下都不願動，事實上每天百來里路走得也太疲倦，吃過飯之後背包也懶得打開，索性往稻草堆裡一鑽，就呼呼地入睡了。加之這十年來什麼生活他都過過，有錢時就花天酒地買一夕狂歡，沒有錢時啃兩個燒餅也就度過一天。作一個中國軍人就要吃得，餓得，跑得，累得。當然他們也有過一段黃金時代，那就是勝利後提高待遇，而法幣與儲幣的比例又是一與二百之比，那時他們可以拿十來萬法幣一月，在館子裡吃一隻清燉雞也不過三五百法幣，自然野梧又荒唐了一陣。可惜那個時代太短了，眞的太短了！就像曇花那麼突然一現又很快地萎謝了。

一提起在軍校受訓時的生活還彷彿是昨天的事，那時他們眞是無憂無慮，吃飽了飯什麼都不管，生活雖然苦，但他們都是初生之犢，熬得過，吃得消，反而覺得非常有趣。

時間過得眞快，一幌就是十年，在這十年中中國的變動眞大，他們親眼看見中國在變，他們親身經歷了這兩次慘烈的戰爭，他們本身就是一頁活的歷史。他們這短短的人生經歷比他們的祖父、曾祖父幾輩子的經歷還要豐富，自然更多一些傳奇和浪漫的色彩。他們這短短的十年，就是一部傳奇的，浪漫的萬行敍事詩，就是一部一百萬字以上的長篇小說。

「唉！日子過得眞快，再過十年我們都老了。」聞天覺得這十年就像做了一場夢，十年的歲月就像風車一樣地滾過去，是那麽迅速，沒有一刻停留。那時他還沒有鬍鬚，現在三天不刮就長得很難看了。邁過了中年不就是老年了嗎？人生能有幾個十年啊？

「我不懂京戲，但我記得「紅鬃烈馬」裡薛平貴唱過一句「少年子弟江湖老」，這好像是我們的寫照，說不定我們這些人眞要老死江湖了。」志平的年齡最大，他今年已經三十三了，無怪乎他也有這種感慨。

「不會！不會！我們會像蒼松一樣，永遠年靑。你們看，我那一點顯老？再過十年我還要討一個十八歲的妞兒哩。」野梧是一個樂觀的人，他覺得他們還年靑得很。

華芳聽他說再過十年還想討個十八歲的妞兒連忙瞪他一眼，他馬上陪個不是：

「太座！我不過說着玩兒罷了，何必緊張呢？我們兩口子的事還要說嗎？一百歲還是秤桿不離秤砣的。」

經野梧這麽一說華芳也嫣然一笑，聞天他們也輕鬆起來。

瑞蘭已經替兩個孩子洗得乾乾淨淨上來，她看見野梧華芳還站在這兒就催促他們：

「哥哥，華姐，飯早弄好了，你們還不去洗臉？」

於是，他們連忙拿着臉盆下樓去了。

他們下去之後小鳳也跟着下去了。

今天這頓早飯變成了午飯，他們吃完時已經十二點了。

他們動身去植物園時快一點了，因爲小鳳她們化裝就擱了一些時間。女人到底是女人，再樸素也要打扮一下。瑞蘭過去沒有擦過口紅，她喜愛素靜，穿衣服也不愛大紅大綠，今天華芳小鳳硬要她擦擦口紅，她們說臺北這種都市女人擦口紅是最普通不過的事，連種田的做小販的女人都擦口紅，算不得奢侈，不擦反而顯得彆扭，因此她只好破例地擦一次。瑞蘭的嘴唇本來就很紅潤，經過這一化粧就更顯得唇紅齒白了，同時她的嘴唇形狀也顯得更加優美，端莊中還顯出幾分俊俏，她和小鳳華芳她們站在一起就顯得卓卓不羣了。

聞天他們看見瑞蘭化粧之後心裡都暗暗讚嘆，問之心裡自然更加高興了。

「眞是女大十八變，想不到我蘭妹子越變越漂亮。」野梧一半打趣一半讚美。

瑞蘭有點不好意思，華芳却代她辯白：

「蘭妹本來就漂亮嘛。」

「這眞是有其兄必有其妹呀！」野梧厚顏地笑笑。

聞天他們聽了好笑，華芳却嗤他一聲：

「死不要臉！」

「那你爲什麼不愛別人偏愛我呀？」野梧還是蠻得意的。

「俗話說：龍配龍，鳳配鳳，我們[illegible]像跳蚤配臭虫。」

華芳的話一出口大家都哄笑起來，野梧也傻笑一陣。

「說來說去，我看問之和蘭妹眞是半斤八兩。」華芳是個心直口快的人，最後她又補上這麼一句。

大家都承認她還有語言的天才，聞之和瑞蘭也會心地一笑。

到植物園去本來可以坐一段汽車，但他們都情願走路，他們慢慢地散步，談天，不自覺地走到了。因爲這是夏天，植物園裡已經有露天茶座，他們在園裡走了一遍之後，就在樹蔭底下的露天茶座休息。

瑞蘭他們對於那又粗又高的大王椰子和麵包樹特別發生興趣，麵包樹以前只聽見說過，但那多少帶了幾分傳奇的色彩，椰子樹也只在熱帶風景畫片中看過，自然沒有真實的感覺，想不到今天都親眼看見，親手摸過。而椰子樹種類之多更是出乎他們想像之外，像那矮矮的酒瓶椰子，如果不標明他們是認不出來的。過去他們在大陸看見的多半是小葉和針葉植物，梧桐葉桑葉楓葉算是大的了，想不到植物園裡都是闊葉植物，麵包樹的葉子竟會像一柄小蒲扇那麼大，他們覺得很奇怪。

「臺灣是亞熱帶，雨量充足，所以闊葉植物很多。」聞天向他們解釋。這點淺顯的道理本來在初中植物課本上就講過，野樵却已忘到九霄雲外了。同時他對植物又沒有什麼興趣，今天到植物園來一趟他倒好像上了一堂植物課[illegible]。

太陽漸漸地西沉，園裡的遊人也漸漸地增多，都是年青的男女。一双双，一對對，有的在林蔭道上親蜜地散步，有的坐在草地上喁喁談情，他們是那麼自然，那麼天真，使這風景如畫的植物園更增加了一種詩情畫意，一種浪漫的熱帶情調。這使聞之想起了伊甸園，想起了亞當和夏娃，他在心裡暗暗地替他們祝福，希望他們永遠快樂，永遠不要受到懲罰。

五點鐘以後，園裡的遊人愈來愈多，賣晚報的孩子也穿來穿去，這些孩子都是內地人，一個十二三歲的孩子走到聞天他們面前很有禮貌地請他們買一份晚報，他是青島人，講得一口流利的國語，他說他已經小學畢業，來臺灣後沒有錢上學，只好過這種生活。聞天很同情他，買了一份晚報，他很高興地走了。

聞大他們把報紙打開一看，第一版就載着政府續遷重慶的消息，軍事部門先遷，看樣子廣州遲早是要放棄了。

他們的心情因爲這份晚報而慢慢地沉重起來，像那逐漸西沉的太陽一樣，慢慢地墜下、墜下……

三

第四章

芳心已許無牽掛

[illegible]

政府續遷重慶的消息便問大志平非常耽心，在廣州時他們的經費都不能按月滙來，這一遷更不知道要弄成個什麼樣子？所以吃過早飯之後他們就出去了。他們對問之野梧說是進城辦點公事，實際上是出去借貸。

問之和野梧在家裡寫了幾封信，一封是寫給重慶的定文的，其餘的是寫給野桐和親戚的，他們把沿途的情形和到臺北後的現狀都詳細地告訴了他們。

瑞蘭也寫了幾封信給她的女友，還寫了一封長信給他母親，她寫着寫着又不自覺地流淚了。她實在有點想念母親，時局這樣，萬一共產黨打到長沙，她的母親將會怎樣呢？她不能不耽心母親的安全。

「蘭，堅強一點。」問之走到她的身邊，兩手扶在她的肩上輕輕地說。

她慢慢地仰起頭來，含着眼淚望着問之慘淡地笑笑。

「蘭，讓我替你寫。」問之看她還沒有寫完，他想替她繼續寫下去。

「不，還是我自已寫。」

於是她又低着頭繼續寫下去：

我們在這兒很好，許先生[illegible]先生都是好人，哥哥和問之能交着這樣好的朋友我心裡很高興。

我相信中國有這樣好的青年人中國決不會亡，中國還有希望………

「是的，中國決不會亡，中國還有希望。」聞之感動地唸着。

瑞蘭繼續寫下去，當她寫完時聞之拿起她的握着鋼筆的右手放在嘴上輕輕地一吻。

「蘭，妳的話更增強了我的信心。」他慢慢地放下她的手溫和地說。

「之哥，因爲有你們我才敢說這句話。」瑞蘭向他深情地溫柔地笑笑。

聞之替她把信紙折好，愼重地放進信封裡去：

「希望伯母和桐弟也有這種信心。」

「之哥，我希望你以後對媽的稱呼能够改變。」瑞蘭柔情如水地望着他：「和我一樣稱呼不好嗎？」

聞之欣然地點點頭，幸福地笑笑。他眞想不到他在失意失敗之後能够碰到瑞蘭這樣的女性，而又能得到她這樣一往情深的純潔的愛，至高無上的愛，使他這顆破碎的心重歸完整，而且比以前更充滿活力，他眞感謝上天的恩賜。這對於他比偉大的帝國對於一個貪婪的帝王的意義還要重大，在這世界上他沒有一點財富，他是一個眞正的光旦，但他認爲瑞蘭是世界上最大的財富，是他一生最大的安慰，最高的驕傲。他們雖然沒有結婚，但他們的心靈早已合而爲一，比世界上任何一對已婚的夫婦有更高的生活意義，更高的婚姻意義。肉体的結合對於一般人也許比心靈的默契更重要，但對於他們却是次要的了。當然，他們不是超人，但他們的愛情確已昇華到一種高於肉慾的境界，這種境界當然不是每一對熱戀中的男女都可以達到，但也不是不能達到的，如果双方的氣質相同，双方的年齡稍大一點，双方對於愛情的意義有更高的認識，那就很可能達到這種境界了。聞之和瑞蘭就是在這幾種情形之下提高了他們的愛情意義的。他們不是不想結婚，但結婚暫時不可能，他們就會覺得暫時打消這種念頭了。同時他們並不需要以結婚來保證他們的愛情，他們的愛情是在任何情形之下都不會發生變化的。他們比已婚的夫妻更能互相瞭解，互相信任，他們的感情相通，他們的呼吸相應，他們不是兩個生命而是一個生命。

問之把幾封信粘好之後就和瑞蘭一道送到廈門街郵局去，爲了怕時局發生變化，統統用航空掛號寄出去。

發完信之後，他們就沿着河邊的水源路散步，這是一條長堤路，長長的，靜靜的很少行人，偶爾有一輛牛車意興闌珊地走過，也不會揚起一點灰塵。他們望着滑滑的河水慢慢的流動，望着岸邊許多人靜靜地垂釣，他們的心裡非常寧靜，情緒也很鬆閒，他們已經做了他們所要做的事情。

天氣是涼爽的，海風一陣陣吹來，令人有一種舒適涼爽的感覺，瑞蘭的頭髮迎着海風微微地飄動，她不時地用手輕輕地拂掠，他們一面散步一面考慮到今後的生活和工作，現在不比在蘇家灣，他們的生活沒有憑依，問大他們也沒有力量長久支持，他們也不願意讓問大他們單獨挑起這付沉重的擔子，他們共同生活的意義是每一個人都拿出自己的力量，互相幫助，這是早就決定好了的。他們的路現在也已經走定了，毋須像在蘇家灣那樣彷徨，等待，那樣耽心失足，現在他們可以放心地大踏步地走他們應該走的路了。雖然路途還很崎嶇，但他們的方向正確，他們的生活已經有了重心，他們現在所要考慮的是怎樣開始？怎樣前進？

憑問之的能力，他不見得找不到一份普通而安全的工作，比如說文化事業方面的編撰，和機關裡的公務員，他都能勝任，不過他總覺得他自己是個軍人，他不願意在國家需要像他這樣年青而又有作戰經驗的軍官時而中途轉業，他願意繼續負起他這份責任，這也就是他爲什麼要到臺灣來的原因。

「有機會我還是要回到部隊裡去。」聞之安靜而堅定地說。

瑞蘭向她點點頭，她知道這是十份十分危險的工作，她也知道他過去受過兩次傷，但她不願以個人的私愛妨礙他這種愛國的意圖，她瞭解愛情的最高意義不是自私的獨佔，而是偉大的犧牲。

瑞蘭呢？她當然也可以幹幹教書以外的工作，如果她到一個什麼公司裡或機關裡去當一名女職員，那一定是很吃香的。可是她不願過這種花瓶式的生活，她覺得教書雖然清苦，意義却很重大，她自己常常想，要使國家強盛，一定要從教育着手，尤其是國民教育，一個文盲遍地的國家無論怎樣也強盛不起來的。今天共產黨之所以能猖獗起來就是利用國民的愚昧，如果每一個國民都受了相當的教育，對於政治問題都有分晰瞭解的能力，就不會那麼容易上當，不會那麼容易接受政治魔術家的誘惑，所以她也很肯定地說

「我還是想教書。」

聞之聽了很高興，他覺得每一個人都應該盡他的本分，學農的應該到鄉村去，學工的應該到工廠去，學教育的應該到學校去，軍人自然應該到部隊去。這樣社會秩序才能安定，各人的力量才能適當的發揮。同共產黨打仗腳步一點不能紊亂，大陸許多地方的失敗就是共產黨先製造紊亂然後又利用這種紊亂才把政府打垮把國軍打垮的，現在在臺灣自然應該記取這種教訓。

「對！我們應該守住自己的崗位。」聞之握着瑞蘭的手親切地笑笑。

他們散步到川端橋邊時恰巧碰着聞天志平，他們剛下五路車，一見聞之和瑞蘭就馬上親切地招呼，於是他們一路談着回去。

聞天他們在城裡跑了好幾處，借了五十塊新台幣，這樣又可以維持幾天。聞大怕他們坐在家裡煩悶，還特地買了幾份報紙和一本新聞週刊。

聞之華芳瑞蘭拿了一份報看，[redacted]野梧[redacted]把腿吊一蹺，一面抽烟一面翻看[redacted]。

別人看着看報都不作聲，野梧[redacted]看到新奇好笑的地方他會哈哈大笑，看到一段妙文又會一句一句地唸出來，看到淫奔和情殺的新聞更會不自覺地隨口冲出這樣的話來：

「[redacted]滿園春色關不住，臺灣到底是亞熱帶[redacted]！」

聞之[redacted]瑞蘭拿的是新生報，[redacted]的是中華日報，這是臺北的主張大[redacted]看了半天沒有看到什麼重要的新聞，副刊方面也沒有什麼[redacted]好的文藝作品，甚至要找一個名字熟悉的作者也不大容易。聞之覺得大陸上一些[redacted]作家沒有到臺灣來眞是一個很大的損失，這個損失[redacted]也不能以[redacted]那是[redacted]作家縱然手無縛雞之力，也沒有一點權柄，但却不能忽視他們的精神[redacted]力量，槍桿[redacted]不能征服人心，[redacted]無比的感染力量。他認為[redacted]把共產黨打敗那是一種非常困難的事[redacted]

「國家好比一棵樹，文化就是這棵樹的根，和共產黨的這場[redacted]應該看成文化戰爭。」聞之把報紙放下來[redacted]說。

「[redacted]你這個看法我很讚成。」[redacted]天馬上附議，瑞蘭華芳也放下報紙望着聞之。

「[redacted]你看這本[redacted]新聞怎樣？我覺得筆調倒還不錯。」野梧把[redacted]住聞之面前一送[redacted]走馬看花[redacted]

「這種東西正是針對一般人心的弱點攻擊，[redacted]供給一些桃色新聞，正好刺激一般疲憊的人心，這正像吃白麵一樣，愈吃身体愈糟，這種反常的現象正是文化的墮落。」聞之望着那本黃色新聞的紅色特大字和妖冶的半裸的女人相片說。

「我是一個吃肉的和尚，經也唸，肉也吃，自然還得討老婆生孩子，看着這種東西輕鬆一下也是好的。」野梧是愛找刺激的人，他們還喜歡這種刊物。

問之知道野梧的寡人之疾，他不反駁，只望着他笑笑，隨即又拿起[illegible]報來看，起先他看的是新聞和副刊，現在他專看廣告啟事，那上面除了結婚離婚之類的啟事外，自然還有一些吉屋廉讓，新建花園洋房出售的小廣告，以及把八字倒起來排的尋人啟事。

在第二版下面，問花忽然發現了一則五欄長的廣告，是登記雄獅部隊徐蚌突圍來台官兵的通告，問之看了高興得叫了起來，他就是屬於這個部隊的，通告後面的署名正是他的老師長鄭國忠，他現在是三八九〇部隊長。

聞天志平馬上圍攏來看，他們看過之後說這個通告登了快一個禮拜了，不知道問之過去是屬於這個部隊的。

「眞巧！」問之興奮地說：「不知道師長是怎樣突圍的！」

問之和鄭師長有五六年長官和部屬的關係，最初鄭國忠是軍長，部隊整編之後才改任師長，問之跟他當了一年直屬[illegible]連長，四五年營長。他對問之很器重，問之對他也很尊敬，他是一個任勞任怨能征慣戰的將領，對部下非常愛護，賞罰却很嚴明。上級對他也很信任，他從來沒有動搖過，他對國家是絕對的忠誠。

這則通告不僅替問之個人帶來了興奮，也替大家帶來了興奮。瑞蘭的眼睛裡面更閃灼着喜悅的光輝，由於過度的喜悅，她的眼睛裡面還滾動着淚水，她知道跟隨這喜訊而來的將是問花的積極行動和傷心的離辦。

「問之，你打算怎樣？」野楷關心地問。

「我想先寫一封信去問候師長，同時向他報到。」

「那麼你什麼時候去鳳山呢？」聞天想知道他的行期，好爲他籌措一點旅費。

「我想等師長回信之後動身。」問之一方面不想馬上離開瑞蘭，一方面希望得到師長的回信再走，因爲他現在一無所有，最好是老長官能接濟一點路費，這樣可以減輕聞天他們一點負担。

「這樣就好！我們可以多聚幾天。」聞天志平原以爲他們這次有一個長久的相聚，但這年頭意想不到的事眞多，問之做夢也沒想到鄭師長會突圍來台，更沒想到自己會來臺灣就知道他的下落，而且又有這麼好的歸隊機會。

瑞蘭聽了問之的話臉上也綻出一絲笑容，是慘淡的笑，是黯然神傷的笑，她知道從現在起時間對她是怎樣的寶貴了？

第三五章

離情別緒雙淚眼
淡月清燈兩壁人

問之的信發出後的第四天，就接到了鄭師長的掛號信，裡面還附了一百塊錢的滙票，他的信是這樣寫的：

問之同志：

一、信悉。

二、歡迎立刻歸隊。

三、附滙票一張，希即領用。

鄭國忠手啓

鄭師長的字寫得剛勁有力，書法雖不太好，卻虎虎有生氣。他是一個不願意浪費筆墨和語言的人，雖只這麼寥寥幾句話，卻深藏着一股熱情和愛護之意。

問之非常瞭解他的長官，他是一個典型的軍人，一是一，二是二，一點不含混，做起事來簡捷了當，決不拖泥帶水，說起話來也只有是或否，絕對不用「可是」，「然而」，「或許」這類模稜兩可的字眼，他認爲那是外交官的詞令，當一個作戰指揮官就是要肯定，百分之百的肯定。命令要肯定，態度要肯定，講話要肯定，不然就是否定，但也是絕對肯定的否定，沒有什麼模稜兩可的。在表面上看，一般人都以爲他太嚴厲，初當他的部下更是戰戰兢兢。其實他對於部下的愛護眞是無微不至，他常常自掏腰包替士兵買葯診病，伙食吃差了一點他就馬上督飭改進，他一個月總有半個月和士兵在一起吃飯，長年如此，決不像其他的將領偶爾做作一下。打起仗來也決不縮在後面，他常常到第一線去巡視。所以他的部隊士氣好，逃兵少，病兵少，沒有懷疑，沒有猜忌，經得打，經得拖。那次徐蚌會戰如果不是以疲憊殘破之師，面臨十倍人海火海，是可以打一個像樣的仗的，最低限度也可以保出相當完整的實力。

問之接到這封信自然高興萬分，聞天他們也深深慶幸他有一個這樣好的長官，在部隊裡如果遇到一個混蛋的長官那眞不知道要冤枉吃多少苦頭？要冤枉犧牲掉多少性命？問之初到部隊見習時就碰到一個混蛋的長官，第一次上火線就幾乎送掉性命。

現在問之決定明天到鳳山去報到，野梧華芳和他相處這麼久，心裡也不免有點惆悵，聞天志平更以爲這次可以長久相聚，但不到一個星期又要分別自然有點黯然。瑞蘭是更不必說了。當問之接到這封信時她的心就開始顫慄，她的面部簡直變成蒼白了。她雖然勉強裝出笑容，但那比哭還難受，如果能痛快地痛哭一次也是好的，可是現在不能，第一她是在做客，第二她怕問之傷心，怕動搖了他的意志，她在極力忍耐。這次她和母親的離別已經夠傷心，但有問之在身邊還可以得到不少安慰，現在問之又要離她而去，她的心靈就太空虛了。她彷彿感覺到在這世界上她已經失去了立腳點，她好像高高地懸在空中似的，這是她有生以來第一次有這種感覺。她不知道以後的日子怎麼熬過？她木然地望着問之，木然地站着。華芳看見這種情形就藉故把她拉進房去，她一進房眼淚就不自覺地順着面部流下來，汨汨地流下來……

問之自然也有點難過，但他到底是一個男人，而且是一個流血多於流淚的男人。他這次和瑞蘭離別還交織着希望和興奮，交織着報國雪恥的意念，他不能忘記徐蚌會戰的失敗，不能忘記加於他的譏諷侮辱，因此他的心情比較泰然。

吃過午飯之後，瑞蘭陪着問之到廈門街去領款，拿到錢之後他們又一道去衡陽街買買東西，一方面蹓躂蹓躂。問之明天就要走了，臺北市還有很多地方沒有去過哩。

離開蕭家灣之後瑞蘭對問之的生活就更關心，問之的襪子破了她會替他小心地縫補，襯衣的紐扣掉了，她也會替他牢牢地釘上，她對問之的衣着比問之自己還關心，所以當問之和她商量買什麼好時，她就胸有成竹地說：

「多買幾双襪子，你的脚很厲害，在鳳山又沒有人補。」

問之望着她感激地笑笑。他的襪子的確破得很快，以後在部隊裡又是成天過過着操場野外的生活，襪子的消耗自然更大，他一下買了半打，其他的日用品也斟酌的情形買了一點，用去的錢不多。

問之知道聞天的經濟情況不好，就是他走了之後還有大小六個人，這是一個很重的負担，因此他抽出五十塊錢交給瑞蘭，要她在他走後再交給聞天，不然他不會接受的。

「你自己够用嗎？」瑞蘭關心地問。

「我一個人，那邊有吃有住，用不着什麼錢。」

「旅費呢？」

「是的。」

走到新世界電影院門口，他們順便進去看了一場「驚夢重溫」，這是一張很好的文藝片，瑞蘭心裡想，問之這次去鳳山，她不知道什麼時候能重溫驚夢哩！

離開電影院之後他們都有一點餓，問之把瑞蘭帶到中華路的「眞北平」去吃麵點。中華路這一帶小吃店都是內地人開的，他們又多半是山東人，有的是從平津來的，有的是從青島來的，所以這一帶的館子純粹是北方風味，瑞蘭沒有到過北方，也很少吃麵食，當堂倌端來一盤油葱餅時，問之就問她：

「這東西吃得慣嗎？」

「很好。」瑞蘭嚐了一口連忙點點頭。

「這是很普通的東西，北平的涮羊肉倒是很有名氣的，可惜臺灣吃不到。」

「將來我們有機會到北平應該吃幾頓。」

「吃還在其次，我覺得我們應該在北平住些時日。」

北平是很適宜於他們這種性格的人住的，問之也特別愛北平人的彬彬有禮，泱泱大度。至於講話那自然比別的地方更好聽，尤其是十幾歲的女孩子，每一位都是很好的聲樂家，咬字吐音是那麼準確，清晰，聲調是那麼甜蜜，聽來，自然有一種感人的力量。說到熔歌舞於一爐的國粹——平劇，那就更非去北平不可，那是純粹的京朝味兒，旁門左道的角兒是休想在北平唱下去的，每一位聽衆都是一個戲劇批評家，角兒的好壞絕對瞞不住他們的耳朵，他們閉起眼睛來就知道角兒在台上的一舉一動。問之生平有三大嗜好，那就是詩，電影，平劇。詩和電影沒有什麼空間性的，而平劇則不但是好角兒多在北平，尤其難得的是北平的觀衆，他們不但會聽，而且會唱，那種濃厚的優美的京朝氣氛就是角兒和觀衆共同培養出來的。問之就是這麼一個人，要麼不愛，一愛就深，他先天上就有一種執着性，對詩如此，對京戲亦然，這也是他喜愛北平的一大原因。

「我們現在距離北平這麼遠，不知道那一天才能如願？」瑞蘭惋惜地說。

「這也就是我爲什麼還要穿二尺半，而又要這麼快去鳳山報到的一個理由。」問之向她笑笑。

「假使將來眞的收復北平，我希望你不要忘記蕭家灣。」瑞蘭的鄉土觀念很重，蕭家灣是她生長的地方，她是怎樣也忘不了的，問之却是一個四海爲家的人，她怕他迷戀繁華的都市，遺忘了淳樸的鄉村。

「那怎麼會呢？收復北平之後我就退役，和你一道回蕭家灣，建立我們的和平公園。」問之還記得他離開蕭家灣之前講的話，他永遠忘不了那個地方，那個在他生命史上佔着非常重要的一頁而又像詩樣美麗的地方。

「還有小河上的幸福橋。」瑞蘭天眞地說。

於是，他們相視一笑。

他們離開「眞北平」時已經七點多了，爲了珍惜這比什麼都寶貴的短暫的時間，他們決定散步回去。問之和瑞蘭都很喜愛植物園的風景，喜愛那熱帶的情調，喜愛那抒情詩般的氣氛。他們双双地踏着上弦月的光輝，信步走進植物園去，這是一條回家的順路。

仲夏夜的植物園彷彿一首仲夏夜的戀歌。淡淡的月色，淡淡的灯光，高高的椰子樹在微微的海風中輕輕地顫動着牠那長長的羽狀的枝葉，是那麼輕輕地顫動，一種近於無聲的顫動。傘狀的麵包樹以牠那橢圓形的濶大的厚厚的密密的葉子，襯托着淡淡的月光，襯托着淡淡的灯光，覆蓋着草地，形成一團團濃蔭。

收音機裡飄出輕鬆悅耳的音樂，飄出迷人的香格里拉，飄出夜來香，飄出高山青，澗水藍，阿里山的姑娘美如水呀！阿里山的少年壯如山……

情侶們在淡淡的月光下，淡淡的灯光下，挽着手散步，他們的倩影親蜜而修長，他們的話語像一條長長的淺淺的溪流，輕輕地流過山谷，流過他們的心頭，流，流，流，永無止境地流……

椰子樹下有他們的倩影，麵包樹下有他們的倩影，夾竹桃叢中有他們的倩影，石櫈上有他們的倩影，草地上有他們的倩影，仲夏夜的植物園到處有他們的倩影，到處可以看見他們親蜜地偎依。

問之和瑞蘭漫步在植物園中，漫步在淡淡的月光下，漫步在淡淡的灯光下，他們的步子像山谷裡的晨霧，是那麼輕逸，像湖上的輕舟，是那麼優游。瑞蘭看見別人親蜜的鏡頭，再看他們自己的沒有距離和間隔的修長的影子，她心裡自然有一種幸福的感覺。但一想到問之明天就要離開她，明天就要分手，從明天起她就是一個人，孤零零的一個人，連影子也是孤零零的，一想到這裡她就不自覺地流淚了。

「之哥！你不走好嗎？」她的聲音有點顫抖，她鼓了很大的勇氣才說出這句話，但話一出口她又有點後悔起來。

「蘭！我知道你會難過，但是我不能不走，我相信妳會瞭解我。」

「我瞭解你，那是你應該走的路，但是我一個人……」

「我會常常寫信給妳！」

「信，我希望你天天來信，可是我覺得還缺少一點什麼？你的聲音，你的笑容，你的脚步……」

「蘭！別想那麼多。」

「我不能不想。我想念你！我還想念媽媽！你和媽媽是我精神上的兩根支柱，我怎能不想呢？」她的眼裡有淚珠滾動。

「[redacted]，我非掌抱歉，我沒有給妳帶來幸福，反而給妳帶來痛苦。」

「不，[redacted]，我覺得我很幸福，不過現在我有點難過。」

瑞蘭忽然停下來，倚靠在一株大王椰子的圓圓的灰色的軀幹上，大王椰子的長長的羽狀的葉子正好覆蔭着她的全身，牠的圓圓的灰色的軀幹襯托着瑞蘭的烏黑的頭髮，白皙的面部，因而成爲灰，黑，白三種顏色的構圖。瑞蘭的飽滿的高高胸脯，像大王椰子的羽狀葉子在微微的海風中微微的顫動……

「[redacted]，慢慢地就會習慣。寂寞能增長智慧，我希望[redacted]妳能開出智慧的花朵。」

「花朵？」瑞蘭慘淡地笑笑。「如果能開那也是屬於你的，牠果爲你而開。」

「應爲中國而開，爲人類而開，像植物園的這許多花朵一樣。」

「我的花朵只能爲你而開。你的境界比我高，你的天地比我廣濶，你的花朵自然是屬於全中國的，全人類的。」

「我當努力這樣做，我希望我們這次的別離多少有點價值。」

上弦月下沉了。

夜，漸漸地靜下來，人，漸漸地稀少，淡淡的灯光使人有一種朦朧的感覺，植物園顯得更靜，更美。

「[redacted]，時間不早了。我們回去吧？」問之握着她的手臂溫情地說。

瑞蘭不響，她靜靜地靠着椰子樹，靜靜地仰立着，靜靜地凝視問之，她心裡有一種愛的渴求。

「之菁——」她溫柔地輕輕地低喚着，她的眼淚慢慢地往下流。問之俯下頭來深深地吻着她，無限的愛意，無限的含蓄……

閒之走後瑞蘭心裡很空虛寂寞，她以閒之的照片和詩稿來塡補心靈的空虛，解除這種無可奈何的寂寞。她很少說話，她顯得更加沉靜端莊了。

野梧開始爲他的工作問題焦心，他沒有在臺灣時那種吃了飯三不管的輕鬆勁兒，更沒有下下棋打打骨牌的雅興。現在他有一種責任感，他必須和閒天志平合力爭取生存，當前的第一個問題是怎樣活下去？閒天志平天天出去借錢，他們三人成天爲生活而奔走，吃過早飯之後就一同出去，直到下午四五點鐘才拖着疲倦的步子回來，中午餓了就買點香蕉充飢，這是臺灣最廉價的東西，最平民化的點心。志平還考慮到萬一沒有飯吃時香蕉皮是否也有養分？在他看來比樹皮草根總要強多了。閒天心裡也有這種想法，不過他不講出來，他怕野梧心裡不安。在沒有到山窮水盡時他總要盡最後的努力來維持大家的生活，他心裡比任何人都着急，但在表面上還是裝出很愉快的樣子，還勸志平野梧不要發愁。現在他們正像一隻驚濤駭浪中的破船，閒天就是這隻船上的舵手，忍耐，鎭定，堅持，是他的三種法寶，他願意用各種方法來渡過這個難關，就是自己多吃一點苦頭也心甘情願。

他們在外面奔走當然不一定就能借着錢，這年頭借錢眞是一件最困難的事，他們十次總有九次碰壁。但他們在外面奔走也不是完全沒有收穫，間或也可以碰見幾個熟人，野梧這幾天來就碰見好幾位湖南同鄉，他們都是軍公人員，經濟方面自然不能有多大的幫助，但都答應替野梧介紹工作。湖南人是熱情的，講義氣的，他們的關切倒給野梧心理上不少安慰。

問之走後沒有信來大家都很關心，問之爲什麼不來信？他們作着各種不同的推測。聞天他們猜想他初到生活不大安定，沒有心情寫信，瑞蘭的想法却不相同，她生怕問之生病，又怕他在路上出了事情，她對於問之的健康和安全比什麼都關心。這兩種猜測只有聞天他們猜對了一半，他初到時生活的確不安定，軍營生活自然沒有家庭生活那樣方便輕鬆，問之脫離部隊已經好幾個月了，再過這種緊張而簡陋的生活似乎有點不大習慣，心理上多少有點不安。另外他到達之後老長官就要他搞參謀業務，成天擬訓練計劃和作戰計劃，他們這個部隊是一方面加緊訓練一方面隨時準備作戰的。士兵的素質很好，就是缺少作戰經驗，他們多半是流亡青年，有學生、有工人、商人、還有小公務員，他們都是受過共產黨的迫害的，士氣沒有問題，這部隊長特別注意的是各種火器的射擊訓練和戰鬥演習。問之是他們的老幹部，他一方面要擬訂和隨時修正各種計劃，同時又要陪他實地視察，從營連的攻防一直到個人的基本動作，他們都一點不肯放鬆，隨時發現缺點隨時記錄修正。另外這部隊長還有一番用意，他要問之先担任參謀工作是在使他瞭解全盤業務和部隊狀況。一到適當的時機還是要他帶兵的，這是他的人事政策。他是一個精力過人的將領，責任心又極强，問之來後就沒有一天清閒，常常弄到十二點以後才睡，天剛亮就起，實在沒有時間寫信。另外他還攷慮過野梧的工作問題，如果他向老長官力薦還有機會可以安插，不過他認爲野梧有家庭負担，他們這個部隊是一個作戰部隊，隨時奉到命令隨時就要開拔，打仗是危險的事，對於野梧的環境不太適合，萬一有什麼意外華芳帶着幾個孩子那怎麼辦？還有瑞蘭，他自己走了已經使她非常痛苦，如果野梧再離開一定會更痛苦，所以他一直遲疑不決，等他決定之後他才抽空寫了一封信來，一方面報告他自己的生活狀況，一方面勸野梧還是就近在臺北找工作，這樣可以兼顧家庭。他沒有給瑞蘭寫信，只寫了一首小詩給她。

戰爭使我飄進妳的心靈之窗
戰爭使我落到妳的身旁
邱彼得的金箭忽然在空中飄響
又同時射進妳和我的胸膛

我們像一對[illegible]鴛鴦
我們有許多藍色的幻想
我們的翅膀也許還不夠堅强
但我們想望那藍色的天空和[illegible]藍色的海洋

妳的深情使我永遠難忘
妳的眸[illegible]永遠在我心中閃亮
今天我們雖[illegible]分離[illegible]
[illegible]將來我們終會比翼翱翔

瑞蘭看見這首詩心裡愉快得多，她希望他們有比翼翶翔的一天，這日子愈快愈好，她把這首詩一讀再讀，不一會兒她已經能背誦出來，然後又恭整地抄在問之的那本詩稿簿上，她希望有一天能偷偷地把這本詩集出版，再突然地寄一本給問之，讓他意外地高興一番。

聞天他們知道問之情形也很放心，並替他高興，老長官既然如此愛護器重，今後一定可以作點事情，他們相信有鄭國忠這樣的長官和問之這樣的幹部，又有那樣良好的士兵，這個部隊一定是很能打的。他們對於這個部隊寄予很大的期望，他們對於問之有一種不可動搖的信心。

月軒出院了。她的病況好了十之八九，人也比從前胖多了，本來還應該再住兩個禮拜，但聞天志平實在再籌不出錢來，只好先行出院。主治醫師還特別叮囑志平，不要讓她再受刺激，這種神經系統的毛病是最怕一再刺激的。

她和小鳳華芳一見面就高興得直跳，她把她們緊緊地擁抱，很像好萊塢女明星的動作。然後她又回過頭來望望志平：

「志平，你看我像不像金飽慧兒？」

月軒是個電影迷，尤其喜歡金飽慧兒的歌舞片，今天她初出醫院也着意打扮了一番，過去她的身材面貌眞有點像金飽慧兒，小小的個子，大大的眼睛，一張愛笑的面孔，一張熱情的嘴。月軒過去是相當漂亮的，做學生時曾經迷亂過不少男性，她也常常以此自豪。可是經過這次瘋病之後，她胖了，身材再沒有過去那麼活潑窈窕，眼睛縱然還是大大的，瞳孔却有些呆滯，笑起來也沒過去那麼可愛，由於面部肌肉太多，使人有一種略微顯得臃腫的感覺。整個看起來，她已經失去過去的美麗。

「很像！很像。」志平連忙說。他和她結婚六七年，過去也被她的活潑美麗顚倒過。他對於她的外表和心理比任何人都清楚，現在她不但失去了往昔的活潑美麗，心理也還不太正常。他知道美麗是女人的生命，一個醜婦都希望別人稱讚她美，何况過去本來就美的女人？他爲了不使她發現自己失去了美麗，免得她再度傷心，[illegible]故意這樣附和她。

於是，她非常高興，她又過去和瑞蘭招呼。她一面握着瑞蘭的手，一面又問志平：

「志平，你看我和蕭小姐怎樣？」她被瑞蘭一種罕見的美麗所震懾，她心裡簡直有點妬忌。

這一下可把志平難倒了！他不知道怎樣說好？

月軒和瑞蘭是兩種典型的女性，月軒美麗，熱情，活潑，天眞；瑞蘭美麗，深刻，含蓄，沉靜。她除了外表上的美還有一種價值更高的靈魂美，性格美。如果以過去的月軒和現在的瑞蘭比較，在外表上也許各有千秋，但在風度，性格和修養方面來講，月軒自然差得很遠。以現在的月軒和瑞蘭比較，連外表也遜色多了！說她比不上瑞蘭嗎？又怕她難過，她本來就有點醋意的，說她比瑞蘭漂亮嗎？又怕得罪了瑞蘭，而她又實在沒有瑞蘭漂亮。所以志平只好抓抓後腦亮望着她笑笑。

野梧爲了解除志平的窘迫，和使月軒高興，隨口說了一句：

「那還是妳漂亮！」

於是月軒放下瑞蘭的手，望着野梧得意地笑着。

閒天覺得瑞蘭很像「撒克遜劫後傳英雄傳」裡的伊麗莎白•泰勒，那長長的黑髮，那白皙而秀麗的臉蛋，那對清澈的眸子，那苗條的身材，那高聳的乳房，處處顯出靈肉一致的和諧美來，同時他也知道瑞蘭這幾天因爲悶之的[illegible]心情不大愉快，他怕瑞蘭聽了哥々的話心裡又不高興，他連忙接着說：

「你們都漂亮，一個像金鮑慧兒，一個像伊麗莎白•泰勒。」

[illegible]野梧，志平，閒天三人都會心地笑笑。月軒自然更快樂了。

「眞倒楣，在那種鬼地方住了兩個多月，連一場電影都沒有看。」月軒有好幾個月沒有看電影了，最初得病的時候整天糊裡糊塗，根本不會想到那上面去，在醫院裡天天要打針，打一針就要昏睡幾個鐘頭，清醒的時候也很少，直到最近才會想到許多事情，想到要看電影。

「妳還想看電影？等會在電影院門口撿香蕉皮吃那才難為情。」志平想試探她還記不記得過去的事，故意開點玩笑。

「死人，你胡說，我才不會做那種丟人的事哩。」月軒瞪志平一眼然後又笑笑。

瑞蘭華芳聽了都好笑，志平知道她忘記了發瘋時的事也開心地笑了。

「我眞想去看場電影，今天是什麼片子？」月軒又問志平。

他們也有好久沒有看電影了，連野梧問之來後都沒有招待他們看過一次，平常又根本不注意電影廣告這幾天來又是天天奔走借錢，打聽工作的消息，那有閒情來注意這些事哩，月軒這一問沒有一個人能夠回答。

「讓我去看看報紙。」闊天一面說一面下樓去找報紙，志平也悄悄地跟了下去，他就心明天的菜錢，因為光是她一個人去看化錢自然有限，可是他不放心讓她一個人出去，如果他也陪着去，那野梧瑞蘭他們這些人也應該一道去。他們三男四女去看一場電影最少要化兩天菜錢，在目前的經濟狀況下說來實在有點浪費奢侈。所以他把這個意思輕輕地告訴闊天。

「我早就有這個意思，今天月軒回來正好，你陪月軒野梧他們一道去，我出去借錢，這兒看一場電影的錢還够。」闊天拍拍口袋向志平笑笑，志平也笑笑。

他們兩人的錢一向是不分開的，誰有用誰的，來臺灣以後大家吃住都在一塊自然更不分了，只要認為應該用誰也不會吝惜，誰也會去想辦法，闊天和志平曾經共過十年患難，他們的感情是超過一般同胞兄弟的。

昨天把報紙拿上樓之後大家都圍攏來看。電影廣告裡有文藝片「魂斷藍橋」，有神話片「魔氈」，有鬪劍片「新三劍客」，有歌舞片「海上璇宮」，這都是相當好的影片。

「我要看海上璇宮」。月軒看見「海上璇宮」是金鮑慧兒主演的她就高興得直跳，同時學着金鮑慧兒的輕盈舞步向志平旋轉過來。

「我舉手讚成。」野梧是喜歡輕鬆趣味的，他認爲看電影純粹是娛樂，何必去看文藝片子去傷那麼大的腦筋去注意情節的發展，故事的結構？武打劍俠片子自然很能刺激，可是自己的神經也不免有點緊張，只有歌舞片子最適合他的口味，聽聽歌，看看舞，嘻嘻哈哈，那多麼輕鬆愜意？

志平也很同意她看輕鬆的歌舞片子，讓她快活一下。昨天是要去借錢的，他沒有意見，華芳小鳳也要輕鬆一下，自然表示讚成。唯一想看文藝片的只有瑞蘭，但她不願意掃大家的興頭，她也沒有異議。

吃過晚飯之後，他們就一同進城。這時川端橋下游泳的人很多，都是年青人，有男的，也有女的，男的多半只穿一條三角褲，女的都穿了游泳衣，那紅紅綠綠的游泳背心非常引人注目，月軒看見也很羨慕，志平像保鏢一樣走一步跟一步，生怕她忽然發神經病從橋上跳下去。

月軒今天很高興，她覺得眼前的一切都是新鮮的，美麗的，醫院裡白色的墻壁，白色的被單，白色的用具，看久了實在單調。

「你看！外面多有意思？誰叫你把我關到那種鬼地方去？」月軒一面走一面瞪了志平一眼。

志平不作聲，只望着她愛憐地笑笑。

他們趕到臺灣大戲院門口時已經擺好了一條買票的長蛇陣，志平野梧馬上接了上去，月軒瑞蘭他們站在旁邊等着。

也許是生活太緊張沉悶了？大家都需要輕鬆，看這張片子的人特別多，而且多半是三十歲以下的年青人，小姐們又佔了一個很大的數目。不到幾分鐘志平野梧後面又拖着一條長長的尾巴，月軒看到這麼多的太太真像小孩子過新年一樣高興。自然，對於小姐太太們的服裝她也特別發生興趣，誰的式樣最新？誰的花色質料最好？她都津津地談論着。

「別人都穿得像花蝴蝶似的，只有我們倆個，穿這種蹩脚貨，像個土包子。」月軒是個嬌生慣養的人，未結婚以前的確過了一段非常美滿的物質生活，她愛吃什麼？穿什麼？她父親都會順着她的意思去買去做，而且她一直在都市生活，根本不知道鄉村的疾苦，她把樸素看成寒酸，不知道這是一種美德。瑞蘭華芳小鳳都穿得相當樸素，只有她一個人穿得時髦一點，但她還是有這種感覺。

志平聽了她的話不但不生氣，反而望着她抱歉地傻笑，因為月軒自從和他結婚之後，生活水準就日漸降低，享受自然說不到，志平是一個非常儉樸的人，又一直沒有幹過優差肥缺，他不是軍人，但十年來他就一直在軍事機關幹着文職工作，論待遇軍人是最低的，稍為自私一點的人都不願意過這種苦行僧的軍人生活。月軒既然嫁了這麼一個窮丈夫，無論志平怎樣愛她，也就無法使她滿足的，有時簡直連最低限度的生活都不能維持，這又怎能怪月軒不体諒他呢？

瑞蘭很瞭解軍人的痛苦，她很替志平同情和難受。

志平野梧終於挨到小窗口前，買到了六張樓下票。

電影院的鐵閘門已經拉開了，他們六個人排着進去。志平緊緊地牽着月軒，生怕別人擠了她，更怕她和別人吵架。

和內地電影院放映的秩序一樣，在正片上演之前還有一段廣告片，預告片，所不同的是廣告片都是似通不通的文句，什麼技術本位呀！「全体一同」呀！這種中日文法合壁的句子的確有點令人啼笑皆非。野梧想如果臺灣再被日本人佔領五十年，臺灣同胞可能完全忘掉本國的文字，在精神上也會完全接受日本的統治，這種滅亡才是眞正的滅亡，可怕的滅亡。臺灣三十歲以下的青年人在中日戰爭時就有不少人把自己的祖國看成敵國而效忠日本天皇，這是一種多麼慘痛的事實！

「什麼東西都可以丟掉，只有國家和文化不能丟掉。」野梧是一個大處不算小處打鑽的人，他也覺得這種事不能糊塗。

「海上璇宮」開映之後大家馬上輕鬆起來，那豪華絕代的大郵船眞不愧爲海上璇宮，金鮑慧兒高亢嘹喨甜潤的歌喉，天眞的笑靨，曼妙的舞姿，處處表現一種青春的活力和生之喜悅，這代表一個新興的國家的新興的文化，是物質文明與精神文明的最高結合，是物質生活和精神生活的最高表現。東方人由於物質生活的困苦很少能看見一張天眞的笑臉，美國的青年人固然笑口常開，老頭子也是天眞可愛的。所以問之常常說，東方人不適宜於演喜劇，他們早就養成了一種悲劇性格，中國人是這樣，日本人更是這樣，問之和野梧訂交，也就是歡喜他那份天眞，那份喜劇性格，他認爲這在中國人中是不多見的，他的朋友和同學中也只有他這一個活寶，尤其是他面部那種戲劇化的表情一看就令人發笑，即使他們的個性不同，他還是和他訂交，而且十年如一日，他覺得和他在一塊自己也會輕鬆起來。他希望中國人不要老是演悲劇，應該有一個新的轉機，這就是他所努力追求的。

野梧看見金鮑慧兒在銀幕的宮殿中滑來滑去，他就笑得合不攏嘴。月軒更是咯咯地笑個不停，彷彿母雞下蛋似的。瑞蘭則以鑒賞家的態度微微一笑。華芳小鳳自然地發笑。志平看見月軒非常快樂他也跟着快業地笑了。

這場電影看得大家都很愉快，瑞蘭覺得美中不足的是間之不在，那次他們在新世界看的是「武鸞重溫」，她不知道他們的夢什麼時候能重溫一次？植物園的別離之吻，也是他們的第一次吻，她還覺得餘溫在心，還是間之留給她的許多愉快的美麗的記憶之一，她永遠不會忘記。

走出電影院月軒又嚷口渴，她要吃冰淇淋，志平帶的錢實在不夠大家去一次冷飲店，只好望着她苦笑。

野梧瑞蘭他們知道他的苦衷，要他單獨陪月軒去，他們四個人先回去。

「我看月軒的病還沒有完全好。」華芳覺得以前的月軒沒有這樣任性，她雖然一向天眞熱情，但比現在多一點含蓄，多一點理性。

「這樣年青漂亮的人怎麼會得這種病？」瑞蘭也很惋惜。

「這都是人爲害的！」小鳳想起她被共產黨殺害的哥哥她就有點傷心，她的母親因爲那次親眼看見自己的兒子公審槍殺她受了很大的刺激，現在神經仍然有點失常，她一個人單獨坐着的時候還會喃喃地唸着：

「兒子，兒子，我的兒子……」

在共產黨的迫害下，中國女人的命運多半是這樣的。

話，現在他也忍不住這口氣了

「國家弄到這種地步我們都跟着遭殃，如果國家強盛我們當然也不是這個樣子。話說回來，不到這種地步我們也不知道國家與個人的關係是這麼重要，這是一個慘痛的教訓，我們應該記住這種教訓。」閒天是一個最能忍耐的人，生活把他折磨到這種地步，他還能平心靜氣。

「現在不是唱高調的時候，我們的生活怎麼辦呢？」志平的性情比較急躁，他知道米頂多還可以吃兩天，柴錢明天就要發生問題，這是最現實不過的事。

「不要急，慢慢想辦法。」閒天知道急也無用，只有冷靜地多想想，也許還會想出一點辦法？他始終有一個信心，他相信天不絕人這句話，他們從來沒有做過壞事，應該可以渡過難關，他自己也有幾次絕處逢生的經驗。

「舊債未還，再借免談。你還好意思去借嗎？」志平很清楚，只要他們認識的人他們都開口借過錢，有些答應三兩天歸還的拖了十多天還沒有歸還，他連上街的勇氣都沒有了，一碰見熟人他就會臉紅，怎麼好意思再去借呢？

「你不好意思讓我再去碰々看，萬一沒有辦法我還有一套衣服好賣。」閒天拿出他最後的「法寶」。

「你有什麼衣服好賣？」志平奇怪地問。他知道他從來就沒有一套值錢的衣服，一年四季都是穿公家發的粗布軍服，他身上的這套軍服屁股和膝蓋還是補了又補，志平不知道要他換過多少次，他始終不換，因此常常罵他。他瞭解這個社會不能過於寒酸相，愈是窮愈要裝得濶氣一點，否則熟人見了你都會車過頭去。他們裝濶自然不可能，但最低限度總不能穿了破衣服出去借錢，這對於借錢的效果是要大打折扣的。

「我不是還有一套卡其布的新黃軍服嗎？」閒天去年結婚時在上海做了一套卡其布的黃軍服，

第三八章

亂世難分人好壞

世態炎涼家貧飢

閒天志平的薪餉一直沒有領到，他們彷彿變成了無人過問的棄兒，有工作等於無工作。生活是一天天困難了，借也到了無可再借的地步，在萬不得已的情況下，閒天的母親到一個上海商人家裡作傭工去了。閒天也攷慮過讓他岳父岳母去做點小生意，但一直湊不起一點本錢，如果能夠買一架刨冰機，或是一架小販用的手推車，最少也可以抵得上他們兩三個人的工作收入，對於他們的生活當然大有幫助，可是就缺少這點本錢，這相當於他們一個月的生活費，他們眞是過一天換一天，實在沒有一點餘款，好在房租先押繳了幾個月，不然吃住都成問題。即使如此，臺灣房東還不滿意他們多住了人，不時還要聽閒言閒語。本來臺灣老百姓對於日本皇軍是敬之如神畏之如虎的，一看「中國」的軍人窮苦得這個樣子，沒有一點統治者的神氣威風，他們也就輕視起來。而大陸上的地方還在一塊一塊地丟，政府的威望也快降到〇度，他們都完全看在眼裡，記在心裡。作一個亡國的人民是痛苦的，作一個亡國的軍人更是痛苦，現在大陸還有一點殘山剩水，而他們已深深感到亡國之痛。誰也瞧不起他們，誰也不同情他們，時局弄到今天這種地步，他們在良心上沒有一點歉疚，但他們是「中國」人，是中國的軍人，臺灣老百姓可不分誰是好人，誰是壞人？他們都一律看待，他們對於祖國的情形實在太隔閡了。

「共產黨把我們當作仇寇，臺灣人又這樣瞧我們不起，如果我們眞是豪門貴族，或者貪污了一筆，那也心甘。現在窮得連飯都沒有得吃，還要受這種冤枉氣，這筆帳眞不知道怎樣算起？」志平平常不大愛講新婚的那幾天穿過一下，以後就沒有再上身，他還怕志平忘記了他有這套大禮服哩。

「我以為是什麼了不起的貨色？原來是你那套大禮服！」志平聽了都有點好笑。

「怎能值幾個錢！」聞天還很有自信。

「最多能維持兩天生活，還不知道有沒有人要？」志平知道這種料子在臺北不值錢，軍服更少人要，因為軍人都窮，老百姓根本不要這種東西。抗戰勝利時軍服確曾吃香一時，商人也要假借一點什麼名義做套軍服穿穿，現在的軍服則和軍人一樣地倒楣，有些軍人還恨不得把牠脫下，老百姓更把軍服看成瘟神似的生怕惹禍上身，這種貨色的主顧之少是可以想見的了。如果有誰買那就是喜出望外的。

「能維持兩天也是好的。」

「你自己不穿嗎？」志平知道他只有這套軍服是好的。

「我有這套軍服就行。」聞天指着身上的破軍服向他笑笑。

「我也有一套，那我們都拿去賣好了。」

於是，他們悄悄地把軍服拿出來，生怕小鳳月軒知道，女人到底小氣一點，自己的東西總是自己的。同時也怕野梧他們知道心裡不安，所以做得很機密，把報紙包好之後再往舊手提皮包裡一夾，這樣又可以瞞過房東的眼睛，以為他們是出去辦公，決不會想到他們是出去賣衣服的。

志平覺得他們自己去賣總有點不大好，因為他們穿的都是軍服，肩上還戴着一朵梅花，丟自己的面子還在其次，丟國家的面子總不大好，所以他建議請他岳父去賣，他們站遠一點照顧，如果萬一憲兵干涉他們就自己出馬，大家都是軍人，只有軍人才瞭解軍人的苦痛，或許可以原諒同情他們。

聞天覺得這個意見很好，他又悄悄地和岳父唧噥了一陣，於是他們三人一道出去了。

西門町中華路一帶有很多新興的攤棚，這都是內地來的難民蓋的，除了小吃店之外，最多的就是舊衣攤販，擺地攤的都是內地人，絕大多數又是聞天岳父的山東老鄉。

走到目的地之後聞天的岳父把報紙往地上一鋪，把兩套軍服整齊地攤開來，聞天和志平遠遠地站開，他岳父很快地就和左右隔壁的山東老鄉攀談起來，當然大家都有一番感慨。

沒有多久就有幾個軍人走過去看看，但看了半天又空着手走了，這兩套軍服的叫價雖不高，但他們還是買不起，聞天和志平看看都很失望，他們眞耽心賣不出去。以後陸續來看的軍人還是不少，但沒有一次成交。

最後有兩個校級軍官走了過去，看了半天，談了半天，不知怎樣的竟和聞天的岳父吵了起來，聞天志平馬上趕了過去，裝做外人樣地打聽一番，原來是為了一塊錢的差額，於是聞天示意岳父賣掉，兩套衣服一共只賣了二十四塊新台幣，他們還高興得了不得哩。

聞天怕瑞蘭華芳她們坐在家裡寂寞，還買了一份晚報回去，他以為她們都是知識女性，嫁了他們這些當兵的窮丈夫，得不到一點安慰，是值得同情的。華芳、月軒、小鳳已經結過婚那還不說，瑞蘭明知道聞之和他們一樣苦，又幹着槍林彈雨中的工作，還是這麼愛他，這實在值得尊敬，憑她的學識姿色她是不愁嫁不到一個有錢的大亨和達官顯貴的，多少大學畢業的女生一出學校就嫁一個俗不可耐，年齡又大她一大把，但却有錢有勢的人，也許還是作姨太太，這為什麼？就是不願意過華芳、月軒、小鳳她們這樣窮苦的生活。而瑞蘭這樣一往情深地愛聞之，這種遙遠的愛還不知道那一天才有結局？而她的年齡又不算小，在一個女孩子來說，青春就是財富，她能坐着讓自己的財富一天天喪失，而專心等待與一個窮軍人聞之的結合這眞是一種犧牲，因此他們認為瑞蘭確是一個不平凡的女性。聞之自然也具備了他的優越條件，但一當軍人這些優越條件就無形地喪失了。如果他能改業，那無疑地他的生活會大大地好轉，那他們就是最幸福的一對了。問之爲了愛國而受苦，瑞蘭又爲了愛問之而受苦，這種至高的愛的連環，現在還不知道是一個悲劇還是喜劇？聞天志平都爲他們躭心起來。

他們一上樓野梧就很高興地報告他們一個好消息，他說問之又來了信，還滙來了一個月的薪餉來，而且他已經調任營長了。

「現在我們正加緊訓練，隨時準備作戰，我到鳳山已經一個多月了，在這兒我看到一種新生氣象，部隊的訓練好，士氣也在向好的方面轉變。我們這個部隊成立雖不太久，但我沉靜地觀察，我認爲這個部隊可以打，因爲牠具備了兩個條件：一是官長多半是久經戰陣的好幹部，大家都希望復仇雪恥，二是士兵多半是魯南蘇北人，受過共產黨的迫害，士氣很高，願意和八路拚命……

最後我請求你們多多照顧瑞蘭，她對我如此深情常使我內心不安。………

「問之有信給瑞蘭沒有？」聞天走馬觀花地看完問之這封信之後關心地問。

「問之不會忘記她的。」野梧愉快地笑笑。

「這樣我們又可以多活十天了。」志平拿着滙票在房間裡轉着，笑着……

第二九章

戰事一天天失利，壞消息不斷傳來，程潛陳明仁也叛變了。

聞天和志平非常奇怪，以程潛這麼高的地位和政府這麼深的關係，無論怎樣也不該叛變，陳明仁是四平街的英雄，怎麼好投降自己的敵人呢？如果一般高級將領都這麼幹那叫中下級軍官和士兵怎麼打仗呢？又怎麼能叫老百姓支持這場戰爭呢？

「這真豈有此理！他們有的是金錢，有的是地位，為什麼要投降呢？難道毛澤東還會把自己的位子讓給他們嗎？」志平很憤慨。

「就是要替他們辯護也找不出理由。」聞天却很平靜。

「難怪那次長沙學生大遊行之哥說可惜他們被人利用了。原來程老頭還有這一套？」瑞蘭現在完全明白了那次學生大遊行的意義。

「今天這種情勢我和問之早就預料到了，如果走遲一步還不是被他們『解放』了。」

野梧接着把當時長沙的政治暗流，以及程家長生活的腐化墮落向聞天志平講了一點，最後他還作了這樣的結論：

「你們想想，那麼一大把年紀的人，白天起碼要來八圈，晚上還要睡個十幾歲的姨太太，就是今天不叛變，對國家又有什麼益處？」

「政府壞就壞在這班混蛋手裡，我們到臺灣來吃這種苦頭也是這班混蛋的恩賜。」志平想想實在好氣，他們平日高官厚爵，開口國家，閉口民族地教訓年青人，一到危急關頭他們就把國家民族和年青人廿坆廉價出賣了。世界上還有比這更混蛋的事嗎？

「這些傢伙都是好話講盡，壞事做完。我就看不慣他們一臉孔道學氣官僚氣。」野梧也彷彿受了委屈似的。

「我看他們也快完了，現在我們應該好好地幹，我們不要像他們一輩子就想作大官，只要盡了我們的責任我們就回家作老百姓。誰高興作官就讓誰去作，只要他搞得好。」聞天的思想在這方面和問之常相吻合。他有責任感，但決不爭權奪利。他守得住窮，耐得住寂寞，作任何事都只求其心安，不計較報酬，這是他個性方面十大特點。

「之哥也這樣說，我也不希望他作什麼將軍。將來打回家之後我們安份守己地作老百姓。他如果專心從事文藝創作，實在比他在軍隊更有前途。他現在這種工作對他個人簡直是一種損失，一種犧牲。」瑞蘭很同意聞天的看法。她對問之的個性和優點摸得很淸楚。她認為他在文學方面的天才比那一方面都高。她心裡實在很惋惜他幹這種工作。如果不是為了國家而為了作官她是一定要反對的。

「妳的看法很對，問之很可以做事，却不適宜於做官。當然，他搞文藝又比搞什麼都強。如果遲十年來他不是老就在部隊裡，早就是大名鼎鼎的詩人作家了。」聞天在軍校時和問之都是隊刊的編委、檢討的作者，他很瞭解問之的文學天才。

「這對問之的日後創作也許很有好處，他將來也許能寫出比西線無戰事還更好的作品，最少他的戰爭經驗是够的，中國還缺少眞正有戰爭經驗的作家，我認為這倒是問之得天獨厚的地方。」野梧對任何事都有一種樂天的看法，他雖然沒有作品，但他的文學知識是夠的。

「可是這種工作對他個人生命實在太危險。」瑞蘭憂慮地說。

「妳放心！問之是吉人天相，任何危險的事他都能平安度過，在別人也許一下就要送命，在他頂多是受點傷。」野梧又拿出他的星相學的觀點來解釋，最大的用意自然是安慰瑞蘭。

「這倒有點奇怪？問之參加過許多激烈的戰爭，也負過傷，但每次都無大碍，有很多人一上戰場就報銷了，這眞有點奇怪。」瑞大覺得命運眞是一個不可捉摸的東西，和他們同隊的許多同學現在剩下來的眞不多，和問之一同下部隊見習的十個人現在就只剩他一個，其他的是陣亡的陣亡，失蹤的失蹤，這眞有點不解。

「命運這東西雖然不可捉摸，但有一個不變的常理，俗話說種瓜得瓜，種豆得豆，這種因果律是顛撲不破的。打仗就是這麼一回事，平時多流汗，戰時少流血。怕死的偏死，不怕死的偏不死。這完全是一種心理作用。以必死之心作戰，他一定非常鎮定，打仗最要緊的就是鎮定，要有泰山崩於前而色不變的精神。問之對任何事都是先作準備，決不存僥倖心理，不關他的事他決不過問，是他的事他決不推諉，同時他又能取得人和，對於朋友，裥事，部下決不刻薄，處處待人以誠，存心忠厚，這是他打不死的最大原因。再說他的戰爭經驗很豐富，一個老兵只要聽見子彈的聲音他就可以判斷牠的類型，方位和距離，然後他會機警地應付。問之的戰場經驗足够，又具有詩人的細密的頭腦和豐富的想像力，所以他在戰場上要比別人佔優勢，說穿了一點不奇怪，一點不迷信。」野梧滔滔地說了一大篇，他有他的道理。

「野哥，你這樣說之哥是沒有危險的了？」瑞蘭還不放心，又追問一句。

「放心，放心，哥哥替你保險。」野梧拍拍胸脯。

志平聞天聽了都好笑，瑞蘭也赧然一笑。

「唉！不知道媽媽和桐弟現在怎樣了？」野梧高談濶論了半天，現在忽然想起媽媽和弟弟來，長沙「和平」之後他們究竟怎樣呢？野桐又一直沒有信來。

「誰知道呢？隔山隔海還隔着~~共產黨~~，又不能馬上回去看看。」瑞蘭又憂鬱起來。

第四〇章　重執教鞭心情好　初應痛人幻想多

野梧由於湖南同鄉的介紹，在保安機關找到一個少校科員的工作，這比他過去的中校主任地位自然要低，而且他又是一個有領導才能的人，自然是委屈一點。可是來到臺灣的人又有那一個不受委屈？多少省主席兵團司令還沒有工作好幹，簡任級的處長和行政督察專員當委任十六級的事務員，上校團長在中華路賣燒餅油條，大學生踏三輪車，這那又不委屈？今天要想打倒敵人，就首先要打倒自己的優越感和士大夫觀念，自己心裡的敵人不打倒，就別想打倒面前的強敵。野梧想到這裡也就心安理得多了。

野梧是很有點活動能力和領袖天才的，他隨便到什麼地方都能吃得開，不到十天半月就玩起龍頭來。在他自己的工作找到不久之後，他又替瑞蘭找到一個小學教員的位置。這樣瑞蘭自然高興萬分，間之找到了他的本位工作，她也找到了她的本位工作，他們的初步理想已經實現，以後她也可以站在自己的崗位上來教育下一代了。這樣一個重要的消息她自然不會瞞着問之，在野梧把學校的聘書交給她之後她就連忙跑到房裡去寫信了。

「現在我很興奮，我真不知道怎樣說好？……」她一面流着淚，一面開始寫。是的，她太興奮了，她非常喜愛這個工作，她喜歡孩子們的天真，喜歡孩子們叫她一聲：「蕭老師早！蕭老師好！」這聲音像鴿鈴一樣響過早晨的寧靜的天空，是那麼好聽，是那麼悅耳，是那麼天真。她彷彿看見孩子們低着小腦袋向她鞠躬，彷彿看見孩子們蘋果似的小臉上露着天真的笑容，彷彿看見孩子們嘴巴一撇就想哭的樣子。她太喜愛孩子，她覺得孩子們哭也好，笑也好，打架也好，都是天眞可愛的，他們是世界上最純潔的生物，他們的小心靈裡一塵不染，他們心裡想做什麼事嘴巴馬上說出來，甚至爸爸和媽媽的私事他們也曾和同學講，和老師講。

「媽媽不帶我睡，帶爸爸睡。」

她還記得她初次向一個一年級的女生探問家庭狀況時，她嘟起嘴巴天眞地說，她當時眞羞紅了臉，又想笑又不好笑，現在想起來還覺得頂有意思。上學期因爲問之的關係和那些天眞活潑的小天使們分別了半年，她眞是時常想念。現在又能在臺灣和小天使們接近，她心裡眞有說不出的興奮和喜悅。孩子們不管是那個國家那個種族的都是同樣的可愛，何況臺灣的孩子和內地的孩子們是同一個血統，同一個文化，同一個風俗習慣，同一個國家？所不同的就是方言，這是任何國家都難避免的，尤其是中國這麼一個大國。

我要好好地教育下一代，教他們愛國家，愛民族，愛自己的父母兄弟姊妹，愛朋友，愛親戚，愛鄰舍，愛整個的人類。教他們作一個好人，一個有用的人，免得下一代的許多人再受少數人的禍害，像我們這一代這樣。

她這樣結束了她的信。

聞天志平他們自然也很高興，現在大家都有了工作，無論待遇怎樣低，總算有一個固定的收入，就是向朋友借錢也好開口一點。同時還有一個更大的志業，就是大家都有機會貢獻自己的力量，無論這力量是怎樣微小？千個萬個微小結合起來不就變成偉大嗎？江河是一條條細流滙合起來的，海洋是一條條江河滙合起來的。個人的力量固然微小，衆人的力量就很偉大了。螢火虫的光亮不是很微弱嗎？但牠決不抹煞自己的本能，有一份熱就發一份光，仲夏夜不是因爲牠們的閃亮而更美麗嗎？夜行人不是因爲牠們的閃亮而認清道路嗎？他們爲什麼不應該這樣呢？這正是他們來臺灣的用意呀。

月軒看見瑞蘭找着了工作，她好像有點羡慕，又有點妬忌似的，也嚷着要志平替她找工作。她想，瑞蘭能找到工作她爲什麼不能找到工作呢？她又不比我漂亮哪！坐在家裡多無聊啊！沒有錢看電影，沒有錢做衣服穿，沒有錢吃零嘴，這多受罪啊！以前在大陸時志平還常買點零食給她吃，到臺灣來後連零食也不買了，這多該死呀？假使自己有工作，有收入，不是愛什麼就可以買什麼嗎？何必看着別人吃東西自己流口涎呢？

「我也要找工作，我不能老看着別人吃，看着別人穿，眞倒楣！連看電影的錢都沒有。」月軒責怪地望着志平說。

「妳找什麼工作好呢？」月軒雖然也唸過高中，可是根本沒有做過事，這幾年來連老本都還給先生了，何況現在還有點瘋瘋顛顛的？志平很清楚她，在臺北這種社會她能作什麼呢？

「小學教員，電台播音員。」月軒以爲自己唸過高中小學生總能敎，小時在北平又住了好幾年，國語講得也不壞呀！她心想這兩樣工作我總能幹哪！

「做事哪有那麼簡單？妳坐在家裡不好嗎？」志平知道現在做事沒有一點眞本領很難站住脚，臺灣地方這麼小，人才這麼多，像月軒這種人眞是瞎子碰見鬼一大堆嘛。

「死人，做別的事不行做下女總可以呀！」月軒毫不攷慮地說。她現在說話就很少攷慮過。

「啥呀，下女？還是讓我作妳的下女吧！」志平覺得好笑，她連飯都弄不熟，一點家事都不會做，甚至內衣內褲都要他來收檢，她還要想作下女哩！

志平一向是愛護月軒的，現在自然更加愛護了，在她沒有完全恢復健康之前生活再苦也不能讓她出去工作的。

不過月軒就在家裡也不大好，她要吃零嘴，沒有錢就到小舖子去賒，不管別人賣不賣賬？同時她在家裡還會想孩子，她一看見華芳的孩子就會想起自己的孩子，共產黨殺了她的父親，她又怕共產黨會殺她的女兒。她是那麼白白胖胖的，大大的眼睛和她一模一樣，她臨走時還張開嘴巴向她天真地笑的，她的小心靈裡也許以爲媽媽是出去買東西給她吃哩？她怎麼會想到母親會走得這麼遠？會因為她和外祖父而發瘋？

「玲玲現在恐怕也會走了？」月軒一看見華芳那個剛學走路的孩子她心裡就會這樣想。一靜下來她心裡也會這樣想，正像小鳳的媽獨個兒時會唸着：「兒子，兒子，我的兒子」一樣。一個已經結了婚的女人兒女和丈夫就是她整個的世界，月軒自然也不能例外，不過她現在只有半個世界了，所以她在看見瑞蘭找着工作之後她也會衝動地想去工作，她毫不攷慮自己有沒有工作的能力，對於某種工作是否適宜，她想到什麼就講什麼？這是她病後與病前不同的地方。

瑞蘭、華芳、小鳳她們看見月軒天眞得近乎幼稚的言語和舉動有時也不免好笑，但心裡還是非常同情她的，她們想，假使她是生在太平盛世，假如沒有小女兒的生離和父親的慘死，她決不會變成這個樣子。那她一定是一朵非常嬌艷的花朵，一隻愛飛愛唱的雲雀，她的世界必然是一個快樂無比的世界，她的眼裡看見的必然是綠色，藍色和紅色，她的心情必然像小夜曲一樣地輕鬆，歡樂，和諧，沒有煩躁，沒有痛苦，沒有愛情……

野梧聽了他們自然也很同情她，他們對於同一個時代的女性很瞭解，他們是同一個命運，男人的不幸就是女人的不幸，女人的不幸也就是男人的不幸。不過他們用與向着同一的命運抗爭的是兩種不同的方法，男人儘痛的流血，女人屈辱地流淚，男人會殺人，自然也會被人屠殺。女人也只有兩條路：忍辱含垢，發瘋和自殺。月軒是一個例子，關夫的母親又是一個例子。

男人不斷地死於戰爭
女人如紅粉之淪落飄零

這是聞之的一首長詩的兩句，也是他對於他們這一代男女命運的詠歎。

「不要急，將來打回大陸之後，我們每一個人都有工作，用不着找。」野梧又有他樂天的看法。

「那時我才不幹下女咧！」月軒果然快活起來，彷彿回大陸後她有好大的辦法似的。

「月軒，妳不幹下女我選舉妳當大總統好了。」志平故意逗她。

「不當第一也要當第二，誰像你這個死人，一點沒出息。」她得意地望着志平笑笑。她覺得志平幹了十年，既沒有發財，又沒有升官，死板板地做事，一點不知道變通，真是一個活死人，一點沒出息。

志平望着她笑笑，大家也望着她好笑。

野梧瑞蘭他們知道她是一個病人，也知道她在做夢，但沒有誰願意揭穿她的夢。如果夢也能安慰一個神經病患者的[illegible]，那這眞是毋須代價的良藥，正好讓她去做，讓她忘記現實的痛苦。他們比她好的是自己很清醒，比她壞的也是自己太清醒，如果在清醒中能帶幾分糊塗，那也許是個人的最大幸福。

「我倒願意當第九第十。」志平又忽然說出這句話，他是一個守己安份的人，他沒有領袖慾，他只知道脚踏實地地做事，不投機，不取巧，不倖進，事情做好了他心裡就非常高興，事情沒有做好他就翻來覆去睡不着覺，他從來沒有想到和別人爭第一、第二。

「大家都爭第一、第二正是社會紊亂國家不安定的原因，我們今天需要的就是第九第十，大家都肯這樣做，社會才能安定，國家才能強盛，將來打回大陸之後才不會再有政治糾紛。」聞天還記得過去在大陸競選時動刀動槍的醜劇，如果大家都不拚命往上擠往上爬就不會有這種事了。

「你們兩人和問之定文都能這樣做，就是我有點不安份。」野梧很有自知之明，他不甘寂寞，不甘久居人下，他喜歡玩龍頭，不願意作別人的尾巴。他常常這樣想：「別人幹得我爲什麽不能幹呢？」

聞天和志平都望着他笑笑，瑞蘭却善意地規勸他：

「哥哥，你爲什麽不學學之哥，定哥和許先生祝先生呢？爬得那麽高又有什麽意思？人生不過短短幾十年，做點實在的事情不是更好嗎？」

「蘭妹子，妳要知道哥哥現在也是第九第十呀？」野梧望着瑞蘭[illegible]地笑笑。

於是瑞蘭、聞天、志平也愉快地笑笑。

第四一章

一九四九年，[redacted]十月一日，中華人民共和國在北京成立了。青天白日旗不准掛用了，代替牠的是五星旗。「義勇軍進行曲」已被[redacted]定為「國歌」了。牆壁上掛着的也是「革命導師」史太林和「人民政府主席」毛澤東的照片了。這真是一個不小的變動，外國人的照片竟和自己祖宗的牌位佔着同等重要的地位，這是中國幾千年來沒有見過的。

另一方面大陸西南軍事失利的消息又繼續不斷地傳到臺灣來。宋希濂兵團沿着川湘路一直向後退，湘西丟了，川東的酉陽黔江也丟了，他們沒有打，他們在一個地方一個地方地退，向後方後，向重慶退。在福建方面的[redacted]軍也一直在退，退過了仙霞嶺，退過了南平……他們也沒有打，他們也在一個地方一個地方地退，向後退，向臺灣海峽退。福州丟了，廈門也丟了。這兩個地方的陷落，比大陸任何重要城市的陷落更使臺灣人心震動，像[redacted]級地震一樣地震撼每一個人的神經，共產黨的赤色矛頭已經直指臺灣了，世界上有那一個人對於自己的安全不關心呢？

伴隨着軍事攻勢而來的是可怕的宣傳攻勢，陳毅的部隊雖然還沒有渡過臺灣海峽，「血洗臺灣」的宣傳[redacted]已傳遍臺北市，像長了翅膀似的到處飛動，到處流傳，從大陸來的人沒有一個不膽戰心驚，有錢的人固然列為高等白華，逃不過清算鬥爭，中華路一帶的棚戶也夠[redacted]戰犯的資格，誰叫他們要來臺灣呢？這不是「反革命」的鐵證嗎？

有錢的人有些已經辦好出國護照了，有些正在趕辦中，他們生怕共產黨在一夜之間渡過臺灣海峽，他們準備到澳洲去，到北美去，到南美去。有三五萬台幣的也準備離開臺灣，他們自然不能到新大陸去，不能到地曠人稀的澳洲去，但他們可以退而求其次，到菲律賓去，到香港澳門去，到沒有青天白日旗飄揚的地方去，彷彿那樣他們就可以安全無事，就可以斷絕與國民政府的任何關係，就可以洗清「戰犯」、「國特」、「豪門」的罪名。有些人甚至打算偷偷地溜回大陸去，向「人民政府」效忠，希望免挨一刀。

聞天他們自然也很着急，萬一共產黨打來臺灣是否守得住？誰也不知道。他們看見有錢的人不作任何反抗的打算，反而紛紛離開臺灣，他們簡直傷心透了。

「想不到有錢的人反而不打共產黨，都一個個開溜，倒輪着我們這些窮光蛋和共產黨拚命了。」志平有點不平，也有點感傷。

「有錢的人最怕死，共產黨一來大頭手槍都會嚇得他們舉起手來。我們沒有錢，什麼都不怕，我們心裡反而篤定。」聞天平靜地笑笑。

「要是共產黨來了，我們也應該想個辦法。」野梧知道最近的情形很壞，海邊常常發現無主的船隻，還可能是共產黨的第五縱隊，棄船潛入山地，準備將來作內應的。

「唯一的辦法只有拚，拚不過就逃進阿里山打游擊，怎樣也不能跳海，我相信共產黨最後一定失敗。」聞天仍然沒有失掉信心。

瑞蘭自然恐懼得很，要是在家鄉還可以隱藏隱藏，在臺灣語言不通，到處是死路，她是女人，她知道如果共產黨來了那會加給她們怎樣的侮辱和痛苦，她想到自己還沒有結婚，想到問之這些時又沒有來信，眞是焦灼萬分。如果問之在她身邊她的胆子就會壯些，她相信問之能够保護她，像那次在山上遇着豹子一樣，他終於把牠打死。不然就是和閒之死在一塊她也是心安的。

但當時時局的發展並沒有完全令人絕望。金門大捷的消息緊接著各地淪陷的消息傳來，共產黨十萬多人全軍覆沒了。當這個消息突然在報上刊出時大家都瘋狂了，他們簡直有點不相信自己的眼睛。不相信這是國軍幹的事情。這是十來次徹底的勝利，這個勝利怎麼會是到處打敗仗的國軍造成的呢？但當他們看到一列車一列車的俘虜從基隆經過臺北站南開時，有些人竟不自覺地流淚了。

在金門大捷臺北狂歡慶祝的高潮中，瑞蘭忽然接到閒之的書信，他寫得很潦草很簡單：

蘭：

我在古寧頭受傷了。雖然流了很多血，但我總算出了這口氣。有空請到陸海空軍總醫院第四病舍第二號病房一談，我的傷不在要害，請放心。

閒之

瑞蘭接到這封信時正在上課，她忍不住眼淚直流，她馬上向教務主任請了兩個鐘點的假，匆匆忙忙地跑出來，她一面走一面揩著眼淚。經過一個花店時她又匆匆忙忙地買了一束玫瑰，她恨不得馬上看到閒之，她喊了一部三輪車，急忙跳上去，又催促車伕快點踏。她不知道閒之傷在什麼地方？流了多少血？將來會不會成殘廢？她不禁問自己。她覺得比自己受傷還難過。這一向她沒有接著閒之的來信就非常耽心，想不到他竟參加了[illegible]金門之戰？事前又為什麼不寫信告訴她呢？

她想着想着，三輪車忽然停住了，她連忙付過錢，又擦擦眼淚，[illegible]一直往第四病舍跑，醫院裡的傷兵很多，她看見他們斷手斷脚頭部包紮得那種怕人的樣子，聽見他們痛苦的呻吟聲，她的心簡直要碎，她不知道問之是不是這樣？

她走到第二號病房門口，看見問之靜靜地躺在白色的床[illegible]上用白色的被單蓋着。問之看見她來了向她點頭微笑，她馬上跑過去抱着問之的[illegible]，她的眼淚像溫泉一樣地湧着，[illegible]流在白色的枕套上，流在問之的臉上。她不怕人看見，她完全沒有考慮這一點。

這是一個單人小病房，是老長官鄭國忠向醫院交涉的，他為了感謝他作戰的英勇和使他能靜靜地療養，早天復原[illegible]，才要到這麼一個小病房，除了護士小姐按鐘點進來之外就很少有人來擾亂他了。

「[illegible]不要這麼激動，我會好的。」問之輕輕地撫摩着她那烏黑的柔軟的頭髮，輕輕地在她臉上一吻。他是受過[illegible]傷的[illegible]，他覺得這[illegible]沒有什麼了不起，當[illegible]軍人[illegible]，這是最平常的事，而他這的傷[illegible]在大腿，是步槍子彈打的，雖然打穿了一個洞，骨頭並沒有什麼大損傷，自然會慢慢好起來[illegible]。

「[illegible]你到底傷在那裡？」瑞蘭看不出他的頭部和兩手有傷，她生怕傷在要害的地方。

問之向她指指右腿，瑞蘭輕輕地揭開被單，她只能看見一大塊紗布藥棉緊緊地纏在大腿上，[illegible]看不到傷口，因為剛剛換過藥包紮過。

「痛不痛？」她用手輕輕地在紗布上撫摩。

「不換藥倒不大痛。」換藥是相當痛苦的，先要用鉗子夾住藥棉用藥水在受傷的洞裡擦洗乾淨，然後又塞滿紗布條子，防止發炎，在皺肉上擦洗和塞紗布條子時那種痛苦真不好受，平常倒還好。

「你怎麼會受傷呢？你部下還有那麼多人？」瑞蘭把閒之床頭邊一尺五寸寬，兩尺長的小桌上那個小花瓶裡的那束憔了的薔薇取出來，輕輕地丟到窗子外邊去，然後又把她帶來的這束鮮紅的玫瑰插進去。她不知道打仗是怎麼一回事，她以為他部下有三四百人，打仗時官長總在後面，受傷的機會自然比較少，他又怎麼會受傷呢？

「打仗是大家的事，部下打我也得打。」閒之望着瑞蘭笑笑。

「你是指揮官，你不可以躲在後面一點？」

閒之覺得好笑，他体會到愛情多少還是有點自私的，即使像瑞蘭這樣的女性，她也不願意犧牲自己的愛人。

「躲在後面固然可以，但要打勝仗就必須自己上前，這樣部下才肯拚命。」

閒之不是一個光憑血氣之勇的人，他知道一個指揮三四百人作戰的營長所處的地位，他認為在某種重要關鍵時只有自己上前才能完全扭轉一個僵持危險的局面，他知道金門不能再丟，這一丟臺灣已經動搖的人心可能完全瓦解，他既然奉命來參加這場戰爭，就必須拚命，只有拚命才能戰勝敵人，才能挫折敵人的兇燄，他是抱着必死之心來打這一仗的，他怎麼能躲在後面呢？所以在成千的人躲在古寧頭老百姓房屋裡頭抗着僵持不下時他就叫副營長殿後指揮，自己率領兩連官兵向前衝鋒，準備以手榴彈來消滅房子裡的敵人。古寧頭的房屋都是石頭砌的，堅固得很，步槍子彈打不進，假如有火燄噴射器就很容易消滅房子裡的敵人，但是他們沒有，他們只好用手榴彈了。當他們一陣陣如雨的手榴彈投擲過去時就再聽不見房屋裡的槍聲，本來他們這一營正面的敵人還不到一連人，但他們就據着那堅固的建築使他們久攻不下，顯然地，敵人的頑抗是在爭取時間，等待增援的，他們必須在天黑以前消滅所有据屋頑抗的敵人，如果一到夜晚敵人趁機偷渡增援那就更麻煩了。正面的敵人消滅之後，他們的士氣陡然增高，他們繼續進攻其他据點的敵人，繼續擴張戰果，敵人因爲子彈快打完了，肚子也餓極了，看着四面被圍，增援也沒有希望了，士氣就打了一個大大的折扣，問之就抓住這個機會領導全營官兵陣前喊話，要他們放下武器，不要作無謂的犧牲。慢慢地就有人從屋子裡舉着手走出來，起先是三個五個，後來看着平安無事就漸漸地增多，問之指定了一個海邊的沙灘要他們自動地走過去，在那兒集中。

正在他指揮官兵一面監視投降的敵人，一面準備肅淸房子裡的殘敵時，一個非常堅固的石砌的房屋裡忽然向他射來兩槍，第一顆子彈從他腦袋上嘘的一聲飛了過去，他馬上臥倒，第二顆子彈就在他準備臥倒而未倒下時射穿了他的大腿，官兵們很快地把他拖到附近一個窪地去，同時向那個房屋放了一陣排槍，投了十幾顆手榴彈，窗口崩下來了，裡面不再射擊了，一班弟兄馬上進去搜索，發現了四五具屍体，和兩個受傷的士兵，一個沒有受傷的幹部。這傢伙看見人進來還想抵抗，但一發覺十幾條槍口和雪亮的刺刀都指着他時也只好丟下武器舉起手來。

當這班人把他和兩個負傷的士兵推到問之面前時，大部份官兵都主張就地槍決。

「營長，槍斃他，槍斃這些龜孫子！」

問之向他們搖搖手，他不願意殺掉沒有抵抗能力的敵人，他只簡單地對自己的部下說：

「帶到臺灣去，讓他們好好地做人。」

他的部下對他非常敬愛服從，於是把這三個俘虜一同押到海灘上去。

問之經過緊急治療之後就和其他受傷的官兵先運回臺灣醫治，俘虜們也乘着海軍的LST運到臺灣來。

「那你這次打仗怎麼不告訴我呢？」瑞蘭緊緊地握着問之的手，實在太關心問之了。

「告訴妳有什麼用？」問之望着她笑笑。「一則這是軍事機密，絕對不能洩漏；二則事先我們一點也不知道，直到啟錨之後才知道是開到金門作戰的。」

共匪是十月二十五日夜間利用月黑風高之際，集結了七個團，約一萬六千人的兵力，由廈門渡海進犯的。問之他們奉到作戰命令是當天夜晚十一時正，他們全付武裝登車在高雄碼頭上船以至啟錨時快一點了，抵達金門時已是二十六日上午十點，十一點他們就正式參戰。原來從汕頭撤退的國軍胡璉部隊先到金門一步，正好給敵人一個迎頭痛擊，加上海軍的夾擊，所以死在海裡的敵人就有五千多，但為了防備敵人增援和偷襲，清滅登陸的敵人起見，才把問之這個部隊和一部份裝甲部隊調到金門來。這次由於三軍的密切配合，協同作戰，士氣很高，所以敵人吃了這個空前的大敗仗。戰鬥結束時是二十六日傍晚，統計在陸上被殲的敵人三千多，海上殲斃的五千多，其餘的統統被俘，沒有一個生還。這是秋歌王朝成立後第一個意想不到的打擊。

「想不到八路也打敗仗！」國軍這十年來的敗北也實在助長了共產黨的驕氣，金門這次大捷連瑞蘭也有點莫名其妙。

「沒有打不敗的敵人，就怕自己不爭氣。」問之打了十年仗，他有太多的戰爭經驗。不怕敵人怎樣強，如果你能使自己比敵人更強，你就能打勝仗，這是他個人的戰爭哲學，他是始終信守不渝的。

「北哥，你這次總算爭了氣呀！」瑞蘭隨手摘了一朵玫瑰花溫柔地插在問之的胸襟上，那有紅十字的傷號徽衣再配上一朵鮮紅的玫瑰，顯得更加動人醒目。

「希望大家都爭氣。」問之握着她的手笑笑。

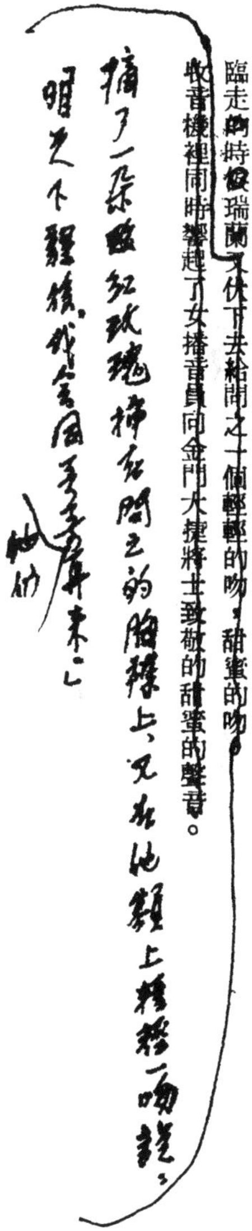

臨走的時候瑞蘭又伏下去給聞之一個輕輕的吻，甜蜜的吻。

收音機裡同時響起了女播音員向金門大捷將士致敬的甜蜜的聲音。

摘了一朵血紅玫瑰插在聞之的胸襟上，兄在她額上輕輕一吻說：

明天下課後，我會同吳季屏來。

[illegible]

第四二章

墜機斷腿劫餘命
火線負傷感慨深

現在雖然是冬天，但台北的初冬天氣還不太冷，只是顯得有點冰寒，有一件毛背心已經很夠了。在大陸現在正是黃葉飄飄，樹枝禿頂，寒意襲人的時候，而台灣的樹葉還是照樣綠，花朵還是照樣開，一點也看不出冬天的景色。

問之靜靜地躺在醫院裡，除了瑞蘭、陳天、野梧、志平他們時常來看看他和他聊聊天之外，就只有護士小姐一天按時進來幾次，此外再沒有什麼人進來打擾他了。這三四個月他過着連續緊張的部隊生活，沒有一刻空閒，睡眠也常不足，現在能有這個機會讓他靜靜地躺一個時期，倒也是一種難得的享受哩。

西南的局勢還是一天天壞下去，四川那些軍閥固然靠不住，雲南也是一個隱憂，盧漢雖然親自飛到重慶去表由過一次，但各方的謠言還是很多。

宋希濂被俘了，戰時的首都重慶陷落了，大家一窩蜂地向成都撤退。飛機場裡公路上都擠滿了人，簡直寸步難行，哭的哭，叫的叫，結果只有年青力壯的單身漢，或人眼特別熟，各方面的關係特別好的人才能走掉，絕大多數拖家帶眷的軍公人員都沒有辦法出來，把他們未來的命運交給他們的敵人共產黨，這真是一種非常慘痛的事實。

重慶陷落之後，西南局勢還是繼續惡劣下去，盧漢終於叛變了，整個的雲南不費一槍一彈給共產黨拿去了。同時劉伯承的部隊又沿着成渝路向西推進，一直沒有遭遇到什麼抵抗，很快地天府之國的省會成都成都啊，成都終於陷落了！

成都的陷落比重慶更紊亂緊張，一批隨着政府千辛萬苦逃到成都的軍公人員現在已經無路可走了。停在機場裡的幾架飛機怎麽能帶走那麽多都想撤退的人員呢？在那種兵慌馬亂中誰能進入機場，誰能搶先爬上飛機，誰就是最幸運的人了。定文就是千萬個人中最幸運的一個，他是隨着社裡的幾位同事和保密人員以及少數婦孺一同搭上一架226號空軍運輸機離開成都的。當他們的飛機螺旋槳轉動時成千成萬沒有搭上飛機的人都在機場裡號叫哭泣，他們的飛機就在號叫哭泣聲中和緊密的槍砲聲中匆匆地起飛了。他們每個人都為那些馬上要落到魔掌中的人們一掬同情之淚，他們一致要求駕駛員在機場上空飛繞一週，向那些無告的可憐的人們揮手惜別，十幾分鐘之後他們就要變成待宰的羔羊。劉伯承的部隊已經迫近機場了。

他們起飛後就一直向東南飛，飛過赭色的川西平原，飛過連綿不斷的高山，飛過赤色的流血的土地，馬達無休止地唱着沈悶的歌，令人昏昏欲睡，慢慢地機艙裡鼾聲四起，此呼彼應，他們只有這時才暫時忘記戰爭，忘記戰爭帶給他們的災難。

這天天氣很惡劣，飛機總在三千公尺以上的高度飛，定文無論怎樣也不能入睡，他的心隨着窗外的滾滾的白雲上下翻飛，他想起了他的家，想起了陷在陸地上的許多親人，想起了飛機下他所踏過的那些可愛的土地，他不知道什麽時候能夠再回到自己的家？能不能再見那些親人？他想起了他的太太，覺得她非常值得同情憐憫，想起了他那個剛滿週歲的女兒，他的眼淚就涔涔而下了。

黃昏時分，飛機已經飛出血腥的大陸，進入藍色的南中國海的上空了。漸漸地他望見海上的灯光在藍色的海邊閃亮，像星星在藍色的天空閃亮一般，他又為這瑰麗的海邊夜景而神往，興奮，他知道他一分一秒地接近自由了。

飛着，飛着，飛機右邊的引擎忽然變得有些異樣了，牠像老牛一樣地哼着吼着，艱澀地喘咳着，急劇地下降，又踹跚地爬高，上上下下，飄飄盪盪，完全失去了平衡，轉來轉去，遲遲不敢着陸，忽然像一隻中箭的蒼鷹一樣，一個倒栽葱摔了下去。定文只覺得轟然一聲，一種天翻地覆的震動馬上使他失去了知覺。等他慢慢醒來時他才知道上面是灰黯的天空，下面是潮濕的土地，旁邊是飛機的殘骸和乘客的屍体，滿耳是痛苦的呻吟和絕望的嘶喊。他伸手向臉上一摸，從手心中嗅出一股血腥氣味，他撐起上半截身子想從死人堆裡抽出身來，這才發覺左邊一條腿完全不能動彈，於是，他又傷心地失望地躺下來。他摸摸上衣口袋，一隻舊式派克筆不見了，摸摸腳，皮鞋也不見了，摸摸手錶，幸而是藏在袖子裡面沒有被人搜去，看看錶時針和分針正停在八點五分上。這正是飛機失事的時間，失事地點是海口郊外金牛嶺。他們失事之後，附近的老百姓就趕來一陣搜劫，得了一筆意外的財物。

十二月十一日清早，台北報紙都登載着這架飛機失事的消息，和乘客的死傷名單，那上面有定文的名字，他是列在重傷一類的。野梧聞天他們看見了這條新聞無異於晴天霹靂，他們不知道定文傷得怎樣？問之的傷還沒有好，又加上定文受傷，這真是他們意想不到的事。

瑞蘭看見報上的消息之後跑到醫院裡來告訴問之，問之沉痛地說：

「我知道他會來的，但沒想到他會受傷。」

「之哥，我真難過，你們都是好好的人，偏偏會流血，偏偏會受傷。」瑞蘭痛苦地說。

「蘭，堅強一點。」問之握着她的手說：「這是一個流血的時代，我們碰上了這個時代就沒有辦法逃避，我們不怕流血，就怕站不起來，只要我們不中途倒下，我們的血流得總有代價。」

「之哥，什麼時候我們才不會流血呢？」瑞蘭兩手攀着問之的肩頭，睜着眼睛靜々地凝視着問之的面部。

「蘭，現在我不能答覆妳這個問題，不過我希望下一代不再流血。」

「之哥，難道真像你那首詩所說的我們的血將要流盡嗎？」

「可能這樣。」

「啊！」

瑞蘭伏在問之的懷裡哭泣了，她很傷心，她不知道對梧定文他們將來怎樣？更不知道問之將來怎樣？如果這顆子彈不是打在他的大腿上，而是打在他的腦袋上，那她再也見不到問之了！想到這裡她就哭得更加傷心，她不能失去問之，失去了問之她就不能活下去，問之一天不離開部隊她就一天不能放心。

「蘭，冷靜一點。」

問之安慰地撫摩着瑞蘭的頭髮，他自己也不自覺地流着淚，他已經流過太多的血了，以後還要繼續地流，說不定自己還會中途倒下，看不見自己的血所結成的果實，而他和瑞蘭的事更不知道將來是怎樣一個結局？想到這裡他就覺得非常內疚，他覺得他實在不應該愛瑞蘭，使她精神上受着這麼大的折磨，這麼深的痛苦。如果他不幸戰死了，瑞蘭該會是怎樣的悲哀呢？要是一個人那就簡單了，沒有人知道，沒有人哭泣，沒有人替他樹立一塊墓碑，沒有人在他坟前獻上一個花圈，沒有人在他坟前久々徘徊，沒有人知道那一座坟墓埋着他的屍骨，他可以悄々地死去，安心地死去，那多麼簡單呢？現在一有瑞蘭，就是死了他也覺得責任未了，心事未了。

「之哥，你也流淚了。」瑞蘭慢々地抬起頭來望着問之說。

[illegible]他們相抱而泣，一種無聲的哭泣，心靈的哭泣。

定文在海口教會醫院住了一個多星期，又被一架軍用運輸機送來臺灣，住進臺大醫院。野梧、瑞蘭、聞天志平他們知道這個消息馬上趕去看他，他們一見面定文就感慨地說：

「想不到我還能留着這條命來見你們！」

「定文，大難不死，必有後福。」野梧故意提高聲調安慰他。

「我看這一輩子也別談福了，能够留着這條命就算萬幸。」定文慘淡地笑，然後又詫異地問：「問之怎麼沒有來呢？」

定文還不知道問之早已回到部隊去，更不知道他受了傷，野梧他們也不想告訴他這個消息，還是瑞蘭說了出來：

「之哥在金門受了傷，現在住在總醫院，他不能來，要我問候你。」

定文听了不覺眼淚涔々而下，他想不到問之又負了傷？比他傷得更早。

「唉，我們這一代！」他深々地嘆了一口氣又關切地問：「問之不要緊吧？」

「現在好了不少，不過還不能下地。」瑞蘭接着把問之入院以後的情形告訴了他一點，定文知道問之不會成殘廢就放了心。

「為了自由，為了國家，我們應該付出這樣的代價。」定文的腿雖然非常痛楚，但他覺得這是應該付出的代價。在海口醫院裡醫生曾經坦白地告訴過他，說他的腿要想復原將是很困難的事，臺大醫院的主治醫師也對他搖々頭說：「就是好了也會成殘疾的。」

「你的腿將來怎麼辦呢？」聞天很躭心。他知道一條腿對於他們這樣的中國人是怎樣的重要。

「命運既然這樣安排，就聽由他去吧。」定文對於自己的腿已經想得很多。當他從昏迷中甦醒過來忽然發覺自己損失了一條腿時他曾經傷心地暗自流淚，但這十多天來醫師既然證實了他沒有復原的希望，他心裡反而比較泰然。而這次災難和他同機的死了二十多個，他僅々傷殘了一條腿，回想起來還是不幸中的大幸呢。

「眞想不到你和問之會先後負傷。」聞天覺得定文的墜機眞有點出乎意料之外。

「我們這一代的人命運是相同的，尤其是我們幾個。」定文對中國的命運和他們個人的命運瞭解得很深。

野梧他們臨走時約定每星期來看他兩次。定文向野梧要了一支鋼筆，又在野梧的日記本上撕下一頁，隨手寫了四句名詩：

生命誠可貴
愛情價更高
若爲自由故
兩者皆可拋

寫完之後他就交給瑞蘭，並且對她說：

「你帶給問之，這就算是我們在臺灣的見面禮。」

瑞蘭接過這小小的一片紙，像有一千斤重的壓力，她的手在顫抖，她的眼淚像兩條雨後的溪流。

第四三章

置之死地援兵法 無可奈何窮開心

西南很快地丟完了，大陸整個地關進鐵幕。一九四九年，中華民國三十八年也完了，完了。這是中國歷史上從未有過的一年，最慘痛的一年，而有些人還惛然無知於這一年對於中國的命運和他們個人的命運是怎樣的重要？這是一個最可悲的事實。

一九五〇年，中華民國三十九年來了，帶着沉鬱的臉色，蒼白的臉色來了。她的來並沒有替臺灣八百萬軍民帶來任何興奮的消息，並沒有[illegible]一線光明的希望，那怕是十分微弱的希望。相反的，她帶來一串一串的惡耗。雖然政府已經遷來臺北，但蘇俄及其附庸早就承認北平政權了；其他中立的小國也搶着承認，連受國民政府提拔的印度，也搶着向北平和毛澤東獻媚了。在抗戰時曾經和國民政府並肩作戰的英國也在一九五〇年，中華民國三十九年的開端轉過臉去向北平伸手了！雖然這隻手共產黨並不屑於一握，但英國還是厚顏地伸着，伸着。

由於英國的承認北平政權，激起了臺灣八百萬軍民的普遍憎恨和憤慨，對於這個投機取巧，唯利是圖一再出賣朋友的國家，問之是尤其憤慨。對於印度他們則表示一種鄙棄，一個剛々解開鎖鍊的奴隸在國際事務方面也居然學起他的英國主人來，實在可憐亦復可笑！

問之的腿雖然還沒有好，但他已能扶着木做的支架行動。他要瑞蘭叫了一部三輪車把他推到臺大醫院來，他想和定文談々這兩件事。

街上似乎還有一點新年氣象，行人的臉色却很陰沉，低着頭走路，憂鬱地看人，彷彿嘆息着彼此共同的命運。

問之和定文一見面又是興奮又是感傷，現在兩個人都傷了一條腿，定文還不能爬起來。

「做生意也要講點道德，認清敵友，定文，英國爲什麼會這樣下流？」問之一開始就表示他對這件事的憤慨，他平生就痛恨唯利是圖，不顧人格，不講道義的傢伙。」

「英國就是這麼一個自私自利的國家，抗戰時他既然會答應敵人的要求封鎖滇緬路，忘記我們的幫助，現在自然更會承認中共了。」定文是早就看透了英國這個國家的。

「國民政府對英國並沒有什麼不利，他不應該這樣落井下石。就是要承認北平，對這個政權的性質也應該多加考慮，口渴也不能服毒呀？」

「他還管那麼多？他只記得他在大陸的眼前商業利益，如果我們打回去，他還不是調轉頭來向我們伸手！」定文鄙棄地笑笑。

「那麼印度阿三又爲了什麼呢？他也這樣忘恩負義？」

「奴隸總是奴隸，就是解開了鎖鍊他看見手裡拿着鞭子的還是要顫慄。」

接着他們又討論分析一九五〇年的局勢，他們認爲在颱風季節來臨之前這段時間最危險，而美國國務卿艾其遜早已秘密地指示駐遠東使節預言臺灣的陷落，這無異於向國際間宣佈中華民國的死期。定文問之對這件事自然十分痛心，他們知道這對於臺灣的民心士氣是一種怎樣嚴重的打擊？他們非常惋惜艾其遜的短視，完全認識不清誰是美國的朋友？誰是美國的死敵？大陸上的美國人民受盡了北平的侮辱，他還在做「中國狄托」的美夢，這眞有點可悲。

無論時局怎樣險惡？台灣的地位怎樣危殆？政府却在這時明白宣佈了「反共抗俄」的國策，反共抗俄的理論也漸々抬頭，揭露共產黨滅絕人性的暴力統治的文字也漸々增多，對於蘇俄和共產黨的面目及其相互關係，台灣八百萬軍民已經有一個粗淺的認識。這是一種進步，這種認識上的進步無異於增加了幾十萬精兵，如果中國人早半年有這種認識，西南不會丟掉，早一年有這種認識，長江以南可以保全，早兩年有這種認識，東北可以無虞，更不會有北平的局部和平，早三年五年有這種認識，中共的武力一定可以消滅，中國絕對不是現在這種局面。現在台灣八百萬軍民的這點粗淺的認識是整個的大陸換來的啊！這多麼可悲？這是一種怎樣重大的代價？

「唉，如果政府早就明白宣佈反共抗俄，大家早有這種認識，我們就不會到台灣來了！」問之回憶往事，不禁感慨萬千。

「那你也不會在金門負傷，我也不會摔壞這條腿了。」定文也有同感。

和共產黨的這場戰爭，中國所付的代價實在太大了！

「可是美國當局還沒有認清這個敵人？」

「因爲他們自己還沒有流血。」

「我們流了這麼多的血，難道還不够他們警惕嗎？」

「假如他們聰明，應該向我們借鏡。」

「我們這場戰爭不僅是爲我們自己打，也是爲所有民主國家打。可是他們只看到我們的弱點，忽略了我們這種努力，正如當年我們同日本軍閥打一樣。」

「事實會教訓他們，總有一天輪到他們自己流血，那時他們自然會瞭解我們。」

對政府當局他所知予秉存，衡之最後不得不同意改予兩語：

「即使有辦法，一天恐怕比較遲了。」

「這是沒有辦法提早的事，除非史太林提早他的進攻日程。」

「這眞是一種可怕的愚蠢！」

「不愚蠢那會有這場戰爭？那會犧牲我們？」定文想起了雅而達協定，那個可耻的協定，那個協定使中國斷送了外蒙古，使蘇俄在東北重新獲得沙皇時代的重大利益，種下了今天這種禍根，種下了第三次大戰的禍根。

「萬一台灣守不住那我們怎麼辦呢？」瑞蘭躭心地危。她對於目前的安全比較關心，如果眞如艾其遜所料，台灣是非陷落不可了。

「置之死地而後生，置之危地而後存。如果還有地方可退，一個台灣也守不住，現在只有一個台灣，死路也會變成生路。我不相信台灣眞會陷落。」開之搬出孫子兵法來解釋。

他們談到這兒野梧開天同時走了進來。他們先去過開之那兒一趟，看他不在就轉到定文這兒來，想不到開之瑞蘭都在這兒。

「快可以出院了吧？」開天高興地問開之。

「現在剛收口，再修養十來天就成。」開之見了他很高興。

「定文呢？」開天又轉問定文。

「還早得很。」定文向開天笑笑。他的傷勢好得很慢，現在還是一動就痛，据醫師說最少要住半年才能出院。好在社裡補助他一筆醫藥費，不然眞大成問題。

「能和護士小姐多々親近倒也是一種福份哩！」野梧開始胡扯了。

「福份？你以爲護士小姐像你想像的那麼溫柔多情？」定文心裡好笑，他笑野梧對於護士小姐太不瞭解。

「難道還會兇你？」野梧奇怪地問。他以爲護士小姐是世界上最理想的愛人，是最溫柔體貼的，他不相信他們會兇悍。

「兇固然不太兇，可是她們的面孔都像法官，像監護人，我是三十歲的人了，她們還把我當不懂事的孩子哩！」

問之聽了不覺莞爾一笑，護士小姐的確是把病人看成孩子的。

「沒有羅曼史嗎？」野梧向定文做一個鬼臉，他知道定文是很討女人歡喜的。

「她們忙得很，誰還有工夫和你談情？」

「哥哥，這種時候你還有心思談女人？」瑞蘭覺得定文和問之都受了傷，時局又是這樣壞，他反而來尋開心，眞不應該。

定文和問之都好笑。

「就是要在這種時候該談女人，使他們開開心。」野梧彷彿蠻有道理似的。

「要是華姐在這兒你又要挨罵了。」瑞蘭善意地提醒他。

「就是因爲她不在呀！」野梧向她厚顏地笑。

問之、定文、聞天都望着他笑。

野梧看見問之他們都望着他笑，彷彿得了奧援似的，反而得意地教訓瑞蘭：

「本來這世界就是男人和女人湊成的，孔夫子也說過，飲食男女人之大欲存爲，這點道理妳都不懂，眞是一個蛛子。」

「[illegible]你總有理，我不和你談了。」瑞蘭也只好笑々。

「[illegible]說正經話，現在我來告訴你們一個消息。」野梧忽然正經地對定文問之說。

「什麼消息？」問之連忙問。

「英國也承認中共了。」野梧有點老氣橫秋。

「野梧，你來遲了，我和問之剛才談過這件事。」定文向他笑々

「那我可講廢話了？」野梧抓抓後腦殼。來台灣之後他的小鬍子就剃掉了。

「這倒不是廢話，多講一次多一點警惕。」問之向他友愛地笑々。

瑞蘭怕問之再談下去消耗精力，他的傷口還是剛收攏，臉色還很蒼白，她十分愛護地對問之說：

「[illegible]別再談了，我送你回去吧？」

定文他們馬上附議瑞蘭的意見，問之也覺得想講的話已經講了，心裡輕鬆了許多，他向瑞蘭點々頭。

問之想站起來，也許是坐久了的關係，脚有點麻木，那隻受傷的腿更不靈便，身子剛一移動又頹然地坐下來，瑞蘭連忙把他扶起。

定文也想坐起來表示送意，但身子一動又痛得啊的一聲躺了下去，他只好向問之揮々手示意。

瑞蘭扶着問之的篤的篤地走了。

「唉！他們眞是一對同命鴛鴦。」野梧關天送走了問之後回轉頭來對定文說。

定文臉上隨即浮起一絲悲憫的微笑。

第四四章　分列式英雄本色　鐵拐李記者自嘲

國際局勢還是一片混沌，美國國務院對國民政府的觀念還沒有改變，艾其遜還是根據中美關係白皮書那套意見來處理台灣問題，對於毛澤東他還在繼續做着「中國狄托」的美夢，馬立克更是不遺餘力地繼續在聯合國攻擊「台灣的國民黨政府」，想把中共拉進聯合國去。蘇俄附庸自然也跟着叫囂，印度更是處々向莫斯科北平獻媚討好，英國也繼續推波助瀾，蔣廷黻博士雖爲苦難的祖國拚力奮鬥，但危險和暗礁是隨時隨地存在的。

問之帶着悲憤的心情出院了，他的部隊現在正在台北鄉間整訓。出院以後他的生活更苦，每天二十七兩糙米，一個月十八块錢的副食費，勉强可以吃飽，營養是談不到的，每月九十块錢的薪餉還不够加菜零用。住的是圓頂帳篷，下面用三四尺高的竹片編成一道短々的圍墻，繩索就拌在竹片和木樁上，這樣帳篷可以抬高一點，裡面可以架設一兩尺高的竹床，避免地上的濕氣，無論生活怎樣艱苦，他還是非常積極，悲憤能產生力量，就是這種力量在支持他，不斷地支持他。他知道只有使自已壯大才是根本的辦法。經過古寧頭那一戰，他對自已的部隊更有信心，他的部下對他也更加尊敬，鄭國忠對他自然更加信任。

現在他工作得更加認真，他知道今後幾個月將決定他們最後的命運，要想挽救自已的命運，挽救國家的命運，只有多吃苦，多流汗，咬緊牙根苦幹。萬一共產黨渡海來攻，那就和他們死拼，絕對不能存任何幻想僥倖。今天的情形比他過去和日本人作戰時更艱苦萬分，那時他後面有廣大的土地和數以億計的人民現在只有這麼一個彈丸之地，退後一點就是死路，唯一的生路就是拚！拚！拚！以他上次在古寧頭的作戰經驗來判斷，敵人就是付出五十萬人死傷的代價也不見得能夠得逞。「加緊準備，必要時拚命一戰」這是他們目前唯一可走的一條路，不會中途跌倒的路。

問之回到部隊之後，一直沒有進城，瑞蘭也在繼續教書，野梧志平闓天也各幹各的工作，政府遷來臺北之後，闓天志平的問題就解決了，只有定文還躺在臺大醫院繼續治療。

算來瑞蘭又有一個多月沒有看見問之了。這一個多月來他對問之自然非常想念，每隔三五天就寫封信給他，她的感情非常細膩，她能把自己的身邊瑣事一點一滴地寫出來，寫得那麼生動親切。她對問之的關切使他無形中提高了戰鬪的勇氣。問之自然不能給她三天兩天寫信，他忙得很，他把百分之九十以上的精力和時間都集中在他部下三四百位官兵身上，他總是從天亮一直忙到深夜，當他把一天的事做完時他又睜不開眼睛，他需要上床休息了。因此他總是十天半個月才回她一封信，那麼短々的一封信。瑞蘭有時等得太久也不免有點感傷。

二月二十八日瑞蘭又接到問之一封信，他告訴她三月一日總統復職視事他的部隊要參加上午的分列式，請她屆時到總統府（介壽館）前去參觀，閱兵之後請她到植物園去等他，他想抽點時間和她聚談。瑞蘭接到這封信自然很高興，三月一日上午她也要率領高年級的學生去參加這個盛大的慶祝會的。

三月一日一大清早，街上就掛滿了青天白日旗，行人也比平常擁擠，參加慶祝大會的機關團體向總統府前面集中，瑞蘭來臺北九個月了，她第一次看見大家臉上洋溢着興奮喜悅的光彩，這是多麼吝嗇少見的一種光彩啊！

人愈來愈多，總統府前面已經滙成一片人海了，從總統府的閱兵台望下去，只看見人頭鑽動，旗幟飄揚，武裝部隊從靠近中正西路的重慶南路那端一直排過來，以一班人作一個正面，整齊莊嚴地排過來。九點正，總統忽然出現在閱兵台上，群衆馬上報以一陣如雷的歡呼和掌聲。

分列式繼之開始，樂隊前導，一隊々精神飽滿，步伐整齊的隊伍從閱兵台前正步走過，瑞蘭看了半天沒有看見問之和他的隊伍，心裡非常焦急，她踮起脚跟朝着重慶南路那端張望，都是一色的草綠部隊，她望來望去望不見問之，她幾乎失望地哭了起來。當最後一大隊步兵整齊地莊嚴地正步走着時，她忽然發現了問之，他戴着鋼盔，穿着長統馬靴，走在他一營人的前面，距離他的隊伍大約十五步遠，他的右後方是他的副營長，左後方是營指導員，他們三人剛好形成一個等邊三角形，在他後面大約六步遠的地方並排走着三個護旗兵，護旗兵後面大約八步遠的地方才是他的隊伍。

問之今天的精神顯得特別飽滿，面孔也特別嚴肅，他的步幅是那麼濶大，踏在地上是那麼堅定而有力，馬靴發出嚓—嚓—嚓—的響聲，當他快走近閱兵台前他忽然發出一聲「向右看」的口令，聲音是那麼宏亮驚人，彷彿有排山倒海的威力。瑞蘭從來沒有听過這樣的聲音。問之的部下听見他的口令，馬上轉過頭向閱兵台看去，是那麼迅速是那麼整齊！三百多人的正步踏在平整的柏油路上發出嚓—嚓—嚓—叩人心弦的單一的響聲，三百多柄刺刀在槍口上閃着耀眼的光芒，顯得比其他的隊伍更整齊，莊嚴，雄壯。觀衆馬上報以如雷的掌聲。瑞蘭從來沒有看見過這樣偉大的場面，這樣整齊，莊嚴，雄壯的隊伍，問之走過之後她恨不得馬上追上去擁抱他，她做夢也沒想到問之會有這種鋼鐵般的堅强，神像般的威嚴。她以前只看見問之生活的另一面，柔和的一面，詩人的一面，而沒有看見他軍人的一面，戰士的一面。她今天第一次看見，無怪乎激動得有點暈眩了。

散會之後，她連忙跑到植物園去，等了半天還不見他來，她焦急地來回地踱着，踱着。在問之回到部隊的前夕，他們會在這兒渡過，她還認得她倚靠着的那棵椰子樹，自然更記得僩之的第一次吻。

她踱着，踱着，僩之終於來了。他取下了鋼盔，脫下了馬靴，換上了一身軍便服，又顯得溫文極了。瑞蘭看見他走過來，馬上跑過去迎接，她眞想擁抱他，假如不是人多的話。

「之哥！你怎麼不穿校閱的服裝來？」

「那太嚴肅了，和妳在一塊兒不大調和。」

「你的口令怎麼那麼驚人？我從來沒有聽見過那樣宏亮的聲音。」

「分列式是大典，口令代表一種威嚴，軍人應該有個軍人的樣子，在這種場合就可以看出個人的訓練和整個部隊的訓練。」

「你的部隊怎麼訓練得這麼好？」

「這就是我爲什麼不進城看妳的原因。」

「當一個軍人眞不容易。」

「也並不難，就是要流血流汗。」

「你的腿也完全好了嗎？」

「妳看我走正步的樣子妳應該知道。」

於是瑞蘭靠緊他，向他甜蜜的一笑。

僩之出院後就沒有見過定文，他自己的腿是完全好了，定文的腿究竟怎樣？他很關心，他要瑞蘭陪他一道去醫院看看，瑞蘭表示同意，她也有好些日子沒去看定文了。

他們經過衡陽街時人還是那麼多，那麼興奮，他們今天從自己的同胞臉上才看出台灣的一線曙光。

他們走進定文的房間時，看見野梧，聞天，志平都在這兒，大家一見面非常高興，這是幾個月來少有的高興。

「想不到你們先來？」問之向野梧他們笑笑。

「我們散會就來了。」野梧興奮地說。今天是無形的休假，下午可以不必上班了。

「問之，你怎麼一出院就不進城來？」野梧又奇怪地問。

「實在抽不出空。」問之向他笑笑。

「不想念我們幾個羅漢那倒情有可原，難道蘭妹子你也不想念嗎？」野梧又開玩笑。

大家聽了都笑，問之和瑞蘭也會心地一笑。

「這就叫做公爾忘私呀。」定文在床上讚賞地說。

「一點不錯！今天參加分列式的部隊都好，問之的部隊更是頂呱呱，他們的大腿伸出來像刀切的一樣齊，踏下去的聲響又完全一致，這的確不容易。」野梧又擺出在家裡看野桐種馬鈴薯那付批評家的姿態，評頭品脚地說。

「問之自己也頂呱呱呀！」聞天插進一句。

「當然囉！那還用說？他那種挺胸邁步，很有泰山崩於前而色不變的神氣，他戴起鋼盔，穿起馬靴，簡直像一座鐵塔……」

「够了，够了，今天又沒有誰請你講評。」問之不等野梧說完就截住他。

「我也是陪閱官呀！」野梧神氣活現地說。

「你站在什麼地方？」問之奇怪地問。

「我和聞天，志平站在一塊呀！」

野梧的話一出口，問之、聞天、志平、定文都哈哈大笑。只有瑞蘭莫名其妙？等聞天說明之後她才知道野梧也和她站在一條線上，她也噗哧一笑。

「哥哥的臉皮眞厚！」瑞蘭忍住笑說。

「這算什麼？要我參加分列式也許吃癟，要我担任講評倒眞不在乎。」野梧雖然不能自己去作，但他看得多，也担任過年終陪校官，講評起來還是有條有理的。

「不但你會吃癟，我也會吃癟。」聞天笑着說，他自從畢業典禮之後也沒有再幹過這玩意兒。

「你們不能走分列式還能走路，我現在是連腿子都舉不起來了。」定文慘淡地笑笑。

「定文，你的腿子到底怎樣了？」問之關心地問。

「痛是不大痛了，可是還不能活動。」

「什麼時候能够出院呢？」

「恐怕還得兩三個月。」

「不要急，那時自然可以走路了。」

「就是能走也變成鐵拐李了。」

定文幽默地笑笑，大家都好笑。

瑞蘭望望問之的腿然後慶幸地笑笑。

「定文，你對總統復職有什麼感想？」問之忽然提起這件事來。

「以前的台灣像一隻無舵的船，從今天起就是一隻有舵的船了。」定文慢慢地說。

無論國際局勢怎樣混沌，台灣這艘不沉的航空母艦還是適時地扯起了「自由中國」的旗幟，沉痛地，勇敢地，穩定地航行，航行，在黑夜中向着固定的目標航行……。

第四五章　慈母逝世心泣血　胞弟遭陷魔圈

野桐逃到香港調景嶺來了。他到香港的第二天就寫了一封航空信來。

哥哥，之哥，華姐，蘭姐：

我經過千辛萬苦終於逃到香港來了，是昨天到的。經過許多湖南流亡同鄉的帮忙，現在總算住進調景嶺了。

這半年多我像做了一場惡夢，共產黨來後變動得真太大了，黃滿爹槍斃了，定一哥哥關進監牢了，最慘痛的是媽媽活活地逼死了[redacted]

瑞蘭看到母親的死訊忽然啊的一聲哭了起來，像一隻受傷的小白兎鑽進自己的窩一樣她連忙鑽進自己的小房間去了。野梧也不禁淚眼滂沱，聞之和華芳都墜入深沉的悲哀的大海。

黃滿爹是野梧的親戚，還當過他的中學校長，過去在地方上很有一點聲望，現在已經是六十多歲的人了，坐在家裡什麼也不過問，恐怕他做夢也沒想到自己會這樣慘死。定一是定文的哥哥，為了時局問題還和聞之爭論過，這位完全站在第三者立場的市參議員竟被共產黨關進監牢了。究竟為了什麼？恐怕他自己還弄不清楚呢。

問之和華芳繼續再看下去：

泰哥帶着他們老婆兒子上山打游擊去了，如果你們不在台灣我也會同去的。我這次逃出來還是得他和游擊隊的幫助。

現在我請求你們趕快替我辦張入台證，讓我早點到台灣來。

我這次逃出來什麼都沒有帶，只替之哥和蘭姐帶了兩顆洋山芋來，在路上餓得發慌時幾次想吃掉它都沒有吃，現在還放在口袋裡，我決定來台時親自交給之哥和蘭姐。

我要講的話還很多，留待見面時再談。

桐弟寫於調景嶺難民營

問之看完了信馬上和野梧商量替他辦入境證的事。他住在香港一方面心裡不安，一方面也浪費了一份反共力量。

「我們是親兄弟，替他辦入境證自然沒有問題，只是來台灣以後的工作怎麼辦呢？他是不能閒散的。」

「如果他願意再過部隊生活，我可以替他想想辦法，不過就是委屈一點。」問之的部隊自從古寧頭一戰之後，還有幾個下士班長缺沒有補起來，如果野桐不計較這些，他願意向上級呈報，大概是沒有什麼問

[illegible]。

「那我馬上就替他辦入境證，工作問題等他來台灣之後再[illegible]商量好了。」野梧對任何事情都沒有這麼失心，現在為了野桐也不免有點緊張，同時他還十分懊悔哀傷地說：「如果當初把媽帶出來了就不會有這種傷心的事情。」

問之沒有答覆他，當初他們也曾考慮過這個問題。但台灣也不是安樂窩啊！現在還是死裡求生時期，這怎麼說好呢？生在這種流血的時代，死亡的時代！

瑞蘭在房裡哭得很傷心，現在大家的視線都集中在她身上了。她伏在小桌上哀哀地哭，她記得老母親在她臨別之前還以她的婚事為念，希望她和問之能寄張結婚照片給她，想不到她竟等不到他們結婚的日子就死了？想起她對自己二十幾年的教養，想起她們母女那段形影相隨的孤單的日子，她真是愈哭愈傷心了。

華芳安慰她半天還是不能止住她的哭泣，問之過來安慰她她更傷心，她母親的心願沒有完就兩脚一伸，她自己的心事更無法向問之說明。她對問之這種把生命懸在刺刀尖上的生活真是時刻耽心，現在結婚仍然不可能，將來，那不知道是怎樣遙遠的將來啊！如果萬一問之有什麼不幸呢？她真不敢想，愈想愈好哭了。

「[illegible]不要傷心，我們應該記住誰使我們骨肉飄零？」問之含着眼淚勸慰她。

「[illegible]我太痛苦，我太痛苦啊！」瑞蘭抬起頭來望了問之一眼又倒下去哭泣。

「[illegible]生活在這種時代誰不痛苦呢？你痛苦，我也痛苦。但是我們必須咬緊牙關來忍受一切痛苦，[illegible]們不能被痛苦壓倒，我們一倒敵人就要拍手大笑。」問之扶着她的肩頭低下頭去輕輕地說。

「[illegible]我瞭解你的意思，但是我的眼淚沒有辦法止住。」瑞蘭又抬起來望望問之，她的眼淚不住地往下流。

「[illegible]，我們到河邊去散散步好嗎？」問之向她提議，他好久沒有陪她散步了。

瑞蘭擦擦眼淚向他點點頭。

他們在河邊的細石子上慢慢地行走，瑞蘭哀傷地頹喪地靠在問之的身上，問之用手臂維護着她，使她的身体保持平衡，她不時地用手絹揩揩眼睛。

河床很淺，河水很清，河水輕輕地流動，沒有一點聲音。河邊顯得非常寧靜，只有他們的脚步踏在碎石子上發出清脆的響聲。

他們在河邊慢慢地走着，來回地走着，他們都需要寧靜。問之需要寧靜來調劑他過度緊張的生活，瑞蘭需要寧靜來治療她心靈的創傷。於是，他們在一塊大石頭上坐了下來，他們都不想講話，他的思想都長着翅膀飛過了面前的淡水河，飛過了台灣海峽，飛過了峻嶺高山，飛回了蕭家灣，飛到了蕭老太太的靈前。

瑞蘭的背靠在問之的懷裡，她的眼睛向前直視着，她細細地体會母親的聲音容貌，体會她走路的姿態，体會她捧着水烟袋的神情，和那永遠不發怒的慈祥面孔，她和她厮守了二十五年，她的愛像冬天的太陽，像春天的花朵，像夏天的甘露，像秋天的藍空，使她保持快樂舒適，安祥恬靜。現在母親死了，她到那兒去尋找這種難得的母愛？而母親的死又很可能是為了她而受方非的逼迫？如果眞是這樣，她更會感到[illegible]內疚。瑞蘭心裡有這種感應，問之心裡也有這種感應，雖然野栢的信裡沒有說明，但他們推想這是一個最可能的大原因，此外似乎沒有什麼會致她於死的理由？她對於身外之物都可以放棄的，只有對於兒女的愛護永遠不會終止。

「媽要是因我而死，那就更會增加我的痛苦。」瑞蘭輕輕地自語。

「要是這樣我真對不起她老人家，也對不起妳。」問之心裡也很難過。

「之晉，果真這樣也不能怪你，只怪方非那樣自私。」瑞蘭回轉頭來望着問之。

「瑞蘭，無論妳怎樣原諒我，我心裡也會永遠不安？」

「之晉，我愛你，媽也同意，怪來怪去都怪不着你。」

「這不是怪不怪的問題，這是我自己的良心問題，如果當初我不去妳家裡，也許不會有今天這個悲劇？」

「之晉，我應該感激你，如果我沒有認識你，我也許會落在魔鬼的手裡！」

「妳認識我不是認識幸福，而是認識痛苦。」

「不，之晉，一看見你我就覺得幸福，這次媽的死我當然難過，如果沒有你我更會難過。」

「瑞蘭，我真慚愧，我覺得我做錯了一件事，我實在沒有資格愛妳。」問之不自覺地泫然淚下，他瞭解他自己處的是一種怎樣危險的地位？在今天當一個中國軍人是無法談到兒女之愛的，要麼不是自己受累就是對方受累，他是嚐過這種苦味的，而在目前他們的愛又不可能得到一個圓滿的結局，他不僅要為瑞蘭着想，還要為下一代着想，這就是他心理矛盾痛苦的原因。

「之晉，我求求你，請別再說這樣的話，這太使我難過了！」

瑞蘭又傷心地哭了，問之也哭了，於是他們抱頭痛哭。

野桐終於到台灣來了。他瘦了很多，眼眶陷了下去，顴骨高了起來，他本來有點尖削的下巴現在顯得更尖削了。只是兩眼仍然很有神彩，而且閃着一種非常堅定嚴肅的光芒。

他和問之瑞蘭一見面就一人分送一個洋山芋，這是問之瑞蘭離家前他答應寄來而未寄來的。問之和瑞蘭一接過這留了很久有點發縐的洋山芋就放到鼻子上聞聞，他們彷彿從上面嗅到了蕭家灣的泥土氣息，嗅到了自己的汗味。問之隨即把他的一個交給瑞蘭，並且囑咐她好好和蠶繭包在一塊。

「包起我們的思念，包起我們對蕭家灣的記憶。」蕭家灣的那段日子他是永遠不會忘記的，他一看見瑞蘭就會想起蕭家灣，現在看見半年多沒見面的野桐更會引起他的懷念，瑞蘭自然更不用說了。

野桐向他們報告了很多信裡沒有講到的事情。林彪的四野不費一槍一彈「解放」了長沙之後，多少人都從地下鑽了出來，他們都是共產黨的地工份子。但在共產黨「解放」長沙之前，他們都是政府的官吏，教師，和新聞記者。共產黨來長沙以後力非自然更神氣活現了，他在湖南省人民政府文教廳弄到一個科長位置，負責文教指導工作，以赤色文化官姿態出現。他總算官運亨通，做官的目的是完全達到了。遺憾的是瑞蘭沒有弄到手，問之一拳之仇也沒有報復，這是他耿耿於懷的一件大事。他在配合黨的決策和上級對他個人的默契之下，不斷地向蕭老太太施壓力，要她寫信到臺灣來叫瑞蘭野梧問之他們回去，尤其是瑞蘭和問之更非回去不可，否則就以野桐作人質。蕭老太太實在被他逼得沒有辦法，最後只好佯爲應允，暗地卻囑咐野桐逃到台灣來，告訴問之和瑞蘭要他們永遠相愛，無論台灣怎樣危險，絕對回去不得。然後她在半夜裡以一根痲繩悄悄地結束了她這不幸的一生。

野桐的來更加深了瑞蘭野梧他們的悲痛，也加深了他們對共產黨的仇恨。

「好！等着瞧吧！」野梧用拳頭在桌上用力地一擊，茶杯都震動得跳了起來。

瑞蘭因爲母親已經死了，野桐已經來了，更把整個的心靈都交給閎之。閎之因爲蕭老太太的死完全是爲了他和瑞蘭，使他內心非常不安，他除了更愛護瑞蘭之外同時加重了他的責任感。他不能讓蕭老太太白白地死去，他不能辜負她一片愛心，他應該使她含笑九泉，使她的靈魂得到安慰，他決心把他的部隊訓練得更好，不但要能保衛臺灣，還要能打回大陸家鄉。

野桐對於自己的工作沒有什麼顧慮，他受過嚴格的軍事教育，過過最苦的生活，只要和閎之在一塊兒他就很快樂。一個下士班長的地位雖低，比在大陸聽任共產黨清算鬥爭總強，所以他愉快地和閎之一道到臺北鄉下去了。

第四六章

未結連理心上忐忑　不寫文章與未央

政府爲了防備共產黨對臺灣本島的進攻，先後將海南島舟山羣島的部隊撤到臺灣來了。臺灣的防衛因這大批部隊的到達頓形加強，人心反而比以前更安定了。

舟山十五萬人全師撤退，[illegible]做到神不知鬼不覺的地步。這是軍事上一次最成功的冒險，不僅在中國戰爭史上少見，在世界戰爭史上亦少前例。駐在大樹島桃花島上陳毅的「三野」部隊以及大陸沿岸的幾萬敵人雖近在尺咫，但在國軍撤退三天之後才敢進入舟山。這種虛則實之實則虛之的兵法運用，使驕悍狡黠的共產黨也弄昏了頭，同時更提高了臺灣人民對國軍的信賴，也增強了國軍本身的自信心。

由於海南舟山兩地國軍的相繼來台，問之周圍的伙伴又增加了不少。他心裡非常高興，彷彿看見自己的力量的增長。野桐更是高興。在共產黨渡江前後他看見的國軍都是垂頭喪氣的，現在一個個雄糾糾，氣昂昂，而每一個士兵又是那麼守紀律，懂禮貌，同老百姓沒有一點糾紛。問之的部隊如此，其他的部隊也是一樣，他認爲這樣的部隊一定可以打敗共產黨。

野桐現在和問之是部屬長官的關係，他看見問之那麼認眞努力，他自己更加起勁，雖然他只帶一班人，但他決不忽視自己的力量和責任。問之在這一營裡處處以身作則，他在他一班上也同樣以身作則。他班裡的弟兄和他同樣年青，生命力非常旺盛，而且都受過十年左右的教育，所以他在精神上非常愉快，他和班裡的弟兄生活在一起比和問之在家裡種洋山芋更有興趣，現在他重新找到了他的生活重心了。

問之自從和野桐一道下鄉之後又有好久沒到臺北來了。一個星期六的下午，他趁着到臺北接洽一件公事之便，去瑞蘭的學校看她。走到學校門中，他就聽到「保衛大臺灣」的歌聲：

保衛大臺灣
保衛大臺灣
保衛民族復興的聖地
保衛人民至上的樂園
萬衆一心，全体動員
節約增產，支援前線
打倒蘇聯強盜
消滅共匪漢奸
我們已經無處後退
只有勇敢向前
我們已經無處後退
只有勇敢向前

學生們唱着，重複地唱着，致他們唱的不是別人正是瑞蘭這個歌部隊也很流行，早操和晚點時士兵也是這樣唱着，重複地唱着，這個歌問之聽得很多了，本來沒有什麼新奇，但他忽然聽見小學生唱，他就覺得很有趣，他們的聲音自然沒有士兵那麼雄壯，卻唱得十分動人。他站在課室外面聽着，不進去打擾他們，等歌聲停止之後他才通知傳達進去告訴瑞蘭，他在會客室坐了一會兒瑞蘭就夾着課本出來，她見問之就很高興，他們有一個多月沒有見面了。

「下課了嗎？」問之看見她挾着課本猜測地問。

瑞蘭點頭笑笑，隨即一陣鈴鈴的聲音，學生們蹦蹦跳跳地跑出課室，瑞蘭看見他們活潑天真的樣子心裡非常高興，問之也很高興，這和他看見自己的弟兄又是一種快樂的心情。

「下節還有課沒有？」現在還只四點，問之怕瑞蘭還有課。

瑞蘭搖搖頭，笑笑。

「我們出去一趟好嗎？」

瑞蘭向他甜蜜地笑笑，隨即把課本鎖在抽屜裡。

走出校門口就是一條夾竹桃和鳳凰木構成的林蔭路，胭脂紅的夾竹桃花和火樣紅的鳳凰木花開得非常燦爛。瑞蘭帶問之轉進一條更幽美的花木扶疏的小路，這是一條上街的捷徑。

「大哥，你怎麼又是許久不進城？」瑞蘭挽住問之的手委婉地說。

「實在抽不出空來。」問之抱歉地笑笑。

「今天呢？」

「今天是公私兼顧。」

聞之向她笑笑，瑞蘭也感激地笑笑。

「桐弟好嗎？」

「很好很賣力。」

「桐弟本來是請長假離開憲兵團的，當時他說一輩子也不再當兵，想不到現在又當兵了？」瑞蘭感慨而惋惜地說。

「現在國家需要他，他也需要國家，所以他又當兵了。」聞之向瑞蘭笑笑。

「這倒是一個轉變。」

「大家都在轉變，他當然也要轉變了。」

「假使老百姓都能覺悟就好。」

「總有那麼一天。」

「不會太遠嗎？」

「照共產黨這種作法，那日子是不會太遠的。」

「老實，我真希望能早點回家，最近我常常夢見媽。」瑞蘭的眼睛又有點紅了。

「我也希望早點搬回去，我覺得我真對不起她老人家。」

「老實，我們的事到底怎麼辦呢？」瑞蘭對於他們的婚事時刻在心，她不能老是悶在心裡，現在她實在悶不住了。

聞之對這件事考慮得比她更多，他當然也需要結婚，不過目前的環境還不允許他這樣做，他只好向她抱歉地笑笑。

「昨夜夢見媽時還在爲我們的事操心。」

「[illegible]我決不辜負她一片愛心，我希望我們的婚禮還是回到蕭家灣舉行。」

「[illegible]我知道你不會辜負媽，但你也應該替我想想。」瑞蘭忽然停住腳步，很深情地望着問之，她的眼裡有淚。

問之這一向只顧着自己的工作而忽略了瑞蘭，要是一般女孩子一定不會原諒他這種疏忽的，但瑞蘭太[illegible]他太瞭解他了，即使自己心裡怎樣空虛，怎樣需要他的安慰，她還是很少表示，但這種本能的衝動還是[illegible]的。問之忽然看見她的眼裡有淚，心裡非常不安。他馬上給她一個深長的吻。他看見瑞蘭輕輕地幸福地合上她的眼皮。

過後，瑞蘭向他感激地笑笑，苦澀地笑笑，而她的臉上仍然留着淚痕。現在她很平靜了，顯得比平常更加溫雅嫻靜了。

接着她告訴問之定文出院的消息。

「他住在什麼地方？」問之關心他出院以後的住處。

「住公家宿舍。」

「吃飯呢？」

「和幾個墜機的同事合夥弄。」

「他們的生活問題社裡是否負責？」

「社裡正在裁員，也很困難，不過對他們幾位還算特別優待，房租由公家負担，另外還供給一點米。」

「我想去看看他，妳陪我去好嗎？」

瑞蘭點點頭，於是，他們搭上四路公共汽車到定文那兒去了。

定文出院才兩三天，現在能走一點路，上厠所洗臉都用不着別人扶，但却跛得兇，走路的樣子很難看，他自己也不免好笑，做夢也沒想到他會變成這樣的。

他看見瑞蘭問之同來心裡很高興，他正伏在一張小桌上寫東西，問之走過去一看題目是「墜機記。」

「定文，你還應該休息休息，文章以後再寫不遲。」問之握着他的手說。

「一方面想寫下我的記憶，一方面也亟需一點稿費。」定文向問之笑笑。

「工作問題呢？」

「現在還沒有眉目。社裡的同事勸我多寫點稿，由他們分別介紹出去，看樣子暫時只好靠稿費維持了。」

「現在的「行情」怎樣？」問之來臺灣後就沒有投過稿，他不知道臺灣的稿費標準怎樣？」

「二十塊錢一千字。」定文伸出兩個指頭。

「比抗戰時還要高，倒可以寫寫。」問之還記得抗戰時有很多作家要求斗米千字，但這目的始終沒有達到，現在已經超過斗米千字了，所以他也替一般拿筆桿的朋友們高興。

「稿費雖然不錯，銷路却比抗戰時困難。」

「什麼原因呢？」

「一是報紙副刊少，二是正派雜誌少，文藝雜誌更不必說。三是各有各的門戶，同編者的關係不够刊登的機會就少，除非你是女人。」定文在文化界的朋友比較多，他瞭解一些內幕情形。

「你這樣說瑞蘭倒可以試試了？」問之望着瑞蘭笑笑。

「包管馬到成功，編輯先生們就愛這個調調兒。」定文也向瑞蘭笑笑。

「他們爲什麼也這樣編輯？我才不投這種編輯的稿。」瑞蘭冷冷地說。

「妳是貨眞價實的小姐還不投稿？還有很多男士化名小姐投稿哩！這倒是一條成名的捷徑哪！」定文幽默地笑笑。

「眞是丟你們男人的醜！」瑞蘭也不免好笑。

「讓他去丟吧！我和問之可沒幹這種事。」定文又向問之笑笑。

「如果是爲了生活用女人的名字換取一點稿費我倒很同情，因爲大家都要活命。女人不得已時出賣自己的靈魂，男人不得已時冒充女人，這都不是他們本身的罪過，是可以原諒的。如果爲了在文壇上出點小名，就把男性的尊嚴出賣了，那就太沒有人格，這種人是什麼事都可以幹的。」問之表示他的意見。

「人格？這年頭人格多少錢一斤？」定文又幽默地笑笑，問之和瑞蘭也好笑。

「[illegible]我再告訴你一個好現象。」定文又接着說。

「什麼現象？」

「臺灣的軍人作者很多，他們的作品都有一種積極向上的意識，從這些作品裡看不出一點亡國之音。」

「軍人的生活就是這樣。」

「他們不但是拿槍桿的戰士，還是拿筆桿的戰士。未來的中國文壇可能是軍人作家的天下，因爲他們的生活廣度和深度都很夠，他們的作品都有血有肉，世界上最偉大的作品就是有個性有風格有血有肉的作品。」

「之哥，你怎麼不寫？」瑞蘭聽見臺灣有這麼多的軍人作者，問之反而不寫，她倒有點奇怪。

「妳看我給妳寫過幾封信？」問之微笑地反問她。

「不給我寫信倒無所謂，不寫作不但對你自己是一個損失，對讀者也是一個損失。」瑞蘭非常關心問之的文學生命，在她看來這才是人生最重要的工[illegible]。

「[illegible]瑞蘭的意見很對，你是我們幾個人當中的一張頂頭A，你這張底牌應該攤出來。」

「以後再看吧。」問之覺得他的本位工作還是最重要的。

「瑞蘭，妳也應該寫寫呀。」定文又鼓勵瑞蘭。

「我寫不好。」瑞蘭很謙虛，她總覺得自己的作品還不够成熟。

「寫作也要膽大臉皮厚，只要你的作品經常發表，一般讀者就以爲你是名作家了，誰去分析好壞哩！」定文知道很多「名作家」就是這樣名起來的。

「出名並不太難，萬一名作家的作品被人嗤之以鼻那就太悲哀了。」瑞蘭不愛虛榮，只追求實質，在寫作方面也是這樣。

「定文，別談這些了，有精神還是把你的墜機記寫起來吧。」問之先向定文說，然後又轉向瑞蘭

「我看妳也回去教教學生唱唱『保衛大臺灣』吧？」

「那麼你呢？」瑞蘭奇怪地問。

「我還是回去訓練我的部隊。」問之向她抱歉地笑笑，然後又在她額上輕輕地一吻。

第四七章　大難不死當編輯　八斗高才亦枉然

一九五〇年，中華民國三十九年六月二十五日，史太林的傀儡金日成指揮俄式配備的韓共部隊衝過北緯三十八度線了。史太林以冷戰奪取了中國大陸，現在又想以熱戰囊括南韓。這個戰爭聯合國稱之爲「韓戰。」

由於蘇俄駐聯合國代表馬立克的缺席，使聯合國順利地通過了支援南韓抵抗侵略的案子。杜魯門總統馬上派遣海空軍及地面部隊赴韓作戰，麥克阿瑟將軍以聯合國遠東統帥的身份指揮這場險惡的戰爭，杜魯門總統這同時宣佈臺灣中立化的政策，命令第七艦隊開往臺灣海峽巡邏，以阻止第二個韓戰的爆發。

由於史太林這一擊，把杜魯門總統擊痛了。使他的遠東政策來了一個九十度的轉彎，任何反共的理論都沒有現實的教訓來得有力，中華民國的反共鬥爭現在他漸漸地瞭解了。當然，艾其遜所預料的臺灣陷落並沒有成爲事實，正如他沒有想到韓戰會突然爆發一樣。

韓戰的突然爆發以及韓共的銳利攻勢使美國人大大地吃驚，因爲他們根本不知道共產黨會有這麼兇猛。杜魯門總統也隨之宣佈全國進入緊急狀態，史太林的這一行動對於所有的民主國家都是一個太有益的教訓。

臺灣對於這件事的看法一點也不覺得驚奇，因爲這是中國大陸變色後的必然結果，中國大陸一落入共產黨手中，全世界都要騷動，世界上有那一個國家有這麼多人口？史太林既然掌握了這麼多人口，他就可以爲所欲爲了。

問之在報上看到這個消息之後，心裡很興奮，但這不是一種幸災樂禍的心情，他很同情韓國的處境，韓國人希望日本侵略者退回去之後有一個統一的國家，但二次大戰結束之後他們的國家硬被分割爲南北二部，儼然是兩個國家，三十八度線竟變成南北韓的國界了。這種強力的分割使他們復國的希望受到嚴重的打擊，統一的工作受到嚴重的阻礙，韓國人內心的痛苦是可以想像的。現在史太林的傀儡金日成又衝破了這個人爲的「國界」，把戰爭帶到南韓來，把共產黨的恐怖，奴役，鬪爭，一齊帶到南韓來！把韓國人僅有的一點自由和平也破壞了，這是一種非常可悲的事。韓國人的痛苦只有中國人最能瞭解，因爲中國人的命運比他們更悲慘，整個大陸被共產黨奪去了，四億五千萬人關進鐵幕了。現在的韓國正走着中國走過的路，問之是走過這條路來的，他怎麼不同情韓國人呢？他興奮的是史太林這一擊不僅擊痛了杜魯門總統，也擊痛了所有的民主國家，使大家提高警覺。亞洲只有一個中國，沒有第二個中國了，所以南韓地方雖小，美國也不得不把自己的子弟送上戰場，英國也多少要陪送一點過去，現在輪到他們自己流血了。這是一個教訓，一個血的教訓，不然民主國家還會白天做夢，人類將會流更多的血，世界上將有更多的國家莫明其妙地滅亡，史太林赤化世界的目的也許可能達到。但韓戰的爆發就是向自由世界高々地掛起三個紅球這就是問之爲什麼興奮的原因。

定文、野梧、聞天、志平、瑞蘭他們也同樣的興奮，他們爲這個爆炸性的消息又集合在一起了。問之是從鄉下趕來的。

定文出院之後，野梧他們還沒有聚餐爲他慶祝，現在就利用這個機會打一次牙祭。

瑞蘭和華芳忙了一個下午，菜雖不太豐富，一樣一樣弄起來還是費事的。瑞蘭繫着一條白圍裙上々下々，倒很像一個主婦。

「蘭妹子，我看今天就替妳和問之結個婚吧？」野梧又開玩笑，定文他們也附和起鬨。

瑞蘭迷惘地望々野梧又望々問之。問之馬上向野梧蹺起右脚上一隻開了一個大口的破皮鞋，由於他的脚不住地搖動，那隻開了口的皮鞋就像一隻游魚的嘴巴一開一合，大家看了不禁失笑起來。瑞蘭看了馬上掉下幾滴眼淚。

「之哥，脫下來，讓我替你縫幾針。」瑞蘭連忙跑過來蹲在地上帮助問之脫鞋。

瑞蘭把問之的鞋子拿走之後，問之也偸々地落下淚來。

接着華芳端着菜上來了，野梧抓住機會似的馬上大聲地對大家說：

「坐攏來，坐攏來，我今天陪問之喝幾杯。」

於是志平聞天圍了過去，定文也一拐一拐地向桌子移動，問之隨手扶着他。

兩杯酒喝下去大家又興奮起來了。野梧更是有說有笑，他的酒喝得最少，話可講得最多。

一會兒，瑞蘭又拿着問之的那隻鞋子過來了，開口的地方用細麻繩縫補好了。問之穿上之後隨手拉着瑞蘭在身邊坐下，然後又爲她斟了一杯酒，再舉起自已的杯子來輕々地對瑞蘭說：

「蘭妹，我敬妳一杯。」

「我不會喝酒。」瑞蘭向她溫柔地笑了。

「妳隨便喝點，我乾杯。」

「酒喝多了不好，你也少喝一點。」瑞蘭慢々地舉起杯子溫柔地說。

問之爲了表示他內心的感激和愛意，他還是乾了一杯，瑞蘭也深々地喝了一口，大家看見他們這種深愛心裡都很感動。

「[illegible]」問之，瑞蘭，我爲你們兩位美滿的愛情乾杯。」定文舉起杯子對他們說。

「爲你長命百歲乾杯。」問之瑞蘭也舉起杯子。

「你們都有理由乾杯，我用針康和你們乾杯！」野梧舉着杯子摸々後腦殼說。

「爲中華民國萬歲乾杯，爲自由民主勝利乾杯。」問之笑着說。

於是，大家高興地一飲而盡，瑞蘭的杯子也乾了。

接着他們一面吃飯，一面談話，很自然地就談到韓戰上來。

「如果美國再不動手，史太林的膽子就更大了。」野梧首先發表意見。

「這次再不動手美國的面子就丟光了。」定文接着說。

「如果美國再不領導民主國家抵抗侵略，那就等於告訴所有的弱小國家向蘇俄投降。」聞天也表示他的意見。

「這樣發展下去，最後連美國也得投降了。」志平提出他直覺的看法。

「好在美國能亡羊補牢，世界的前途還是有希望的。」定文的意見比較客觀，他對任何問題都避免直覺和武斷。

「如果能隨時隨地給共產黨打擊，他們就會縮了回去，他們絕對不敢打沒有把握的戰爭。」問之和共產黨打了幾年仗，他有不少的實際經驗，去年金門一戰共產黨全軍覆沒之後就不敢作第二次的冒險，問之就是根据這些事實判斷的。

「定文，你看韓戰的前途怎樣？」聞天關心地問。

你的精一色自模樣

「謝謝你的金口玉言，下次我一定要都守了」野梧故意傻笑又喝了一点酒。

「麥克阿瑟是個了不起的戰略家，也是一個反共英雄，如果讓他放手打去，一定會贏得勝利，就怕國務院的政策搖擺不定。」定文冷靜地分析。

「難道美國不希望勝利？」志平有點不解。

「這問題很複雜，如果民主國家沒有和蘇俄決戰的勇氣，韓戰是不會有太好的結果的。」

「不打倒蘇俄任何零星的戰爭對於民主國家都是一個可怕的消耗，而這種戰爭正是蘇俄所歡迎的，因為他毋須死傷一卒一兵。」問之說。

「我看不管怎樣的戰爭，只要美國肯出來打蘇俄總有點害怕。」野梧半天沒講話，他也趁機提出他的意見。

「當然，打總比不打好。」這是大家一致的看法。

「現在有些人以為第七艦隊一來他們就可以睡覺了。」野梧接觸的人多，他知道的確有這種人。

「存這種心理實在太危險，我們的仗還是要我們自已打的。」問之說完之後馬上站起來。

瑞蘭看見大家都吃完了，她也連忙收拾碗筷。

「問之，你的部隊訓練得怎樣了？」定文沒有看見三月一日的閱兵，不知道他的部隊到底訓練得怎樣？

「只要奉到作戰命令，我相信我的部隊肯打，而且能打。」問之自信地說。

「問之，你就是我們的希望，我們要想回家還得靠你。」定文對問之寄予很大的期望。

「希望大家努力。」問之向大家笑々。

「放心，我決不睡懶覺。」野梧向瑞蘭做個鬼臉，又向問之笑々。他來臺灣一年多的確沒有睡過一次懶覺了。

定文在一個廣播電台裡找到了一個編輯工作，專門負責編撰對大陸的廣播文稿，同時還在一家晚報兼了一個副總編輯的職務，兩邊收入合算起來一個月有八九百塊錢。比問之他們的收入要多七八倍。照理是很好生活的，可是三輪車費就去掉了三分之一，因爲他不能走遠路，上下公共汽車也不方便，所以平添了這筆額外開支，另外他又在一家館子裡包伙，這又去掉了三分之一還多，剩下來的也僅々够零用了。

野梧他們都爲定文的幸運祝福。現在在臺北找工作並不是一件太容易的事，而他能在一星期之內先後找到兩個工作那就更不容易了。這一方面是得力於他在新聞界的朋友多，人眼熟，一方面也得力於上司的幫助，他本身的條件當然也是一個很重要的因素。

「定文，我早講過大難不死，必有後福，現在證明我的話不是子虛吧！」野梧得意地說。

「這不能算福，只是暫時解決了吃飯的問題，你的預言還差得遠哩。」定文幽默地笑笑，他根本不相信野梧那一套。

「這還不算福怎樣才算是福！」野梧不服氣。「你一個月的收入還超過我和問之瑞蘭關天來三個人的收入，這在今天說來就是大福了。」

「這種條件是機會問題，如果你們不當軍人，隨便幹什麼工作，待遇也會比現在高。」

「就是有機會你這種工作我也幹不了。」關天謙虛地說。

「笑話？我現在的工作你們幾個人都可以幹，倒是你們的工作我眞幹不了。」定文覺得問之野梧聞天他這方面的能力不在他之下，倒是他跛了一條腿之後幹不了他們的工作。

「你如果不是壞了一條腿，我們的工作你還不是勝任愉快？」聞天野梧都有這種看法。

「就是不壞這條腿，我也幹不了問之那份工作。」

「對，我本來幹不了他那份工作。」野梧也有自知之明。

「這就是問之不可及的地方。他的詩人的智慧再加上軍人的苦幹實幹精神，所以總結起來比我們都強。」定文把他們幾個人客觀地作了一個比較。

「是的！我看問之和瑞蘭的問題不能老是這麼拖着，我們應該想個辦法解決才好。」野梧忽然轉變話題，他對問之瑞蘭的婚姻問題始終是一樁心事。

「當然，我們應該想辦法。」聞天覺得這是義不容辭的事。

「那麼我們現在就開始籌備好了。」志平仍然那麼性急。

「照理問之和瑞蘭是最理想的一對，早就應該結婚，怎麼問之對這個問題老是閉口不提？」定文懷疑地問。

「還不是爲了錢？」志平直覺地說。

「恐怕不是這麼簡單？問之和瑞蘭都不是愛慕虛榮的，簡單一點我想他們也不在乎，這裡面一定還有其他的原因。」定文轉向野梧：「野梧，不知道問之和瑞蘭談過沒有？」

「瑞蘭曾問過他，他表示要回臺灣結婚。」野梧知道瑞蘭和問之那天談過這件事，他對這件事一直很關心。

「問之的用意很[redacted]，[redacted]不知道是那一天的事情？」定文知道大家最後一定要回去的，不過再拖很難確定[redacted]三年五年，也許[redacted]八年。

「[redacted]問之的工作很危險，不能老是拖着，早結婚早有一個結局。」自從問之在金門負傷之後，野梧對他的安全就更加就心了。

「也許正因爲這個原因，問之才不[redacted]現在結婚？」定文自信猜中了七八成。

「問之是一個重感情而又有責任感的人，他隨時準備犧牲，他一定不願意把痛苦加給瑞蘭。」聞天强調定文的看法。

「我也是這個意思！」定文又補充說。

「但是他們兩人的年齡一天天大起來，這樣拖下去總不是辦法。」[redacted]有點焦急。

「瑞蘭的意思怎樣？」定文[redacted]轉問野梧。

「蘭妹子對問之[redacted]是一往情深，她爲他是不惜任何犧牲的。」野梧和他們兩人最接近，他知道實際的情形。

「上帝既然讓他們接近，最好能讓他們結成美滿的婚[redacted]。」定文幾乎是祈禱般地說。

「我眞想不到他們是[redacted]理想主義者，要是我老早結婚了，誰還有那麽好的耐性？尤其是我們男人。」

[redacted]和華芳結婚得那麼早就是他沒有耐性等，他是揚言遠行而達到結婚的目的。現在他們反而放過眼前的機會，他眞有點不解。

「問之和瑞蘭都是重感情的人，他們的結局不論是悲劇還是喜劇，我們都應該寫下來，讓那些把內慾當作愛情的人看着。」定文感慨地說。

接着野梧還告訴定文，問之在三年前曾經有過一個愛人的故事。想不到一年前瑞蘭又深深地愛着他，這在別人應當是一件很幸福的事，但對問之却是一種痛苦。

「愛情是給予不是獨佔，眞正偉大的愛情是帶點自我犧牲的，」定文發表他的戀愛論。

「如果男人像問之，世界上就沒有強姦的事情；如果女人都像蘭妹子，那我這一輩子也吃不到野食了。」

開天志平聽見野梧的話都好笑，定文却讚賞地說。

「你倒還老實，」

「在你們面前老實不會罰跪，在華芳面前可得扯謊了。」野梧厚顏地說。大家都笑了起來。

他們正談得興高彩烈的時候，問之和瑞蘭双双地走了進來，今天是星期天，瑞蘭沒有課，問之也比較空閒，他的部隊已經完全補充訓練好了。

他們看見問之瑞蘭同來，都高興得站起來歡迎。

「剛才還談到你們，想不到你們就來了？」定文親切地招呼。

「定哥，剛才你們爲什麼發笑？」瑞蘭怕是笑她和問之，女人的心眼倒底仔細。

「不是笑你，也不是笑問之，是笑野梧。」定文連忙解釋。

「哥哥，你又做了壞事？」瑞蘭望着野梧溫柔地笑笑問。

「[redacted]，哥哥現在是聖人，還會做壞事？」野梧神氣十足，他來臺灣之後確實不大胡鬧，偶爾也和女人有[redacted]瓜葛，但不像[redacted]去[redacted]糟糟。

瑞蘭和問之都[illegible]

「[illegible]剛才[illegible]瑞蘭說，你找到了兩份工作，是嗎？」問之不高興地問。

「一點不錯。」野梧搶着說。

「這樣就好。」問之寬慰地笑笑，定文也笑笑。

「現在我們這些羅漢都有用武之地了，定文的[illegible]工作應該[illegible]找個愛人。」

野梧認為大家都成對，問之和瑞蘭雖然沒有結婚，但[illegible]他們都一對的感情都好。現在只有定文是個光桿，應該找個對象生活才有重心，他也的確需要一個女人照料。

「哥哥，你又在胡說。」瑞蘭馬上盯野梧一眼，她有點替定文的太太不平。女人總是維護女人的。

「胡說？共產黨正在推行新婚姻法，定嫂恐怕已經配給別人了！」最近香港的報紙天天有關於新婚姻法的新聞，大陸上有很多流亡的「國特」、「地主」的妻女被「改嫁」，這類的消息定文又不是不知道。定文太太的命運也自然可以想見了。同時他知道定文和他太太並沒有什麼感情，所以他也就大膽地說了[illegible]

「不管配沒配給別人，目前我還沒有這種打算。」定文覺得他的腿比什麼都重要，有辦法還是先把腿醫好。

「難道你也和問之一樣不想結婚嗎？」野梧忽然奇兵突出，他想借這個機會激問之一下。

「我和問之的情形不同，不能相提並論。」

「是不是拐了一隻腳就沒有找女人的勇氣？」野梧仍然口沒遮攔。

「也可以這麼說。」定文[illegible]笑笑。

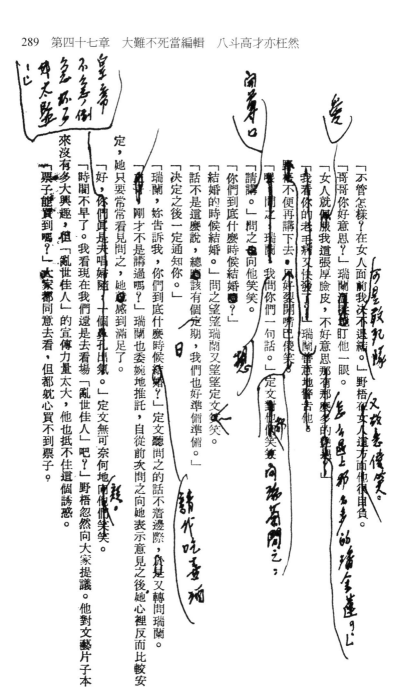

「不管怎樣？在女人面前我決不退縮。」野梧在女人這方面他很自負。

「哥哥你好意思？」瑞蘭狠狠地盯他一眼。

「女人就佩服我這張厚臉皮，不好意思那有那麼多的艷福？」

「我看你的老毛病又快發了？」瑞蘭善意地警告他。

野梧不便再講下去，只好裂開嘴巴傻笑。

「噯！問之，瑞蘭，我問你們一句話。」定文對他們笑笑。

「請講。」問之也向他笑笑。

「你們到底什麼時候結婚呢？」

「結婚的時候結婚。」問之望望瑞蘭又望望定文笑笑。

「話不是這麼說，總應該有個定期，我們也好準備準備。」

「決定之後一定通知你。」

「瑞蘭，妳告訴我，你們到底什麼時候結婚？」定文聽問之的話不着邊際，於是又轉問瑞蘭。

「哥哥，剛才不是講過嗎？」瑞蘭也委婉地推託，自從前次問之向她表示意見之後她心裡反而比較安定，她只要常常看見問之，她就感到滿足了。

「好，你們真是夫唱婦隨，一個鼻孔出氣。」定文無可奈何地向他們笑笑。

「時間不早了。我看現在我們還是去看場「亂世佳人」吧？」野梧忽然向大家提議。他對文藝片子本來沒有多大興趣，但「亂世佳人」的宣傳力量太大，他也抵不住這個誘惑。

「票子能買到嗎？」大家都同意去看，但都耽心買不到票子。

「咱家自有辦法。」野格微有把握似的慢吞吞地說。

於是他們一道到電影院去，野格果然買到了六張樓上的票子。在這方面他實在比定文他們強。

這張片子實在太好，費雯麗的演技的確出神入化，克拉克蓋博，李思廉霍華，奧麗薇哈佛蘭，自然都是上選，他們使書中的主人翁思嘉，白瑞德，魏希禮，梅蘭活現在每位觀衆面前，留給觀衆的印象是那麼生動深刻。

「問之，你將來也可以寫一部戰爭小說，題材沒有問題，還可以寫得比「飄」更有意義，更悲壯動人。」定文向問之的耳邊說。

「我沒有這種才力，就是寫出來了也沒有米契爾這麼幸運。」問之知道他個人的環境和國家的環境不可能有這樣的成就。

「這當然不是今天的事。」

「等到我想寫時恐怕我已經犧牲了。」問之輕輕地說，他生怕瑞蘭聽見。

「唯願上帝賜福給你，賜福于苦難的中國，我們總應該有部東西紀錄我們這一代。」

「假如我不中途死去，將來退役以後我願意嘗試；假如我不幸戰死，我希望你和瑞蘭能够完成這件工作。」

「我們這一代可寫的東西實在太多，每一個人就是一首史詩，一部長篇小說，但却需要一枝超過米契爾的大筆來完成。這點我不行，瑞蘭的生活圈子太小，廣度和深度都不够。雖然她有天才，她的感情非常細膩，但還需要很大的魄力。」

「那就只好期待別人了，果要我們把這個意思提供出去，成功不必在我。」

「問之，你可不可以下來另外找個工作，現在就開始做這件事？」定文覺得問之的崗位大危險，如果能夠下來從事這個艱巨的寫作，他對國家的貢獻決不會下於一個營長的。

「現在還是拿槍桿比較適宜。」問之知道現在就是寫出比「飄」更好的長篇也不會有人賞識能出版，倒不如拿槍來得爽快，以他的槍法一顆子彈是可以消滅一個敵人的。

「那麼我希望你謹慎一點，小心一點。」

「當然我不會白白地犧牲。」

中場休息的時候定文忽然站起來要走，野梧馬上阻止：

「今天禮拜，大家都休息，你有什麼要緊的事？」

「你有禮拜我可沒有禮拜，我還得趕回電台寫兩千字的大陸廣播稿。」定文一面看錶一面說。

大家都怕躭誤了他的事，不便堅留，因爲「亂世佳人」還要繼續演一個多鐘頭。

於是，定文一拐一拐地拐出去了。

第四八章

當年抗日首揆筆

國事蜩螗

國不定心

北韓共的俄式裝備很好，士氣也很高，他們的攻勢非常銳利，南韓的部隊一天天垮下來，美軍也一天天垮下來。他們從漢城退到水原，從水原又退到天安，退，退，退，退過了錦江，退過了大田，一直退到大邱，僅僅保留着釜山這個橋頭堡和[illegible]外圍的少數据點，南韓軍受到很大的打擊，美軍也受到很大的打擊。韓共的士氣愈打愈高，而南韓軍和美軍的士氣則一天天低落。美國軍人眞想不到韓共會有這麼兇？如果同俄國人打起來那不是要吃更大的苦頭嗎？他們所用的武器還是第二次大戰的舊東西，而韓共所用的多半是蘇俄戰後生產的新武器，因此在韓作戰的美國軍人一致要求比現在更好的武器，和派遣更多的地面部隊，不然他們就很難長久支持。而金日成却在平壤廣播電台向他自己的部隊狂喊：

「趕下海，把敵人趕下海！」

這對美國軍人是一個嚴重的威脅，對美國的威信也是一個嚴重的威脅。

聯合國遠東統帥麥克阿瑟將軍就在這時到臺灣來了。自由中國對於這位反共的盟友馬上予以熱忱的歡迎，只有他眞正瞭解反共戰爭，瞭解中國單獨反共的艱苦，他是一個敢於和自由中國站在一起反共的美國

麥帥的來台不問他是借重自由中國的部隊赴韓作戰或給予自由中國的精神支援，全臺灣軍民都對他一致表示好感。這是非常自然的現象。

問之他們對於麥帥除了好感以外，對於他赤誠爲國的百戰功高，還有一種由衷的尊敬，麥帥恢宏的氣魄，壯濶的胸襟和堅定不移的個性，正是一個軍人的典型，這種偉大的軍人中國歷史上也曾出現過，關羽、班超、馬援、郭子儀就是屬於這一類型。

「問之，假如政府讓你的部隊到韓國去你怎樣？」定文問他。

「一切服從命令，如果我的部隊能担任這種任務那是我的榮幸。」問之一年多沒有和共產黨作戰，他倒是希望有一個打擊敵人的機會。

「如果聯合國不畏首畏尾，也許你的部隊已經開到韓國去了？」

「留得青山在，不怕沒柴燒，果要時機成熟，誰能阻止我們反攻大陸？」

「假使艾其遜有麥帥這樣的見識和勇敢那就好了。」

「我不否定文人的智慧，但他們的智慧掩飾不住他們內心的畏葸，這就是我喜歡麥帥的原因。」

「也許我們都是軍人出身，所以我們都有這種感覺。」

「我不是軍人，我也喜歡麥帥的勇敢堅定。」瑞蘭微笑地說。

「難怪妳這樣愛問之囉！」定文嘴角上掛着一絲會心的微笑。

「我怎麼能比麥帥？」問之謙虛地望着定文。

「應該說麥帥怎麼能比你？」野梧一向有點優越感，他總覺得自己比別人行，他不讚同問之某些不必要的謙虛。

「我不敢這樣狂妄。」問之很冷靜。

「狂妄？你會寫詩，麥帥不會寫詩，這正是你的驕傲。」野梧理直氣壯。

「哈代的詩？詩對於一個軍人遠沒有步兵操典和射擊教範來得切實重要，你如果說這是我的驕傲，倒不如說是我的弱點，我之所以不想當一個職業軍人正是這個原因。」

問之對於自己的性格瞭解得很清楚，他雖然能習慣地服從命令，打起仗來也勇敢堅定，但他的志趣不在軍事，他愛幻想，他比一般軍人想得更多，想得更遠，他的思想彷彿長了翅膀，到處飛翔，永遠不息地飛翔，飛到軍隊以外去，飛到這個世界以外去，他認為他不是一個典型軍人，像麥帥那樣。他只是為了愛國心的激動而投效軍校，為了責任感而繼續服役。假使當年沒有中日戰爭他現在早已是一個文學博士，自然更是著作等身了。他現在還是這樣想：只要打回大陸，國家太平，他就馬上脫掉這身軍服。他寧可過着陶淵明那樣貧窮的田園生活，也不願在富貴場中無謂地徵逐。

「假如你過着普希金的那種太太，你就不可能過着陶淵明式的田園生活。」定文向他笑笑。

「假如沒有瑞蘭，我現在的軍人生活也沒有這樣濃厚的理想主義的色彩。」問之也向他笑笑。

「問之的生活充滿理想主義的色彩，我的生活却充滿現實主義的色彩。」野梧躺在定文的床上把一張女人的照片向大家一揚。

「野梧，你又在搞什麼鬼？」問之望着他笑笑。

定文轉過頭去掠了一眼，那是一個非常妖媚的女人，濃豔，年青，充滿性感，像一個十足的浪漫派畫家的作品，一看就迷人，所以定文也不禁羨慕地說：

「野梧，你的艷福真不淺嘛！」

「我不像你和問之，沒有什麼可以驕人，這倒是我平生最大的驕傲。」野梧得意地笑笑，隨即把照片往小皮夾子裡一塞。

「哥哥，你怎麼老是這樣？」瑞蘭[illegible]地皺皺眉。

「蘭妹子，哥哥就是這個毛病，有什麼辦法？」

「你為什麼總不改？不學學別人？」

「妳說得眞容易！那有貓不吃魚的？」

「你也不是沒有魚吃呀？」瑞蘭氣急地說。問之定文[illegible]笑了起來，她自己也羞澀地笑了，野梧更是厚顏地大笑。

「野梧，我看你眞不能再胡鬧了。」問之覺得他的孩子已經這麼多，華芳又精明能幹，實在是一個很理想的小家庭，何必再胡鬧使華芳傷心呢？

「你放心，我不像你，一掉下去就爬不起來。」野梧的情婦很多，[illegible]個個都打得火熱，丢了也就算了，他不會為[illegible]失去的女人天天苦惱，他寧可動點腦筋再去找一個新的。不像問之那樣珍惜自己的愛情，決不隨便去愛一個女人，一愛就愛得很深，怎樣也難收回自己的愛情。

「這種事還是少惹的好。」問之不是[illegible]道學家，但他覺得風流債欠得太多說不定將來會惹出麻煩的。

「對！你的話全對！」野梧忽然坐起來，但隨即摸摸後腦殼又躺了下去。「就是實行起來可眞不容易。」

問之瑞蘭定文都無可奈何地望着他笑笑。

「野桐現在怎樣了？」野桐來臺灣後定文還沒有和他見過面，現在忽然想起他來。

「很好！」問之一說起野桐就很高興，他是一個腳踏實地的人，沒有一點浪漫主義的色彩。

「我倒覺得他是一個標準的中國軍人。」定文若有所感地說。

「你的看法很對！作爲一個軍人桐弟是比我們幾個人更適宜。」問之也有這種看法。

「可惜他沒有受過軍官教育。」瑞蘭惋惜地說。

「他還年青得很，將來有機會我一定讓他投考鳳山軍校。」問之安慰瑞蘭，他心裡也有這種打算。

「只有我的軍官教育是白受了的。」定文覺得他出軍校大門之後就沒有幹過軍事工作，更沒有帶過一天兵，現在腿也跛了，幹這種工作更不成。

「那也不盡然，當記者也需要一點軍事知識的。」問之覺得不論幹任何工作多一門知識總是好的。

「我覺得我們還是把野桐培植起來好，中國也很需要麥克阿瑟這樣的軍事將領。」定文意味深長地說。

「桐弟當一個軍人的條件是夠的，可惜氣魄差點。」野梧知道當一個軍事將領是很需要有那種氣魄的，麥帥那種氣魄也尤其難能可貴了。

「培養他，慢慢地培養他。」問之定文認爲野桐是一個很可造就的人，前途正未可限量呢。

「假如我們眞能培養出一個中國麥克阿瑟那才眞有意思呢。」野梧裂開嘴巴微笑。

麥克阿瑟回去了，他給臺灣軍民留下了一個太好的印象和非常深摯的友誼。這位巴丹英雄最初雖然被優勢的日本人趕出了菲律濱，但他不屈不撓的奮鬪終於迫使日本人投降，米蘇里戰艦上的受降典禮是一個偉大的歷史鏡頭，他這幾年來對日本的統治連敵人也爲之心折。現在共產黨雖然氣燄高丈，要把他的部隊趕下海，趕下海，但這位巴舟英雄還是不動聲色。

果然，在他從臺灣回去之後一個半月——九月十五日——就以雷霆萬鈞的力量，突然發動驚人的仁川登陸，直趨南韓首都漢城，把漢城以南大邱以北這個袋形陣地的十幾萬敵人統統一網打盡，沒有投進戰場的韓共只好抱着頭向後轉，向三十八度線以北逃竄。

他們在逃，由夜地逃，向開城逃，向平壤逃，向鴨綠江邊逃……

麥帥這個驚人的行動，這個決定性的勝利，使金日成喪膽，使聯合國軍隊的士氣大大地提高，南韓人民反共的信心自然更增强了。

臺灣的人心興奮，問之他們更興奮。

但在仁川登陸一個半月之後，韓戰起了嚴重的變化。

雖然自由中國的部隊沒有赴韓作戰，麥帥也沒有轟炸鴨綠江邊的北韓水電廠，更沒有派空軍追擊逃往中國東北的韓共殘餘部隊，而當聯合國的地面部隊打到鴨綠江邊時中共還是參戰了。這是聯合國和美國最顧慮的一件事，他們不願臺灣的部隊開往韓國去抵抗共產黨就是這個理由，不准麥帥轟炸鴨綠江邊北韓水電廠也是這個理由，但史太林毛澤東並不顧及聯合國這種苦衷，中共的四野還是像潮水一樣地向北韓湧過來，湧過來……

奄奄一息的韓共得救了，統一韓國的希望破滅了，聯合國的「察行警動」受到當頭一棒了、麥帥已經贏到手的勝利又送給敵人了！

於是，南韓軍隊開始退却，美國軍隊開始退却，所有聯合國的軍隊統統開始退却，退却，退却，在零下十幾度的嚴寒中退却，在冰天雪地中退却……

史大林在笑，毛澤東在笑，金日成在笑……「這種放從敵人的戰爭怎樣打法？這種捆住自己的手腳挨打的戰爭怎樣不敗？」問之看過報紙之後非常憤慨。

一九五〇年就這樣過去了。患着恐蘇病的自由世界還沒有爬起來。

三十八後蘇聯成了[illegible]。

第四九章　新年寶島無寒意　美食英雄豈在心

一九五一年，中華民國四十年接着來了。

臺北的氣候還很溫暖，和大陸的陽春天氣很相彷彿，天上雖然有點薄薄的浮雲，太陽還是時常探出頭來，男人只穿一套比平時稍厚點的中山服，女人也只在旗袍上罩着一件毛線外衣，仍然顯得像春天一樣活潑年青。

四十年的新年和三十九年的完全不同了。今年大家都很興奮，眼睛裡面都閃着種希望的光芒，第一屆克難英雄大會和克難成品展覽會也在臺北隆重地舉行，更增添了一種新興氣象。博物館門前像古中國的賽會一樣，更是人山人海，爭看克難成品的人們排着長蛇般的隊伍，比購買電影票更擁擠熱鬧，博物館的樓上樓下擺滿了陸海空勤將士們的克難成品，那裡面包括修造，生產等八大項目，每一個軍種都有好幾位軍官在那兒說明介紹，女青年大隊的花木蘭還不時地在擴音器裡報告一些精彩的克難事蹟。

野桐也當選第一屆克難英雄了。他和問之到部隊去後就一直沒有來過臺北，這次他有機會到處看々，而且到處受到歡迎，他心裡很高興，問之瑞蘭他們也很高興。

「喲！桐弟現在是英雄了。」當野桐抽空和他們聚在一起時，野梧第一個向他豎起大姆指來。

「之哥本來也是克難英雄。」野桐笑着說。

「問之，你爲什麼不和野桐他們在一塊呢？」野梧奇怪地問。

「之哥自動放棄，推薦別人了。」野桐連忙辯釋。

瑞蘭馬上望着問之深情地笑々。

「喲！你比桐弟更偉大啦！」野梧向着問之豎起兩個大姆指。

「克難是軍人的本份，還有什麼稀罕。」問之在部隊就了這麼些年，天々都在克難，這是中國軍人的傳統美德。神還沒有把牠當作一個運動。

「大家都能克難，只有哥々「懶人」最不克難，他倒需要這個運動來激刺一下。」瑞蘭說過之後又望着野梧笑々。

「我不克難？蘭妹子，妳看我現在抽的是什麼烟？」野梧把一隻老樂園送到瑞蘭的鼻子上，瑞蘭聞着那股辛辣的烟味馬上嗆咳起來。

「哥々，你何必受這種罪，不抽不是更克難嗎？」野桐笑着說。

「唔，桐弟，你說的倒頂容易，我這已經最克難了，再克下去人生的意義都克掉了，那又何必活？」野梧沒有烟抽比什麼都傷心，以前還要抽々白錫包黑貓三五，在蕭家灣時也要抽金庫，現在算是很克難了。

[redacted]

「抽好烟比抽壞烟不是更有意義嗎？」野梧笑々。

「你們兩人的話都對，不過有時間性，桐弟指的是現在，你說的是未來。」定文插進來說。

「沒有現在就沒有未來，哥々，我看你還是學々桐弟，他不抽烟，也沒有你那個壞毛病……」瑞蘭向野梧溫柔地笑々。

「桐兒和問之我都學不來。」野梧摸々後腦殼笑着，然後又轉向定文：「我看我還是學々你吧？」

「我有什麼值得好學的？」定文望着他奇怪地笑々。

「我想學你坐三輪車，吃館子。」野梧附着定文的耳朵輕々地說。

定文望着他責備地笑。

「定哥，哥々講什麼？」瑞蘭看見野梧那樣鬼々祟々講話有點懷疑。

「沒講什麼。」定文遲疑地笑々。「他說他明年也要當選克難英雄。」

「好，哥々只要你能當選克難英雄我一定親自向你獻花。」瑞蘭高興地說。

「野梧，只要你能當選克難英雄我也會送你一首詩。」問之也鼓勵他。

「你們現在就獻花送詩不是更好嗎？」野梧厚顏地傻笑。

「那爲什麼？」瑞蘭奇怪地問。

「因爲那頭銜我永遠拿不到啦。」野梧走到瑞蘭面前輕々地說。

「哥々你爲什麼不爭氣呀？」瑞蘭望着他又好氣又好笑。

「這個氣不爭也罷，躺在床上睡々覺多舒服。」野梧說着又往定文的床上一躺。

「哥々，我看你眞是不可救藥？」瑞蘭想々又好笑。

「蘭妹子，我還是一句老話：江山易改，本性難移。」野梧很悠閑地說。

「哥々，你看我這隻鋼筆怎樣？」野桐忽然在上衣口袋裡抽出一支派克51型的嶄新鋼筆遞給野梧看。

「不錯，是道地的USA貨色。」野梧讚賞地說：「誰送給你的？」

「是老百姓送給我們的禮物，每人都有一枝。」野桐笑着說。

「野梧想不到克難英雄還有這種殊榮，今年我也要克難一番了。」野梧重新點起一支老樂園故意傻笑。

「還有別的禮物沒有？」定文問。

「還有一顆日用品。」

「你這個克難英雄倒可以當得。」定文也笑了。

「定哥，我這枝鋼筆送給你。」野桐馬上把筆遞給定文，他知道定文那次墜機時一枝老式派克被人擄走了，現在又幹着搖筆桿的工作，沒有一枝好筆是不方便的。

「不成，這是你的紀念品，怎麼可以隨便送人？」定文仍然不肯接受。

「我現在天天拿槍，用不着。」野桐仍然遞給他。

「[illegible]留作紀念也是好的。」定文仍然不肯接受。

「定文，桐弟既然一番盛意送你你就接着吧，以後買了好筆再把這枝筆還桐弟也可以。」問之和野梧都這樣說。

「桐弟，你拿卡平槍，我拿派克筆，看見這枝筆我就會想起你，看見這枝筆我一定多寫點[illegible]東西，我決不辜負你這番盛意。」定文覺得盛意難却只好收下，他拿着鋼筆的一端在手上輕輕地搖着。

「定哥，我要送給你也正是這個意思。」野桐向他笑笑。

「我的槍桿[illegible]大有力量，[illegible]」問之[illegible]地說。

「唉！問之，我們到臺灣來十年了，還不知道那天能回蕭家灣呢？」野梧聽見問之說到打回家鄉，現在又是新年，他也不免有點感觸。

「這個問題不簡單。」定文審慎地說。

「出來這麼久，我實在有點想家。」瑞蘭離開蕭家灣從來沒有這麼長久的時間，她是他們幾個人中鄉土觀念最深的一個。她想蕭家灣這時也許正是風雪滿天，母親的墳也可能蓋滿了雪，她睡在冰冷的泥土裡也許會寒冷吧？她一想到這裡就有點黯然了。

「抗戰八年還是勝利了，不要急，總有一天能夠回去的。」問之馬上安慰她。他過去剛離家時也是時時想念的，把抗戰看得太多三年兩年就可以回去，後來時間愈拖愈長，希望也似乎愈來愈少，但最後還是回來了。

「有人說今年是世界最危險的一年，也是我們的反攻年，不知道這種預言有幾分的準確性？」定文看到臺北報紙元旦特刊上許多預言性的大文章都充滿一種樂觀心理，他不知道那些預言是否真會變成事實？

「我看我們還是要作最壞的打算，作最好的準備。」定文審慎地說。

「今年世局可能對我們更有利，但也不可過分樂觀，我們還是要當心陷阱，當心躲在聯合國裡的敵人。」問之提醒大家。

「好了，現在我們不談這個問題，我們一道吃飯去。」定文一面說一面站起來。他因為腿上沒有復原站起來兩個肩膀就顯得一高一低，這對於他那漂亮溫文的儀表，實在是一個諷刺。

「你十個人去吃好了，我們今天到野梧那兒去吃。」問之不願意增加定文的負擔。

「不，我沒有什麼東西贈送桐弟，今天就算我請客，我們大家聚聚餐，這很難得。」

「問之，你真奇怪，有得吃你都會放棄？」野梧望着問之連連地笑々：「最近嘴裡都淡出水來了，定真謂楠弟，我們不正好順水推舟大家打一次牙祭？」

「哥々就像一隻好吃的貓，老是嘴饞。」瑞蘭笑着說。

「說來眞慚愧，我有好幾個月沒有聞着魚腥了。」野樓詩人乾得發裂的嘴唇。

「臺灣的魚沒有什麼好吃，還是內地的淡水魚鮮。」問之不喜歡吃海水魚，他歡喜吃長江裡和洞庭湖、鄱陽湖裡的魚，尤其是坐在一葉扁舟裡一杯在手，一面吃那剛出水的鮮魚，眞是其味無窮，同時欣賞湖光山色，又有無限的詩情畫意，在臺灣就享受不到這種福氣了。

「我覺得我們門前小河裡的魚也比大海裡的魚鮮。」瑞蘭馬上附和問之的意見。

「好像我等會要盤吳郭魚吃。」定文也讚同他們的意見。吳郭魚是從新嘉坡那方面移殖過來的一種魚，樣子有點像鯽魚，背上的鰭比較粗硬刺人，鱗的顏色比較黑暗，因爲是在圳裡和田裡養的，所以還有點淡水魚的鮮味。但比起內地湖濱地帶斤多重的肥鯽魚來還是差得很遠。

他們邊談邊走上街來，定文的腳走起路來還是不大方便，但他今天的興緻很好，他願意陪着大家慢々地散步。

街上的人很多，店舖門前的鞭炮殼簡直厚得可以埝脚，到處都有一種硫磺硝的香味。走到博物館門前還是人山人海，瑞蘭興奮地挽着問之的手臂說：

「[illegible]這簡直有點像我們家鄉的賽會。」

問之向她點點頭，愉快的笑笑。

第五十章　年假期中好聚會　發財夢話盼和平

在新年休假期中，問之、瑞蘭、野梧、定文、開天、志平有兩天非常愉快的聚會，他們曾在一起玩玩小牌，問之為了安慰瑞蘭的鄉思，還特地買了一付骨牌陪她玩玩，這是他們在蕭家灣天天玩的。玩這種牌時瑞蘭彷彿回到以往那段歡樂的日子，彷彿在自已家裡一樣愉快，那是她一生當中最值得回憶的片斷，那時她正微啓她的心扉，向問之吐露隱藏了二十五年的秘密。任何一個女孩子對於初戀是永遠不會忘記的，即使問之現在仍然在她身邊她還是要回味初戀的甜蜜。她覺得初戀是一首抒情詩，而他們這首詩的意境又非常深遠，比咀嚼橄欖更多回味。另外他們還看了幾場電影，如太平洋戰爭紀錄片「琉磺島浴血戰」，韓戰紀錄片「三十八度線」，以及紀念愛國音樂家蕭邦的「一曲難忘」，和紀念維拔特修曼的「艷曲凡心」，前面兩張片子富有現實意味和戰爭意味，後面兩張片子則富有深摯的情感和教育意味，瑞蘭看了這幾個片子之後，她更瞭解什麼是戰爭？什麼是愛情？

在新年中他們每人都買了一張愛國獎券。他們想在這一年的開端試試自已的運氣，如果能中個把特獎蕭邦自然最好。

「假如我中了二十萬——」野梧把獎券在手上向大家搖搖。

「那你準備怎樣？」[illegible]連忙問。

「先買一棟房子，改善我們住的問題，再買幾部自行車，解決我們行的問題。錢一拿到手，就請你們到錦江酒樓大吃一頓。平常[illegible]也應該天天吃點魚肉，我們的營養實在太不够。自然，我們還得添幾套像樣點的衣服，這個社會是狗眼看人低。最後還有一件大事，那就是替瑞蘭妹子和問之結婚。」野梧又說又笑，彷彿眞中了二十萬似的。

「就是這樣花二十萬也用不了呀。」定文接着說。這時二十萬的確還够派點用場。

「用不了自然留着我自已慢慢享受啦。」野梧天眞地傻笑。「譬喩說，樂園這種烟誰還去抽！三五，加立克那我是要我經常一支在手。[illegible]必要的時候還得陪陪定文去趟北投。」

大家听了都好笑，定文沒有太太，只要有錢，偶爾到那種地方去去也未可厚非，野梧在臺北除了那個妖冶的女人照片之外倒沒有發現過他有情婦，他對那種地方自然也有興趣。

對這種想法惟一不同意的只有瑞蘭，不過她沒有講出口，她只責怪地望了野梧一眼，而且眼光非常溫柔。

「定文，你中了二十萬怎麼辦？」野梧又興奮地問定文。

「不惜任何代價，把我這條腿醫好。」這確是定文的一件心事，比去北投那種地方更急一萬倍，跛了一條腿那多難看，行動又多麼不方便啊！

「問之你呢？」野梧又轉問問之。

「提出一半作官兵福利基金，下餘的一半我們大家運用。」問之的話隨口而出。

「結婚費用是否包括在內？」

問之不正面答覆野梧，他只望着瑞蘭笑笑。

「那瑞蘭妹子呢？」野梧點名似地一個一個地問。

他連忙双手作揖，陪個笑臉，一疊連聲說：

「太座，這不過是一句戲言，妳何必認真？！華好像有外人，

「平日我裝聾作啞，你以為我是白癡，得寸進尺！再不給你一點顏色，贏的輸的你都會帶回家來了！」

向之、瑞蘭他們看華芳生氣，連忙打圓場。野樫卻小丑似的自掌嘴巴說：

「混帳！混帳！泰山以上動土，真不識相！」

大家又被野樫惹笑了，華芳也不禁噗嗤一聲。野樫卻指着老芝戲笑罵：

「只怪你沒有出息，怎麼不早點發個大財，害得我大丈夫吃不着喜酒喝茶！」

大家又被野樫逗笑了。

「我想辦個孤兒院，再替之哥出本詩集。」瑞蘭覺得下一代需要好好地培植，尤其是那些失去了父母的「亂世孤雛」。同時他替悶之抄的那本詩稿也早就想替他出版，一直沒有錢，中了獎自然要還願了。

「難道哥哥我，一個也用不到妳的嗎？」野梧指着自己的鼻尖故意逗瑞蘭。

「我才不給你[illegible]。」瑞蘭也俏皮地笑笑。

「假使不中呢？」志本有點擔心，因爲這到底是百萬分之一的機會呀。

「[illegible]不中獎也要[illegible]」野梧把兩手一攤，一[illegible]笑。

實際上野梧已經買過很多獎券了，而且一次沒有間斷，可是幸運之神總不光臨，連十塊錢也沒中過，但他並不灰心，所以這次他又買了張，他總想試試自己的運氣。

瑞蘭只是間或地購買，並不期期買。當然她希望中獎，這樣就可以提早結婚，只要有足够的錢維持今後的生活悶之自然不會反對結婚。她知道悶之的心理，一是不願意在結婚之後使她受苦，二是恐怕自己有什麼意外使她精神生活和物質生活同受打擊，三是想以回大陸[illegible]結婚來警惕自己。瑞蘭的看法却不同。她是準備爲悶之犧牲一切的，只要有結婚費用就可以結婚。不必等到回大陸之後，誰還不想回大陸呢？

悶之和定文只偶爾買一兩期，他們對這種完全碰運氣自己沒有一點把握的事並沒有什麼興趣。聞天志平也是這樣。

新年中他們還去了一趟動物園。在大陸他們跑了那麼多的地方，進過不少娛樂場所，就是沒有去過動物園。他們早就听說圓山動物園範圍不小，野獸也很多。悶之和瑞蘭早就想來看看，一直沒有這麼好的機會，這次大家都在一起，心情也比去年新年愉快，因此一道坐十七路車到動物園去參觀了一次。

他們首先看到的是猴子。牠們在鐵絲網裡跳上跳下，如果遞東西給牠們，牠們會搶了就跑，是那麼敏捷

霧中的番社有如一朵白色的睡蓮
安祥而恬靜地躺在這美麗的潭邊
那原始的獨木舟彷彿一隻隻木梭兒同樣尖尖
正輕輕地穿過乳白色的霧綿和如鏡的潭面
那乳白色的霧又飄到我和瑞蘭的身邊
我不知道我和瑞蘭是坐在天上還是人間

閆之寫完之後隨手交給瑞蘭，瑞蘭一行一行地唸，反覆地唸，她被這種恬淡純淨的詩意所陶醉，她握著閆之的手深情地說：

「太好了！你應該多寫詩，你怎麼不寫呢？」

「寫給誰看？」閆之淡淡地笑笑。

「寫給我看，寫給所有知音的人看。」

「瑞蘭，除了妳以外我沒有知音。」閆之[illegible]一個曾經滄海的人，他對人生有太多的感觸。

「那你就寫給我看不好嗎？」

迅速，同時高興得吱吱亂叫，眼睛也骨碌碌地溜來溜去，還不時地用手抓抓這裡又抓抓那裡。瑞蘭看見牠們那種樣子也覺得怪好笑，她把帶來的香蕉投了幾條進去，讓牠們搶得吱吱叫。

然後他們看到在鐵絲網裡慢慢地踱來踱去的冠鶴，大鶴，冠[illegible]鶴，和在地上低著頭啄來啄去的山雉。鶴的腿子很高，頸很長，嘴巴又尖又長，一舉一動都有點隱士高人的風度。山雉瑞蘭是最熟悉的了，這東西蕃家灣很多，問之那次打獵首先就打中了一隻山雉，瑞蘭為這件事還大大地傷心，最後還是埋葬起來，不知道那個小小的雉塚現在怎樣了？

以後他們又看了獅子、象、熊、梅花鹿、食火雞、狒狒許多動物。

動物園的獅子是一頭小母獅，頭上沒有那長長的鬣毛，他們沒有機會看牠表演跳火圈，也沒有看見牠發怒，只聽見牠那種肉食動物喉嚨裡特有的斷續的嗚嗚的聲音。

象是動物園裡最大的動物了，牠的鼻子有無比的力量，性情却很善良。牠在鐵欄杆旁邊踱來踱去。小孩子都不怕牠，牠顯得像一個肥胖的老年人一樣的遲鈍臃腫，身上光光地沒有一根毛，瑞蘭把一節甘蔗丟進去時，牠馬上用那富有彈性的長鼻子一捲就捲到口裡去了，像花生米或一根草葉那樣小的東西牠都能捲起來，任何再大的東西牠也能捲起，他們看泰山片子時曾看見過象在原始森林中橫衝直撞，土人的房子會被牠們捲倒，樹也連根拔起來，兩三百斤重的猛虎也被牠捲起來活活地摔死，這眞是世界上最奇怪的鼻子。

熊看起來很笨，却相當凶狠，梅花鹿倒像小天使一樣活潑天真。食火雞很奇怪，頭上有一個堅硬的骨質的冠，毛不同於禽類，不是扁的而是直的，很像猪背脊上的鬃毛，顏色也是黑的，個子也很高大，只比駝鳥稍小，兩腿也強勁有力。

狒狒是最使他們驚異的了。這東西他們從來沒有看見過，甚至泰山片上也沒有出現過。他們只在中國舊小說中偶爾看到作者提起牠，但他們對於牠的形狀完全沒有描寫，而把牠歸於精靈一類，中國舊小說作者給他取的名字是山魈，而把牠的兇殘也寫得和山神厲鬼一般。現在他們親眼看見這東西却不是那麽一回事，牠是一個有實際形體的動物，嘴巴像狗，兩隻獠牙更粗更大，身子比狗短而雄壯，前脚比後脚稍高，兩隻肩膊特別寬濶健碩，非常易於激怒，一看就知道牠的性情特別兇殘。牠在鐵欄杆裡沒有片刻寧靜，東跑西跑，旁若無人，牠雖然沒有獅子老虎那麽大的本領，但顯得比百獸之王更加兇殘，傲慢，只要你一走近鐵欄杆牠就馬上撲過來，如果你用棍子逗牠牠就更激怒得攀着鐵欄杆裂開嘴巴露出獠牙，充分表露牠的頑固，兇殘，如果在蠻荒地帶遇着牠除了你先殺死牠否則牠一定會咬死你，絕無妥協餘地。牠除了傲慢，頑固，兇殘之外可能還是一個很淫惡的傢伙，牠向觀衆表現一種急燥的性的煩惱和飢渴，牠沒有片刻寧靜，可能這也是一大原因。

「這是我看見過最醜惡的傢伙。」問之冷靜地觀察了半天，彷彿冷靜地觀察一個敵人一樣，最後他得這樣一個結論。

「我們的「和平公園」決不養這種東西。」瑞蘭向問之笑笑。她還記得他們離開蕭家灣之前問之說過將來要把蕭家灣建成一個「和平公園」，裡面不養獅子、虎、豹、豺狼、毒蛇這些東西，但沒有提到狒狒，現在她看見了這傢伙也覺得可惡。

「要是我當管理員，我一定把牠關到獅子一道去，讓牠們比比武。」野梧心裡忽然起了一個怪念頭，他想看看牠們打架。

「你不要看牠這麼神氣，絕對不是獅子的對手。」定文覺得這傢伙雖頑固兇殘，但沒有一點王者之風，和獅子關起來，一定笑眼。

「這傢伙就要給他懲戒懲戒！」志平更看不順眼。

「志平，你現在正好對付牠。」野梧知道志平愛打不平，現在看見他手上又握着一根棍子，故意慫恿他們。

「如果管理員把牠放出來，我眞想和牠打一架。」志平天眞地笑笑，大家聽了也好笑。

「最好讓牠和定文打一架！」野梧說笑。

大家看看定文又看看狒狒就更好笑了。

他們看過動物紀念館之後，所有活的死的動物都看完了。遺憾的是沒有長頸鹿和斑馬。

「將來我們的「和平公園」裡應該多養幾對長頸鹿和斑馬。」蘭芝對瑞蘭說，她覺得這兩種動物都會馴良可愛。

第五章

杜鵑櫻花春意鬧
和平幸福幾時來

時間的脚步永遠不會停止，轉眼間春天又來了。陽明山的櫻花開放了，這幾天上山看櫻花的人很多，問之他們來臺北快兩年了，陽明山與臺北雖近在尺咫，却一直沒有去過。去年春天陽明山的櫻花也是照樣地開，但去年的心情和今年不同，今年他們決定上山去看看，日期是禮拜天。

他們趕到臺北車站時還只九點鐘，可是上山的人却像購電影票的人一樣擁擠。在內地這本來是一個踏青的季節，大家都會趁着閒空的日子去野外蹓躂蹓躂，那紅的花，綠的草，的確會給人一種新的啓示。「生命是不會終止的，只要根本不腐爛，冬季的風雪仍然殺不死蓬勃的生機，春風一吹，牠們就又甦醒了。」

在臺灣因為一年四季都是紅花綠葉，所以沒有踏青這種習俗。去陽明山看櫻花的也以內地人爲多。他們這幾年來沒有看過桃花，杏花，据說櫻花的顏色形狀和桃花杏花差不多，他們一方面懷念桃杏，一方面也想看看這種日本國花。櫻花是隨着日本統治者移植到臺灣來的。

車子開出臺北站時已經九點二十五分了，瑞蘭靠着窗口坐着，問之坐在她的右邊。車子從中正西路轉入中山北路，經過圓山橋又轉向士林那條路，一到鄉下瑞蘭的心情就豁然開朗了。

車子上山之後速度就比較緩慢，上到半山時就看到紅的白的杜鵑花了。

「啊！杜鵑花！」瑞蘭幾乎驚喜得叫了起來。來臺灣之後她一直沒有看見過杜鵑花了。這種花在內地眞太普遍，她還淸淸楚楚地紀得她後面山上一到春天杜鵑花就開得滿山滿谷了，所以她的俗名又叫映山紅。問之也記得他們會在後面山上採過蕨薇，當時山上的杜鵑花開得更好看，遍山都是，不像陽明山這麼稀少。

「是的，這就是杜鵑花，我們已經兩年不見了。」問之對這種花是太熟悉太愛好了，在內地他每年都會看到杜鵑花，他的血也曾染過杜鵑花。那怕是在前方，他一有空就會到山上去摘一把杜鵑花回來，插在用炮彈做的花瓶裡，擺在一張十分簡陋的桌子上。他的那本詩集《戰地的花朵》就是有感於這種花而題名的。他認爲杜鵑花是充滿生命熱力的花朵，牠把牠們全生的精華都獻給春天，獻給人類。

「那白的也是嗎？」瑞蘭看見一些白色的花朵也和紅的杜鵑花的形狀一模一樣，她不敢斷定是不是杜鵑花，她特地指給問之看。

「我想是。」問之仔細地看看牠的葉子和枝幹，也和紅的杜鵑花一模一樣。他肯定地答覆。

「奇怪，我們家鄉的杜鵑花有黃的沒有白的，陽明山的杜鵑花有白的却沒有黃的。」瑞蘭看了半天不見黃的杜鵑花不免有點奇怪。

事到陽明山公園附近忽然飄進來一陣迷濛的細雨，瑞蘭伸頭向窗外一看，山谷上空正飄着薄薄的霧，陽光却從薄薄的霧上伴着迷濛的細雨直瀉下來，這是瑞蘭從未見過的一種奇景。

「這裡，你看，這景色眞美極了。」瑞蘭拉着問之要他也伸出頭去看。

「不錯。」問之看過之後向瑞蘭笑笑。「如果妳上過廬山，妳就知道這是小巫了。」

廬山這類的自然奇景更多，氣勢也更雄偉。問之還記得他有一次在含鄱口望鄱陽湖，當時湖水非常澄淸平靜，眞像一面大鏡，湖上是一片美麗的厚厚的雲彩，雲彩上面是鮮紅的太陽，這是日出之後不久的現象，他站的地位比雲彩高，起先還誤認雲彩是湖，仔細一望才知道那面大鏡才是眞的鄱陽湖哩！至於山谷裡一面飄着霧，一面下着濛濛的雨，天上還出着太陽這是極其常見的現象，不過比陽明山的要瑰麗多了。

車子再向前進就到公園了。公園裡有很多櫻花，車子進站之後問之就和瑞蘭一同下車，双双地走進公園。

在公園裡看櫻花的人不少，都是年青的情侶們，間或也有一兩對中年夫婦帶着天眞活潑的小兒女在園中漫步。小徑非常乾淨，園丁經常在打掃落花，每一個轉角都裝了一個置放果皮雜屑的鐵絲小籠，地上看不見一隻香蕉皮和果殼。瑞蘭對於園中的幽靜淸潔非常讚美。

櫻花經過一陣濛濛的細雨洒過之後，顯得特別姣艷，每一株樹上都開滿了雲霓般的花朵。瑞蘭很愛惜地撫摩着一株紫紅色有點光滑的樹幹，然後又伸手攀着一枝開得最好的花朶輕輕地放到鼻尖上聞聞，聞了半天沒有聞出香味，她惋惜地說。

「花開得眞好看，可惜沒有香味，不知道結果不結果？」

「這種花近看不如遠看，個別看不如集体看，不但不香，也不結果，隨開隨謝，生命非常短促，比梅花固然比不上，和桃花單獨相比也覺得遜色，日本人偏把牠當作國花，實在不是一個太好的象徵。」問之對於植物方面的常識比瑞蘭豐富，同時又由國花說到一個國家的命運。

「他們偏愛這種花也許和他們的民族性有關？」瑞蘭覺得日本自明治維新到昭和投降不過短短的七八十年歷史，其間雖有過櫻花般燦爛的日子，但很快地就萎謝了。這不和櫻花有點相像嗎？

「這的確有點，中國人民適於個別看，不適於集体看，日本人恰恰相反。」問之對於自己的同胞有深切的瞭解，他認為中國人雖缺少集体精神，但氣度比較大，韌性比較強，在任何困難情形下都不會對自己絕望，不會一下子毀滅，以梅花作中國的國花的確有點道理，一株梅花就能滿香撲鼻，如果是一百株一千株集在一起那就香聞十里了。而且牠開的時間長久，又是在最寒冷的冬天開放，這又顯示着一種堅強的抵抗精神。這就是中華民族生機不絕如縷的原因。日本人呢？他們的服從命令，遵守秩序，接受團体紀律的精神自然很不錯，但他們狹隘的英雄主義，和易於衝動也易於消極以及過度的自卑心理，小怨必報的狹窄胸襟，造成了一種悲劇性格，剖腹自殺就是這種性格的具体表現。這是很可惋惜的。

「梅花有色有香當然是花中上品，可惜牠有點隱士性格，我有好幾年沒看見了。」

「正因為如此，牠才能代表我們這個民族的性格。」問之覺得中華民族的歷史太久，使牠一天天更趨於深沉含蓄，牠是在向深度發展，而不是向廣度擴展，他認為這是民族進化的必然過程。在漢唐時代中華民族曾經放射過燦爛的光芒，現在雖然遭遇空前的危機，但他相信自己的民族還是有遠大的前途的。

「木村，你看山上那一遍櫻花多好看？」瑞蘭忽然指着對面的山上盛開的櫻花向問之說。

問之抬頭一看，遠遠望去彷彿一片燦爛的雲霞，確實好看，他向瑞蘭笑笑說：

「所以我說遠看比近看好。」

他們挽着手在公園裡慢慢地踱着，地上的青草長得很密茂，如果不是剛才洒過一陣細雨，他們真想坐下去。在草地上坐坐是很有意思的，在櫻花樹下的草地上坐坐自然更有意思了。

在公園裡像他們這樣談着的情侶有很多對，他們邊談邊吃零食，有的還伸手折下一小簇櫻花插在愛人的鬢上和自己的衣襟上，使他們顯得格外幸福年青。

問之瑞蘭走到醫院前面的草地上選擇了一個乾淨的石椅坐下，這兒的幾株櫻花開得更加燦爛奪目，花瓣還不時地飄落到瑞蘭的頭上，問之伸手給她輕輕地撿下來。瑞蘭回頭向他幸福地笑笑。

護士小姐們穿着潔白的護士服在小徑上穿來穿去，白色的護士服點綴在紅花綠葉之間更加悅目動人。這兒的環境本來就很和平寧靜，在櫻花開放季節護士小姐更像和平天使了。

「她們眞好福氣。」瑞蘭望着她們羨慕地笑笑。

「如果我們的和平公園將來能够完成，我們也就有這種福氣了。」問之向她笑笑。

「之哥，假使世界沒有戰爭那該多好？」瑞蘭溫柔地望着問之。她心裡始終是討厭戰爭的。

「是的，希望這次戰爭之後永遠沒有戰爭。」問之也討厭戰爭，但他不能不爲他們的生存幸福而戰。

載着他們來的那班車子已經開走了，現在又來了兩班車，公園裡人漸來漸多，沒有他們初來時那麼寧靜了。稍微帶有一種鬧意，据說日本人「花見」時就是鬧哄哄的，大家都帶着酒菜大吃大喝，或者彈々唱々，形成一種「花見」狂歡，他們完全不懂中國人背着手靜々地站在樹下欣賞的悠然樂趣。

「這樣看花就沒有意思了。」瑞蘭不歡喜嚷嚷鬧鬧，她寧可靜靜地坐在石椅上，靜靜地看花開花落，輕輕地絮語，那該多有詩意哩？

「他們是來趕熱鬧的。」問之向瑞蘭笑笑。

問之看看錶，他們已經來了兩個鐘點，陽明山的櫻花杜鵑花都看過了，再沒有什麼好看的。瑞蘭想下山回去，問之隨即站起來。

「蘭，今天我們總算不虛此行，想不到還看到了杜鵑？」

瑞蘭馬上挽着他的手，向他溫柔地甜蜜地笑笑。然後又輕輕地問：

我們的和平
什麼時候
呢？」
不知道
才能

第五二章 船到橋頭自然直 人上一百武藝全

兒童節到了，瑞蘭有三天假期。

瑞蘭對於問之野桐在部隊裡的實際生活情形還相當隔閡，她非常關心他們，她想趁這個機會去看看。她一個人去自然不大方便，她決定邀野梧定文他們同去，事先她寫了一封信徵求問之的意見問他們是否可以去？

問之很快地回了她一封信，歡迎她和野梧他們禮拜天去。他信上還說已經得到團長的准許。

禮拜天一吃過早飯，瑞蘭、野梧、定文、開天、志平他們就搭上公路局的汽車，向問之的駐地進發。定文來臺北之後就一直在市區生活，很少到鄉下去。今天他比任何人都興奮，他看見葱綠的田野，縱橫的溝渠，七八尺高的甘蔗，和老百姓屋前屋後的大葉子香蕉樹，又瘦又高的檳榔樹，以及濶葉竹林，他的感官爲之一新。

「臺灣的農田水利做得不壞。」定文指着那些丈把寬，四五尺深，用水泥作成堤壩的溝渠說。他想，假使內地田地都有這種水利那就不怕霪雨和乾旱了。如果湖南和江西有這種水利，那全中國人都有白米飯吃了，那會鬧飢荒呢？

「臺灣的各種建設都可以作爲我們回大陸之後的參攷，尤其是交通建設。」開天來臺灣之後，很注意交通建設情形，如公路小火車路，在內地鄉村實在太需要了。在內地偏僻的鄉村，由於交通不便，穀子豐收之後處處如泥土，爲了要囤備新穀，甚至有把陳穀燒燬的情事，而缺糧的地方則大鬧飢荒，這種供求失調的現象完全是由於交通不便造成的。

「假使我們家鄉的田埂路寬一點，也可以騎脚踏車來往了。」瑞蘭看見鄉村裡男男女女騎着脚踏車來往奔馳，有的車座後面載着百多斤重的肥猪，有的載着幾條大魚，或其他農作物，這都是很好的運輸工具，比籮筐扁担要强得多。她想，如果內地田埂路不那麼狹窄，修理得平坦一點，每一家也備一輛脚踏車，那不是要方便得多嗎？她準備將來回到蕭家灣和問之建議大家這樣做。

「可惜香蕉菠蘿不能帶回去。」野梧是個好吃的人，他對於香蕉菠蘿很有興趣。

「哥哥你就是好吃。」瑞蘭望着野梧笑。

「人生就是爲了吃，臺灣的水果也只這兩樣使我滿意。」野梧喜歡吃水果，但臺灣只有這兩樣名產，比內地的水果種類是少得多了。

「屏東的西瓜也不錯呀？」亦華覺得屏東西瓜很好，野梧爲什麼不提呢？

「這種西瓜內地多的是，一點不稀奇。」

「眞的，不離開大陸就不知道大陸的好處，蘋果梨子好久沒吃了。」定文特別歡喜這兩種水果，臺灣都不出產。

車子走了四十四個分鐘就到達了問之的住地，他們下車之後看見離車站里把路遠的地方有一排整齊的草房，還有一個大操場，青天白日旗正在操場上空飄揚，他們意識到問之的營房一定是在那兒，他們沿着溝渠旁邊的一條大路向營房走去。

他們遠遠地望見問之正在溝渠旁邊一面看水裡的鴨子游泳，一面和一個士兵娓娓地談話，並沒有注意到他們的到來，要是在別的地方野梧一定要高聲喊叫，這兒是軍營，問之又是部隊長，他怕影响問之的尊嚴，所以不便雞貓子喊叫的。

他們走到離問之四五十公尺遠的地方，站在問之旁邊的那個士兵看見了他們，他馬上報告問之，問之站起來一看，馬上高興地跑了過來。

「我以為你們不會來得這麼早？」問之向他們笑笑。

「蘭妹子急着要來看你，我們當然只好遵命哪！」瑞蘭又有個把月沒有看見問之了，野梧知道她心裡很急，故意開開玩笑。

大家心裡都很高興，問之瑞蘭也相視一笑。

他們再走上前十幾公尺，看見溝渠裡浮着一群生蛋的水鴨，大家都驚喜得叫了起來。

「這許多，這兒一共有多少？」瑞蘭看見鴨子在水裡倒栽着身子找東西吃，非常高興地問。

「五百多。」問之高興地笑笑。

「這是營部養的還是連上養的？」野梧連忙問。

「營部養的，連上還更多哩。」

「生蛋沒有？」定文問。

「每天一個蛋。」問之笑笑。這種鴨子很會生蛋，只要餵得好，每天準定下一個，這又是春天，正是產卵最旺盛的季節。

「乖乖隆地咚，那還了得。」野梧打着揚州腔調把舌頭一伸。

「所以我們的副食很好，官兵身體很健康，這都是一年來的克難成績。」

「養鷄沒有？」聞天志平也爭着問。

「鷄只養了二十多隻，臺灣鷄不會生蛋，又容易生病，多養也不合算。」問之彷彿一個農場的經理似的講給他們听，他說臺灣鷄每次只能下十二三個蛋就要賴窩，一賴就是一兩個月，洛島紅蘆花來亨這些外國種的鷄成本又太高，不符合軍隊克難的原則，他們養臺灣鷄的目的是爲過時過節宰來打牙祭的。

「嘿！你的養鷄養鴨計劃在蕭家灣沒有實現，想不到在臺灣反而成功了？」野梧還記得問之在蕭家灣曾經提出一個辦農場的計劃，後來因爲沒有現欵和時局動盪不安，使他的計划胎死腹中了。

「幸好沒有實現，否則也好給共產黨了。」聞天志笑着說。

他們邊說邊走，不一會兒就到營門口了。這是一座克難房屋，上面是用茅草蓋的，墻壁是用竹片編的，上面再塗一層黃泥，裡面還用石灰粉刷了一下，雖然簡陋倒很乾淨脫俗。問之將要跨進門時衛兵大聲地喊了一聲敬禮，問之很自然地還了禮，瑞蘭陡然覺得問之在這兒有很大的威嚴和權力。

問之把瑞蘭野梧他們帶到自已的房間裡休息，他這間房子還寬敞，裡面只有一張方竹桌子，幾隻竹椅子，和他睡的一張竹床。墻壁上掛了好幾幅各種比例的軍用地圖，這裡有他防守區的詳細地圖，和環島兵要地圖，以及大陸沿海的兵要地圖。

「你們看我這個房間裡面的東西那樣是買的？」問之等他們坐定之後笑着問。

「我看樣樣都是買的。」野梧冒昧地說。

「我看除了軍毯之外其餘的都是買的。」聞天志也直覺地說。

「我看除了茶杯筆硯之外沒有一樣是買的。」聞天仔細地觀察一番之後肯定地說。

「你們到底誰猜的對？」瑞蘭笑着問。

「還是聞天精細。」問之向她笑笑。

「怎麼？這都是你們自已作的？」野梧看看桌子、櫈子、竹床這些東西，有點不相信。

「怎麼？你不相信？」問之向野梧笑笑。

野梧搖搖頭。

「俗話說，人上一百，武藝俱全，我們部隊裡什麼人才都有，什麼都是自已來，樣樣買那有許多錢？」

「聞天，這座房子什麼時候蓋的？」定文問。

「去年雨季以前蓋的，現在快一年了，以前住的是帳篷，你們來了也沒有地方坐。」問之接着向定文講了一些住帳篷的情形，當時他和副營長住一個帳篷已經不怎麼寬敞，弟兄們七八個人擠在一個帳篷裡眞是活受罪，天晴時裡面很悶熱，一下雨又成天躺在床上不能行動，帳篷又是舊的，有一點噴雨，沒有嘗過這味道的人就不知道那種苦楚，現在這種克難房屋無論怎樣簡陋，比帳篷還要強一百倍哩。

「問之，我眞佩服你這種吃苦的精神，要是我一天也過不來。」野梧就怕吃苦，問之這種生活他確實過不來。

「國家到了這種地步自然該我們吃苦。」問之對這種生活已經安之若素，他吃過很多的苦了。

「之哥，桐弟呢？」瑞蘭很關心野桐，她又有三四個月不見他了，她不知道他是怎樣生活的？

「就在這附近，我帶你去看看。」

於是瑞蘭他們跟着問之到附近各地巡視了一番，定文也一拐一拐地跟在後面。

野桐正帶着他的一家人在山脚下挖地種菜，大家都穿着短褲子，圓領襯衫，赤着脚，身體都很結實粗壯，臉和手臂小腿晒得烏黑，野桐在偶一[redacted]中忽然看見問之，他馬上發了一個立正口令，上前跑了幾步，向閒之撥了一個眼色，閒之向他招招手，[redacted]和地對他說：

「哥哥蘭姐都來看你，你和他們談談。」

於是，閒之悄悄地走開了。他就利用這個機會到附近去察看察看。

「桐弟，你怎麼曬得這樣黑？」瑞蘭看見野桐像一塊黑煤炭，心裡有點奇怪，也有點愛惜。

「天天做工、上操、打野外，怎麼會不黑？」野桐向她笑笑。

「桐弟真不愧爲馬來亞英雄。」野楷拍拍他的肩膀讚美地說。

「哥哥你看個個都是一樣。」野桐指着他的一班人給野楷看，個個都是一般粗壯一般黑，好像經過挑選似的。

「看見你們，哥哥真有點慚愧了。」野楷也覺得他不如他們。

瑞蘭却流下眼淚，是感動的淚，是喜悅的淚。

「他們就是我們的希望。」定文也有點感動。

「桐弟，這種生活你不覺得苦嗎？」瑞蘭愛惜地問。

「之哥都不說苦，我還能說苦嗎？」

「之哥要是生在太平盛世，一定是個瀟洒的詩人，生在這種時代，却變成了個吃苦的戰士了。」瑞蘭有點感慨。

「時代能影響個人，個人也能影響時代，閒之的想法作法是對的，只有這樣國家才能得救。」定文對閒之很讚佩。

「看，之哥來了。」瑞蘭看見閒之從右邊山脚下轉了出來，步伐是那樣穩定堅實，她馬上快活地指給大家看，彷彿好久不見似的。

問之走過來挽着野桐愛護地笑笑：

「桐弟，好好地幹，現在我們可以走嗎？」

「是，老哥，我的話都講完了。」野梧恭敬地回答。

他們回來時勤務兵正準備開飯，現在已經十二點了。

這頓飯的菜很好，有廿隻清燉雞，有紅燒肉，有蕃茄炒蛋，有糖醋燒黃魚，有豆腐炒雞雜，還有兩三樣蔬菜。這是問之一清早就吩咐伙伕預備好了的。除了魚肉是買的，其他的都是克難成果。

「我們的伙食怎樣？」問之笑着問他們。

「很好。」定文們大家都這樣說：「平常也是這樣嗎？」

「平常自然沒有這麼好，不過蛋是每餐不脫的，蔬菜也吃不了，營養足夠。」這一年以來他們的副食改進了很多，二十七兩米也吃不了。所以官兵的體格都很強壯。

「連上怎樣？」野梧問。

「他們人多，比營部伙食還好。」問之愉快地笑笑。

部隊有這樣好的伙食是抗戰以來少見的。瑞蘭更高興地說：

「我們學校的伙食還沒有這樣好哩。」

「哦，我今天眞托蘭妹子的福，總算不虛此行。」野梧夾起一塊肥嫩的雞腿連忙啃着。

大家看見他那副饞相都笑了起來。

第五三章　丘八詩人身價賤　頭顱臉面幾文錢

美國軍援顧問團終於在五月一日正式成立了。這一事實的促成自然是臺灣八百萬軍民幾年來努力的結果。臺灣不僅擁有東南亞最強大的武裝部隊，社會秩序之安定，政治之進步亦爲東南亞各國之冠。緬甸馬來亞、越南、菲律濱、日本、這些地區不是有共產黨武裝叛亂，就是暗中破壞社會秩序，總是擾攘不安，只有臺灣日趨繁榮安定，這一事實無論敵人朋友都是不能否認的。

「自助然後人助，假使我們自已不努力，中美兩國恐怕不可能有今天的再度携手。」定文想到馬歇爾調停失敗之後，中美兩大國家分道揚鑣，讓蘇俄乘隙鑽進，全力支援中共竊据大陸這一慘痛事實不無感慨。

「假使臺灣如艾其遜所料眞的在三十八年底三十九年初陷落了，今天美國就是想和我們再度合作也後悔不及了。」問之想起三十八年八月五日美國國務院發表對華關係白皮書及其後秘密指示美駐遠東使節預言臺灣的陷落那種惡劣的情形簡直等於鼓勵共產黨進攻臺灣。如果那時不是他們在金門打了一個大勝仗，挫折了敵人的銳氣兇燄，那臺灣在朋友和敵人的双重打擊下牠的命運眞不堪設想了。美國又那能再找到這樣一個朋友呢？西南太平洋的情勢也決不是今天這個樣子了！其惡劣的後果是可以想見的。

「如果史太林還給杜魯門總統和艾其遜國務卿一丁點面子，中美兩國也携不起手來。」野梧也沉痛地說。

「這眞像一場惡夢。」問之搖搖頭。

「幸好這場夢已經醒來。」定文眞像從惡夢中醒來一樣，雖然餘悸猶存，但畢竟輕鬆了許多。

「今後你們該可以得到一點新武器了吧？」野梧認爲問之的部隊在體格方面，訓練方面，智識水準方面都夠得上現代化的標準，只是裝備方面需要補充改進。

「但願如此。」問之對於自己部隊的性能戰鬬力，比自己的十個指頭還熟悉，他認爲只要換一批新武器，他們可以從事任何陸地戰爭，而且他們早已開始兩棲作戰訓練，現在每一個官兵都能游泳，問之自己的游泳技術和持續力本來很好，現在就是背着全付武裝也可以游兩千八到三千公尺，他們所迫切需要的就是新武器，如自動卡平，MT，火燄噴射器，火箭砲之類，這對於反攻大陸是很適用的。

「今後新武器的補充我想沒有多大問題，不過你的工作就更加忙了。」定文說。

「我倒希望忙一點。」問之認爲只要能早點打回大陸，就是再忙也有意思。

「之哥，這樣一來你就沒有時間寫詩了。」瑞蘭向問之愛惜地笑笑。

「那自然。」問之回她一個平靜的微笑。

「不是瑞蘭提起我倒忘了。」定文一面說一面在桌上翻出幾張存報和幾本雜誌來，這上面有問之的詩作，是瑞蘭偷偷地抄給定文拿去發表的。「喏，這裡面有你的大作，你拿去看看。」

「奇怪，這裡面怎麼會有我的詩呢？」問之有點莫名其妙。

瑞蘭馬上向他深情地笑笑。他這才知道是瑞蘭拿去的。

問之接過來之後，瑞蘭馬上靠攏來，她帮着問之翻閱，瑞蘭看見問之的詩稿都發表了，她非常高興，這裡面也有她一份心血，她一首一首地抄在筆記簿上，又一首一首地抄到稿紙上，最後再印成鉛字發表出讀者看，任何作品一印成鉛字，就顯得格外美好，瑞蘭對閏之的詩更有這種感覺。

「讀者的反應怎樣？」閏之看過之後又問定文，他希望知道臺灣一般讀者的反應。

「很好。編輯先生還希望我多介紹一點你的詩作去發表。」定文知道臺北文藝界的許多情形，目前一般編者多半歡迎散文和三五千字的短篇小說，詩稿並不歡迎，只偶爾作為補白，好壞也沒有一定的標準，因為編者沒有一個是詩人，所以選稿的標準極不一致，彷彿瞎子走路，一脚高來一脚低，有些編者索性一首詩也不發表，閏之的詩能得到一兩位編者的歡迎實在是意外的意外。

「他們知道我是丘八嗎？」閏之笑着問。

「不知道，如果知道你是丘八那你的詩就更受歡迎了。」定文事先並沒有替閏之宣傳，事後也沒有透露閏之的身份，假使編者知道他是帶兵官自然更歡迎他的詩稿了，因為編輯們他們也是好奇的。

「丘八有女人那樣受歡迎嗎？」閏之懷疑地笑着。他知道軍人除了死神以外是不受人歡迎的，比起來那倒還有點對勁了。詩已經不受人歡迎，軍人寫詩在文士們的眼裡也許還認為這種不安份呢。

定文不好怎樣回答他，這是實際情形，他望着閏之而會心地笑笑。

「之哥，你管他那麼多，他們既然要，你就不妨寫點交給定哥拿去發表。」瑞蘭溫柔地說。

「我看還是妳寫點交給定文拿去發表吧？」閏之認為詩零零碎碎發表實在沒有什麼意思，既拿不到多少稿費，又塞在報紙雜誌的小角落裡出不了氣，自已化了那麼多的心血，何必去找罪受？有機會就自已出本集子，沒有機會索性束之高閣，何必讓牠拋頭露面遭人岐視呢？

「讀者對你的詩印象也不壞呀，何必不寫呢？」瑞蘭生怕閏之放棄寫詩，總是想方法鼓勵。

將來我們回臺灣以後，我一定多寫，我雖然不敢比陶淵明，但我一定以詩自娛。和妳在一塊兒，我就不會和詩隔絕。」問之覺得瑞蘭就是一首詩，他們的愛情既以詩爲起點，也必然會以詩來結束，用文字寫出來的固然是詩，不用文字寫出來也還是詩，詩存在他們的心裡，存在他們的生活之中，和瑞蘭在一起他就有一種詩的感覺。

「和我在一起你就不會和戲劇隔絕。」野梧厚顏地說。

「和我在一起呢？」定文幽默地笑笑。

「和你在一起就不會和散文隔絕了。」野梧又搶着說，大家都笑了起來。

「可惜還缺少一篇小說。」定文又幽默地笑笑。

「我們的生活綜合起來就是一篇最好的小說。」野梧又眉飛色舞起來。

「詩，散文，戲劇，小說都有了，還缺少什麼呢？」定文覺得他們幾個人在一起很有意思，他心裡很滿足，他不知道還缺少些什麼？

「還缺少一個第一特獎。」野梧心裡仍然念念不忘這件事，愛國獎券發行到現在，他沒有一期沒買，可是沒有中過一次，連十块錢都碰不上。

「發財要命，我看還是別再幻想吧？」定文覺得這種希望實在太渺茫，即使每期都有一個幸運兒，但野梧他們不見得就有這種幸運，還不如多幹實際的事情可靠。

「命？我們的命還差嗎？」野梧總以爲自己什麼都行，他相信他們幾個人都有辦法，就是說命運也不會比別人差。

「命好就不會到臺灣來呀？」定文認爲如果他們的命運好，大陸就不會丟掉，那會逃到臺灣來？他自己的遭遇又那會那麼壞

「還是我們命好才能到臺灣來，留在大陸早被共產黨宰了！」野梧想起大陸上殺了那麼多的人，假如他們都留在大陸上，早被共產黨當做殺的對象，還有一個能夠僥倖？所以他認為能到臺灣來正是好命哩。

「哥哥，你看我們的命運到底怎樣？」瑞蘭關心地問。

「好，絕對好。」野梧十分自信。

「那我們又為什麼要逃到臺灣來呢？」定文還是不相信。

「要說命運這就不能不講正負，一隻船也沒有一帆順風到底的，一個人當然也不會一次不跌交，一個國家也是如此，只要跌下去能爬得起來就是好的。俗話說留得青山在，不怕沒柴燒，我們的前途真是如花似錦哩。共產黨那些賊頭賊腦的傢伙絕對成不了氣候的。」野梧還接着解釋說大陸的失敗好像跌了一交，掙過三十八九年那種危險關頭轉到現在這種較好的局面總算是漸入佳境，正像一個跌倒的人在慢慢地爬起來，他根据共產黨統治階級那種惡形惡相和惡劣的作風判斷，認為他們絕對不會成功。否則張獻忠李闖之流也不會失敗，歷史是最好的證明，中國一亡於元，再亡於清，最後還是復國了，這次大陸雖然丟掉，還留着臺灣這個復興基地，還留着他們這許多人，這正是復國的希望，正是四億五千萬中國人民的希望，共產黨雖然暫時佔据大陸，屠殺了許多人，但他們不能殺死每一個活着的人心中的希望，他們總有一天要打回大陸復興中國的。

「野梧的話不是胡言亂語，的確實有道理。」問之讚同野梧的看法。

定文也點點頭。

「哥哥真是一個怪物，他的心思總叫別人猜不透。」瑞蘭也讚賞地笑笑。

「蘭妹子，我的心思要是被妳猜透了，我在女人面前還有什麼辦法？」野梧三句又不離女人。

「哥哥，說來你倒是一個聰明人，就是老犯這個毛病！」瑞蘭有點惋惜。

「如果他不是這個毛病，那不是聖人也是賢人了。」問之向瑞蘭笑笑。

「對，野梧就是這個毛病不好。」定文也附和。

「世界上就沒有一個十全十美的人，聖賢都不能無過，何況咱家我？」野梧用食指指着自己的鼻頭厚顏地替自己辦護。

「這樣說你就更可以胡來了？」瑞蘭盯着野梧，她總想阻止他往這條路走。

「話不是這麼說，生活總需要調劑調劑，和女人打打交道又有什麼關係？妳何必這樣道學氣？」

「道學氣？如果華姐也像你這樣胡來，看你還道學氣不道學氣？」瑞蘭有點不服。

「那很簡單，我去買頂綠帽子戴戴就是了。」野梧把眼睛一閉，兩手一攤，問之定文看了都好笑。

「哥哥你真不要臉。」瑞蘭也覺得好笑。

「要臉？頭都不值錢，臉還能值幾個錢？」野梧拍拍腦袋笑笑。

「要是在大陸我們這些腦袋我們還抵不上理一次髮的價格。」定文想想也不禁覺得好笑。據中共已經透露的數字，這兩三年來槍殺的「土匪」、「國特」、「反革命份子」就有一千多萬，這些人和屍體堆積起來起碼有紫金山那麼高，而結束一條人命共產黨頂多不過用兩顆子彈，以時價計算還合不上兩塊新台幣，而在臺北理一次髮就要五塊新台幣，這樣算來中國人的腦袋實在太不值錢了。

「真他媽的，共產黨就沒有一點人性。」野梧想起最近各報刊載蘇俄要中共消滅中國一億人口的駭人聽聞的消息，他也覺得這太殘忍。

「假使我們再不打回去，共產黨殺人快要殺光了問之家裡的人口[illegible]？[illegible]又是幾分八員？現在父母兄弟姊妹一個都沒有出來。他們這樣一個中國特

一之家恐怕早已經[illegible]一[illegible]積再中山了。現在究竟有幾個人存在？實在難說得很。一想到這裡他心裡就焦

急了。

第四章

賢淑女選擇慕水　知心人起死回生

天氣一天天熱起來了，去碧潭的人也一天天增多。

碧潭是臺北市郊一大名勝，是夏天的好去處，一到星期天一般公教人員都喜歡到這兒來作半天的消遣，那青翠的山，碧綠的水，的確可以舒展一下身心的困倦。

上次問之瑞蘭去陽明山定文野梧沒有去，這次定文野梧決定邀聞天志平問之瑞蘭一同去碧潭，在那兒作半日之遊也是十分樂事。

問之正忙着訓練部隊，準備接收美援武器，身心都相當疲勞，他又有兩個禮拜沒有來臺北了，他接到定文野梧約在星期天下午去碧潭的信就很高興，十二點以前他就趕來了。

吃過午飯之後他們就一道動身，月軒小鳳也吵着要去，只有華芳因爲孩子太多不願自找麻煩，所以他們一共是八個人同去，志平和月軒是一對，聞天和小鳳是一對，問之和瑞蘭又是一對，只有野梧和定文不成對。

「你們看，我和定文像不像一對？」野梧攬住定文向大家傻笑。

「去你的。」定文笑着把野梧推開，大家都笑了起來，野梧更是哈哈大笑。

他們搭上一點四十分開往新店的火車，牠像一頭快樂的馬嘶嘶地喊叫，每到一個小站就停了下來，下來一批客人又上來一批客人，於是牠又嗚嗚地開走了。

火車飛馳在臺北鄉下，很有意思，椰子樹檳榔樹的粗硬的葉子在夏天的帶着一點燠熱的海風中輕輕地擺動，發出一種瑟瑟的響聲，潤大的香蕉葉子像一柄綠色的長扇，在美人手裡輕輕地搖着，搖着。田裡禾苗長得非常茂盛，葉子變成一種青綠，有的正在抽穗，有的已經垂下頭來，太陽照在上面閃着一種金黃的光亮。

車抵新店之後他們都下來步行，沒有多少時間就看到碧潭懸空架設的鋼絲大吊橋，這種吊橋在內地很少看見，他們很佩服科學家征服自然的精神。

吊橋的那邊是一列峭壁的山頭，靠近橋邊的較矮的一座山頭上還建了一個亭子，是專供遊客欣賞碧潭風景的。亭裡已經有不少人在那兒休息，吊橋下面是一潭碧綠得像翠玉顏色一樣的流水。這本來不是一個單獨的潭，是因為峭壁的環境使河水在這兒打了一個大大的弧形的迴旋，所以這兒的水也特別深。因此他們決定先到那邊山上的亭子裡去看看，登得高，望得遠，碧潭附近的風光就可以一覽無遺了。

碧潭這個吊橋不像屏東山地門的吊橋那麼險，也沒有那麼長，山地門的吊橋人走在上面就左右兩邊盪來盪去，心臟衰弱的人一望下去就會發暈，有些人走到半途上就不敢站立，只好慢慢地跪着爬，有些膽小的人嘴裡還不斷地叫媽媽，碧潭的吊橋自然沒有鐵橋那麼平穩，比起山地門的吊橋來卻不知道要安穩多少倍了。人在上面不過稍微有點震盪，而瑞蘭月軒小鳳她們還是有點害怕，定文走在上面就更顯得一高一低了。

志平牽着月軒走，國天牽着小鳳走，瑞蘭緊緊地挽着尚之的手臂，野梧照顧着定文。他們八個人終於走過了這座吊橋。

從亭子上往下看顯得特別險峻，靠近峭壁的潭水也更幽深，碧綠的潭水上有很多小遊艇在划來划去，淺水的地方還有許多潔白的鵝在悠閒地游泳，牠們彷彿也很高興，還不時咯—咯—地叫幾聲。

「問之，你看，牠們很像詩人。」野梧故意指着雪白的鵝群向問之打趣。

「不，牠們很像武士。」瑞蘭馬上替問之解圍，她知道鵝的警覺性很強，一遇着敵人時就馬上展開翅膀，伸長頸子，準備迎擊。

「蘭妹子，妳這樣說牠們就更像問之了。」野梧向瑞蘭和問之俏皮地笑笑。

「哥哥你又胡扯？」瑞蘭知道他存心開問之的玩笑，隨即盯他一眼。

「我看牠們很像紳士。」一定文覺得鵝走起路來昂首濶步，目中無人，頗有一點紳士的派頭。

「我看牠們很像航空母艦。」問之看見牠們身軀那麼偉岸，那麼神氣，游得又那麼平穩，真有點航空母艦的雄姿。他想，假如臺灣擁有這麼多的航空母艦那該多好？

他們扶着欄杆輕輕地談笑，瑞蘭和問之並肩立着，他們心裡非常愉快。他們想，假使國家太平，他們兩人全無掛慮，經常遨遊山水之間，那就是人生的最大幸福。

名人要員們來過臺灣的很多，他們多半在臺灣光復後時就來了的，石壁上還留着他們的「墨寶」，不過有些人正在逍遙國外，有些人已成為北平的新貴了。

來碧潭的除了遊客之外還有許多小販，臺北幾家大照相館也派了人來專為遊客相照。他們八個人也合拍了一張，問之和瑞蘭又另外拍了一張合影，這是他們第一次的合影。瑞蘭想起母親臨別時叮囑他們寄張結婚照片給她，這件事心裡就有點難過，現在他們雖然沒有結婚，而母親的墳頭恐怕早已草深沒脛了。

問之和野梧都很瞭解瑞蘭的心事，野梧馬上提議划船來打岔，大家都表示讚同，月軒更高興得跳起來。

他們八個人分坐兩隻小艇，聞之、瑞蘭、碧梧、定文坐在一個艇上，聞天、志平、月軒、小鳳坐在一個艇上，聞之碧梧這個艇由他們兩人擔任划船的工作，聞天志平那個艇自然也由他們兩人擔任划船的工作。

「這種小艇並不容易划，兩隻槳板必須一前一後，一左一右適當的配合，要划同時划，要歇同時歇，像音樂的拍子一樣要協調一致，不然小艇就會前後左右團團轉，或者像水蛇一樣扭來扭去，不可能平穩地直線前進，起先他們就犯了這個毛病，小艇在潭邊上老是划不出去，後來他們懂得這個訣竅，就很順利地向潭中間划去了。

太陽已經隱到山那邊去了，潭上很蔭涼，潭中間的遊艇很多，有的情侶們把槳板翹起來，讓牠自然地慢慢地流動，他們卻忘記一切煩憂而喁喁談情，或者低低地哼着南洋名曲，有的艇划得很快，像穿梭一樣地在碧綠的潭面上飛來飛去，這多半是愛運動的男孩子們幹的。

聞之他們把小艇慢慢地划到峭壁那邊去，然後又沿着峭壁慢慢地向上游划行，他們談話時峭壁會發出一種回聲，音波在潭面上微微地震盪，又像纖纖的玉手輕輕地按在鋼琴的鍵盤上，發出一種低廻的迷人的聲音。

「假使在這兒開一個水上音樂會那多有意思？」瑞蘭心裡這樣想。

「如果有梵娥鈴在這兒獨奏那就更有詩意了。」聞之笑着說。

「可惜沒有梵娥鈴。」小鳳惋惜地說，她很喜歡這樂器，也能拉一手，結婚前本就想聞天替她買一隻，一直到現在都沒有到達這個願望，因為聞天一直鬧窮，

「等我中了愛國獎券一定買個送妳。」野梧像安慰小孩子似的向她笑笑。

「山水、音樂與詩最能陶冶性情。」定文覺得這三者彷彿一隻靈魂過濾器，會把俗念俗慮統統濾光，使你的靈魂變成森溜水般地明淨，這種意境才是人生的最高意境。

「我覺得我已經有點飄飄欲仙了。」小艇在平滑如鏡的潭面上漫漫地滑動，靠着峭壁這邊更加陰涼，野梧初次領略這種靜靜的優美的自然樂趣，他自然有一種飄飄欲仙的感覺。

其他的小艇上還不時傳來甜蜜的笑語，和令人沈醉的歌聲。Moonlight on the Colorado, One day when we were young，以及高山青，夜來香，西班牙小夜曲，交迭地在碧綠的平滑的潭面上起落着，瑞蘭問之也很愛這幾支歌，他們也輕輕地哼着。

他們的小艇仍然沿着峭壁慢慢地向前划行，上游的小艇有的在調轉頭來向問之他們這邊划着，他們划得那麼輕鬆，那麼愉快，他們儘情地享受着青春的歡樂。

當問之他們這個小艇正在調頭的時候，上游一隻小艇忽然從峭壁轉角處如飛地衝了過來，那隻艇制止不住，問之他們這隻艇也閃避不及，那隻艇的頭部剛好橫撞在問之他們這隻艇的腹部，這個突如其來的撞擊，使問之他們這隻小艇劇烈地傾斜了一下，幾乎翻了過來。瑞蘭一時失手，[illegible]仰身翻落水中，月軒小鳳看見[illegible]蒙住眼睛尖叫起來，問之回頭一看不見瑞蘭馬上躍入水中，野梧怕問之一個人救不起來也跟着跳下水去，當然這都是幾秒鐘以內的事。

定文雖然抓住了艇舷沒有掉下水去，但他已經駭得臉色蒼白，半天講不出話來。他心裡很後悔不該邀問之瑞蘭到碧潭來，他自己摔壞了一條腿不說，如果瑞蘭今天淹死在碧潭那將是一個永遠無法彌補的遺恨。

他不自覺地流下淚來。

聞天志平他們非常焦急憂慮，萬一瑞蘭救不起來那對問之的打擊實在太大了，他們這些人也將從此失去歡樂。

月軒和小鳳看見瑞蘭跌下水去受了很大的驚恐，她們緊緊地抓住志平聞天不敢放手。她們的身體不住地顫抖。

這個意外事件的發生使附近的小艇都圍了攏來，大家都很焦急憂慮，因為這兒正是碧潭最深的地方，水又比較深，游泳技術稍差的人根本不敢游到這兒來，要在潭底救人那更是不敢想像的了。

野梧下去幾分鐘之後，又失望地浮了上來，他在水面下不能支持過久。大家看見他空手浮上來心裡更焦急憂慮，問之比他先下去現在還不見一點動靜，萬一支持不了或為瑞蘭以死相殉那不是白白地犧牲了兩條性命？這兩種疑慮都很可能，因為問之是一個深情的人，他對瑞蘭不惜付出了全部的愛情，還負着一種良心上的責任，如果他救不起瑞蘭，他自己也很可能不再浮起來的。

野梧浮起來換了幾口氣之後又汆進水去，他們是同胞骨肉，他不忍讓瑞蘭就這樣結束她的一生，如果瑞蘭淹死他就永遠對不起他母親在天之靈。

所有游艇上的人都以十分緊張的心情期待這件事情的發展，有的認為如果問之再不浮上來可能和瑞蘭同遭不幸，因為他下去已經十分鐘了，普通人在水底不是不容易再支持下去的。

「該不會吧？問之游泳的技術很好。」聞天志平心裡還存了最後一線希望，他們最怕的是潭底有尖鈍的亂石和藻草，如果價淺水地方這種石子底危險就比較小，施救也要容易得多了。

大家正在憂慮焦急中問之忽然冒出頭來了，他在水面上搖搖頭又深深地吸了一口氣，他的右手抓住瑞蘭的頭髮，浮出水面之後他馬上採取仰泳的姿勢，他把瑞蘭的頭仰着放在自己的腹部，瑞蘭已經喝了不少的水，雖未完全昏迷都已失去掙扎的能力了。

大家看見問之救起了瑞蘭，都驚喜得叫了起來，所有的小艇也馬上划過去，這時野梧又再度浮了起來。大家幫着問之把瑞蘭拉上小艇。瑞蘭經過這一陣撳動，隨即吐出幾口水來，然後又痛苦地呃了一聲，她的臉像紙一樣地蒼白。

問之野梧在水裡搞了那麼久都顯得有點疲倦，問之用手摸摸瑞蘭的胸口覺得心臟還在跳動就放心不少

他們為了使瑞蘭喝進去的那麼多的水很快地吐出來並作適當的治療，馬上把她抬進附近一家私人醫院

第五十五章 好事多磨侄兒病 前人種樹後人收

瑞蘭經過這次意外事件之後，對問之已不僅是深愛，還有一種衷心的感激，如果不是問之捨着自己的性命來救她，她就沒有再活的希望。她還記得當問之初在水底施救時，她拚命地抓住不放，使問之無法浮上來，兩人經過一陣掙扎之後問之費了很大的勁，才擺脫她的糾纏，拉住了她的頭髮，然後迅速地拖着她浮上來。她這次落水險些使問之同時喪命，她現在想起來猶有餘悸。

定文他們對於問之的游泳技術和不顧危險奮身救溺的精神非常讚佩。他們認為他是一個智仁勇兼備的軍人。

「問之，假使蘭妹子救不起來那你怎麼辦？」野梧笑着問他。

「那就在潭底同完成我們的婚禮。」問之望望野梧又望望瑞蘭笑笑。

大家對問之這樣忠於愛情都很感動，瑞蘭更是含淚欲滴。

「問之，瑞蘭快放暑假了，我看你們還是早點結婚吧？」野梧想趁這個機會促成他們的婚事。

「對，問之、瑞蘭、你們的婚事實在沒有再拖的必要了。結了婚一樣地可以打回大陸，何必久等呢？」定文也主張他們早點結婚。

「我沒有意見，看之哥的意見怎樣？」瑞蘭自然希望早點結婚，如果問之不同意她也不想勉強，她一向很尊重他，現在自然更尊重了。

「你們怎麼說就怎麼好。」問之望着大家笑笑。

「你這樣說我們就開始準備了？」

野梧知道問之瑞蘭都沒有製東西，問之的錢還不够自己化，瑞蘭的薪水還得貼補家用，她自己倒很節省，來臺灣兩年也只添兩件新衣，如果結婚多少總得再添製一點衣服和一些小家庭的必要用具，現在東西這麼貴，問之一個月的薪水還買不起一双皮鞋，說起來簡單，眞的結婚最少需要兩三千塊錢，這就够他們幹兩三年了。怎樣才能湊起這筆錢？自然還得大家動動腦筋。

問之點點頭，瑞蘭望着問之深情地笑笑，她有點掩蓋不住內心的喜悅。

也許是好事多磨，正在大家開始準備問之瑞蘭的婚事時，不幸的事件接踵而來。

首先是月軒投水而死。

她的瘋病一直沒有十分好，自從那次在碧潭看見瑞蘭落水受驚之後，她的瘋病又忽然發作，不知怎樣的她在一個雨天的夜晚洗過澡之後竟偸偸地跳下川端橋，當時水流很急，橋上雖然有一兩個行人，但都不敢下去施救。等到志平第二天發現她洗了半天還不上來就連忙到樓下浴室去看，浴室的門是開的，這才叫他們都很奇怪，生怕她發生意外，於是大家冒雨出去尋找。志平聞天跑到川端橋時，看見橋上已經圍了七八個人，大家都在嘆息，其中一個人說明明看見她跳下去都沒有辦法施救。她沒有留下一句話一個字，只留着一双木拖板。志平檢着這双木拖板望着滾滾的河水嚎啕大哭。他也要跳下去，却被聞天他們死命拉住才沒有再釀成悲劇。

月軒的屍首在第二天傍晚才浮起來。他們原來爲問之瑞蘭的婚事籌措的一點錢正好辦了月軒的喪事。志平經過這次大變故之後非常傷心，他是很愛月軒的，眞沒想到她會這樣地死在臺灣？！

其次是野梧兩個孩子患了肺結核，這完全是由於平日營養太差和小病未醫的結果。最初是成天燒熱不退，不想吃東西，夜晚也不睡覺，老在床上鬧來覆去地哭鬧，在臺大醫院照射X光之後才知道是肺門結核，醫生告訴野梧說有兩件事情應該馬上去做，第一是增加孩子的營養，每天要吃猪肝雞蛋牛奶等滋補性的食品。第二是兩個孩子都要打針，大點的孩子每天要打一西西鏈黴素，每隔一天要打一西西鈣針，小的每天也要打一西西鏈黴素，分早晚兩次打，每隔一天也要打半西西鈣針，鏈黴素兩個孩子一個月要打二十瓶，鈣針一個月要打一瓶半，目前鏈黴素的市價是四十五块一瓶，鈣針是七十五塊一瓶，光只針藥每月就得兩千左右，野梧全月薪水還買不到兩瓶針藥，但孩子的病又不能不醫。現在不是野梧來替問之瑞蘭籌備婚事，而是問之瑞蘭來爲他兩個孩子籌措醫藥費了。

瑞蘭本來就很疼愛她的侄兒們，現在兩個孩子都得了這種病她更是時刻在心，大孩子晚上由她帶着睡，她生怕他受了傳染，連兩個小的平常用的東西她都小心地消毒分開，她比華芳還要細心些。她現在就這樣想，假使她和問之早結了婚，生了孩子，又遇着這種情形，那她的痛苦一定比現在更深。以她這樣淳厚的天性，她是解脫不了愛的束縛的。

這對於問之自然也是一種警告，他早就認爲生活動亂不安和過於貧窮是不宜於結婚的，這不但享不到結婚的幸福，反而會增加無窮的憂慮，大人受苦還在其次，小孩子活着受罪眞是於心不忍。這種缺乏安全感的婚姻生活和孩子最低限度的醫藥費教育費都一無着落時這種小家庭是充滿痛苦的。愛情雖能戰勝貧窮，但不能戰勝疾病和意外的災害，所以他遲遲不敢和瑞蘭結婚。

野梧定文他們都爲瑞蘭同之的婚事延阻不安，假如沒有用軒的死和野梧孩子的病，他們這次就可以結婚了。現在這一拖又不知道要拖到什麼時候了？

「同之，我看你們的婚事還是在暑假舉行好，孩子的病就讓他拖下去。」野梧覺得他們的婚事不能長久拖下去。

「不行，孩子的病要緊，我和瑞蘭遲早總要結婚的，你用不着躭心。」同之認爲任何事都應該有個緩急輕重之分，這種病絕對不能不診，他們自己能活到現在已很僥倖，下一代必須好好地照顧。

「眞奇怪，我和華芳都沒有這種病，孩子怎麼會得這種病？」野梧以爲這種病完全是遺傳的。

「這一點也不奇怪。第一是營養不够，抵抗力降低。第二是臺灣氣候溫暖，一切病菌都容易繁殖，所以內地人到臺灣來很容易得這種病。」定文還記得最近報上發表了一個肺病患者的統計數字，平均十幾個人中就有一個肺病患者，其中外省人比本省人多，小孩子又比大人多，這是國民健康的嚴重問題。

「我們一面要同敵人戰鬪，一面還要同貧窮疾病戰鬪，我們這一代人的責任實在太艱巨了。」同之感慨地說。

「的確，沒有最大的勇氣是活不下去的。」定文也有同感。

「我們上一代比我們好一點，希望下一代不再像我們這樣痛苦。」

同之還記得他祖父有一個康樂的晚年，成天拿着可以當手杖用的長長的旱烟桿，牽着他們兄弟姊妹一大羣，總是笑口常開。偶然也對他們講講長毛的故事，嚇唬嚇唬他們。他父親這一代雖然也經過推翻滿清的革命運動，和北伐抗日戰爭，但他沒有受什麼大的驚擾，更沒有直接參加戰爭，所以他始終是一個戰爭的旁觀者，不像同之直接參加抗日戡亂大戰爭。而且他父親在他這種年齡時已經有三四個兒女了，他自己也出了世，他父親結婚時一點也用不着自己操心，婚後的生活又非常滿足安定，這一切都是坐享其成。而他到現在還得隨時獻出自己的生命，連和瑞蘭結婚都不可能。這比他祖父一代穿着長衫，拿着摺扇，提着考籃，專爲自己的功名打算，成天不作事，只唸唸子曰詩云的生活固然相差得很遠，比他父親這一代動而不亂，豐衣足食，自由自在的生活也頗有距離，他父親這一代在愛情方面也許不太美滿，但婚姻生活却非常值得羨慕。悶之唯一可以向他父親這一代驕傲的是他和瑞蘭美滿的愛情，此外就只有痛苦了。所以他希望下一代比他這一代好，他寧可延遲他和瑞蘭的婚期，都不能不設法醫治野梧兩個孩子的病。

「我們就是替上一代背十字架，替下一代流血，留給我們自己的自然只有痛苦。」定文很瞭解他們這一代的遭遇和任務。

瑞蘭靜靜地听着，她像在上一堂嚴肅的課，她瞭解時代與個人的關係，瞭解她和悶之的婚姻爲什麼不能順利完成，瞭解一切痛苦的原因，她只好默默地忍受。她不能怪野梧，也不能怪悶之，更不能怪定文，她知道他們是痛苦的一代，犧牲的一代。

「我眞想得過且過，我們爲什麼不能自私一點？別人花天酒地吃喝玩樂，我們爲什麼要這麼痛苦？」野梧有點痛惜自己的黃金時代就這樣痛苦地度過。

「我們多吃一點苦，下一代就少流一點血。如果我們也吃喝玩樂，這就等於透支下一代的幸福，那他們將會比我們更苦。」悶之不反對享受，不過他認爲他們這一代是應該多吃點苦的。

「現在是播種的時候，不是收穫的時候，希望我們生命的秋天多少有點收穫，那時我們也許可能坐在家裡抽抽烟，玩玩牌，寫寫詩，喝喝米酒，」定文替他們的未來繪了一個簡單的藍圖，雖然這個藍圖並不太美，但大家的心情却輕鬆與奮起來，除了野梧之外，他們的要求原本不太奢

「那時我會挽着瑞蘭在小河邊散散步，那時我們也許有了孩子?」問之溫情地擁着瑞蘭輕鬆地笑笑。

瑞蘭貼緊問之，向他甜蜜地笑笑，她眼裡閃着希望的光芒。

第五十六章

好鐵打釘上軍校 臨別贈言似金科

野桐攷取鳳山陸軍軍官學校了。這是他個人生命史上值得紀念的一頁，悶之野梧他們自然也爲他慶幸他們理想的第一步算是實現了。不易

士兵報考軍官學校本來是受限制的，錄取的名額也很少，野桐因爲成績好，又是克難英雄，所以他是極少數幸運者中的一個。

在他去鳳山入伍的前一天，悶之野梧他們預備了一點簡單的菜肴替他餞行。他這次去鳳山要受三年嚴格的軍官教育，比在部隊的生活更緊張，以後他的時間完全要受配當表的支配，沒有一點空閒，鳳山離臺北又這麼遠，他們見面的機會就更少了。

「我們爲桐弟考進中國的西點乾杯。」定文首先舉起玻璃杯，他認爲陸軍官校足以媲美西點，它有光榮的歷史和優良的傳統，它造成了不少名將，在這裡面出來的各級軍官數至累萬，他們是中國陸軍的骨幹，沒有他們北伐抗戰就不能完成，今後反攻復國自然也要靠他們，野桐能進入這樣的軍事學校是他報効國家最好的一條路，他個人的事業前途自然也未可限量了。

相當於美國的

「爲我們的希望乾杯。」悶之碰碰野桐的杯子，於是大家一飲而盡

野桐對悶之他們的愛護培植，心裡很感激，他們是他的帶路者，他們的生活經驗比他豐富，認識比他清楚，他免掉了盲目摸索，可以少走許多錯路。

野桐

完稿

「希望桐弟好好地努力。」瑞蘭對野桐也寄予很大的期望，希望他不要辜負問之他們這番愛護，將來好好地幹一番事業。

「蘭姐，你以為我還會貪玩吧？」野桐向瑞蘭笑笑。

「桐弟不像我，他一定能好好地幹。」野梧知道野桐作為一個軍人的確有很多優點，他能吃苦耐勞，腳踏實地做事，一點不馬虎，必要時還不惜犧牲，這都是他自己所不及的。

「的確，我們有很多地方都不如桐弟。」定文也讚揚地說。

「桐地能指揮別人，也能服從別人的指揮，這就是他的好處。」野梧只愛指揮別人，却不大服從別人的指揮，他的領袖慾強，優越感很重，當一個軍人却須層層節制，一面要指揮部下，一面又要服從長官的指揮，野桐能夠這樣，野梧却不能，所以他知道就是這一點野桐也比他行。

「這是當一個軍人的起碼條件。」野桐不謙虛地說。

「難就難在這裡，如果只能听別人指揮，而不能指揮別人，或只能指揮別人而不服從別人的指揮，都不是一個健全的軍人。」定文知道領導與服從在軍人是缺一不可的。

「這樣說桐弟倒是一個健全的軍人了？」瑞蘭喜悅地笑笑說。

「我比之哥還差得遠哩！」野桐望着問之說。

「那當然，你還要當三年學生，問之已經是十一二年的軍官了。」定文客觀地說。

瑞蘭馬上望着問之得意地笑笑，她對問之的一切災難與榮辛比她自己的還關心。

「桐弟將來可以成為一個了不起的軍人，我像唱戲一樣，不過是客串，桐弟才是臺柱呢。」問之本來促成野桐近軍校就是想把他培植起來接替自己，他什麼會在軍隊幹一輩子呢。

「你客串也串的是主角，我偏偏是跑龍套！」野梧說着自己也不覺好笑。

「誰是主角？誰是龍套？我們不都是一樣嗎？大家都吃二十七兩米，大家都一樣地為國家出力嘛！」問之對任何人沒有優越感也沒有自卑感，他覺得彼此的能力容有高下，職位或許不同，但大家站在個人立場上和工作立場上是絕對平等的。戲台上雖然有所謂主角，但沒有配角和龍套僅靠主角戲還是唱不成的。

「唱戲？這就是你和別人不同的地方。社會上有很多人就斤斤於名位，正如唱戲的要爭掛頭牌二牌，誰也不甘心跑龍套。」定文覺得問之的頭腦裡充滿了平民思想，這也許是他不願長久在軍隊就的原因。

「誰說不是呢？我們的科長去年才升中校，現在又想升上校，還想當處長哩！」野梧馬上接着說。

「孔夫子說過一句話：邦有道貧且賤焉恥也，邦無道富且貴焉恥也。國家有辦法，當一個老百姓也是光榮的，國家沒有辦法，當四星上將別人還是瞧不起的。」問之想得很多看得也很多，他瞭解虛榮完全無用，一個沒有江山的帝王不比一個平民更難堪嗎？

「我們的毛病就壞在只想做大官，不想做大事。」定文也很惋惜。

「假使大家都不想作官，各人一心去發展正當的事業，我們的國家也許會富強起來。」問之覺得大家都往仕途上擠總不是辦法，讀書人應該多向農工自由職業各方面去發展才好。

「那誰去管國家的事呢？」瑞蘭生怕國家大事沒有人管，那不更糟嗎？

「讓那些有興趣有能力有操守的人去管。事務官乾脆雇用，像我們湖南請長工一樣。」定文馬上接着說。

「軍隊呢？」

「征兵。」

「軍官也征嗎？」

「軍官要平時培養，所以桐弟要進軍校。還要準備長久服役，除非政府命令退役。」

「我準備幹下去。」野桐聽見定文的話之後肯定地說。

「那之哥將來退役不是有問題嗎？」瑞蘭有點耽心。

「只要合乎規定我想沒有什麼問題。」問之馬上安慰瑞蘭，他想國軍人事制度現在正一天天走上軌道將來一定會有一個詳細的規定。

吃過晚飯之後他們就陪野桐一道上街去了。

問之瑞蘭野梧都買了一點日用品送他。定文除了將野桐去年當選克難英雄時送給他的那支派克51型水筆仍然送還他之外，還買了一本皮面精裝的「革命軍人日記」送他，他的意思是要他把這以後的生活忠實地紀錄下來，隨時警惕自己。野桐很感謝他的深意，肯定要求他在扉頁上寫幾句話，定文不假思索地寫着：

記住我們這個苦難的時代

記住你為什麼到臺灣來

然後你才有勇氣打回去

「之哥，請你再寫幾句。」一定文寫完之後野桐又把日記簿捧給問之。

問之向他笑笑，也拿起筆來寫了幾行：

不要盲目射擊

認清敵人之後馬上瞄準

不要好勇鬥狠

軍人的武德是大智大勇大仁

不要投降敵人

你應該想想怎樣才能戰勝

問之寫完之後野桐又把日記簿捧向野梧。

「哥哥你也寫幾句吧？」

「嘿嘿！問之定文寫了那麼多，我還有什麼好寫的？」野梧摸摸後腦殼望着日記簿傻笑。

「你是哥哥，你總不能不寫呀？」野桐催促他。

「這樣說我也只好胡綴幾句了。」

野梧隨即拿起筆來寫着：

你是弟弟，我是哥哥
父母生下你和我
我們的性格都相差許多
你像殷勤的布穀鳥
我却好吃好玩又懶惰
你應該學問之不要學我

問之定文他們看見他這樣胡綴都笑得前撞後仰，他却一臉正還經地說：

「這倒是我的良心話喲。」

「蘭姐，現在該妳了。」野桐又捧着日記簿向瑞蘭說。

「桐弟，我也要寫嗎？」瑞蘭羞澀地笑笑。

「妳又怎能不寫呢？蘭姐。」野桐也笑笑。

於是，瑞蘭慢慢地拿起筆來寫了幾行非常端正娟秀的字：

別忘了蕭家灣
別忘了那蘇蘇的垂柳和塘面的微波
那忘了那棵參狀的桑樹
那忘了那條蜿蜒的小河
別忘了那些想念我們的親人
別忘了後山上母親的墳墓

第二天大清早，野梧夾着這本日記簿，搭上七点十五分的火車，到鳳山陸軍官校去了。

第五十七章

長夏無事添惆悵
美人遲暮增愁顏

暑假期中瑞蘭很空閒，長夏無事她反而覺得寂寞，她除了照顧孩子們之外，就以看書寫作和冥想來打發這漫長的假期了。

她首先想到假使不是月軒的死和侄兒們的病她和問之可能已經結婚，那這個暑期就是非常有意義的暑假了？也許他們現在正在度蜜月哩。蜜月這是一個多麼富有誘惑性和詩意的名詞呵，她一定可以和問之合寫幾首甜美的詩，讓牠永遠流傳於閨閣。但現實粉碎了她幸福的幻想，她仍然讓海島的詩意的黃昏從她身邊悄悄地溜走，那在晚風中輕輕地搖曳的檳榔樹反而會帶給她無邊的惆悵和寂寞。

她當然還會想到家，來台灣兩年多了，怎能不想念呢？亞熱帶的生活她已經有点厭倦了。外省人說台灣的女孩子容易老，這樣長年流汗的氣候人怎麼不容易老呢？他們在家裡過夏天人也會瘦呀！她每次拿起鏡子總有点躭心，她害怕自已的額上會忽然出現幾道皺紋。那表示青春已經告別的皺紋是多麼可怕啊！要是在湖南就是再過十年她也還是年青的，她真用不着過早的憂慮了。

她希望能早点回去，她怕母親的坟墓沒有人祭掃，她真想不到母親身後會這樣蕭條？她常常打開箱子拿出那包雪白的蚕繭和那兩顆乾得發皺的洋山芋來看看，看見牠們她就彷彿回到家裡去了一趟，彷彿看見問之在摘桑葉，彷彿看見蚕兒在蠕動，彷彿看見她和野桐問之在種洋山芋，彷彿看見她還跟着母親在屋子裡轉來轉去，在一個房間裡談話，梳頭，睡覺，一如以往的情景。她實在太愛蕭家灣，太愛她生活了二十五年的家了。

她一面想着，一面在紙上不經意地亂畫，她畫着自己的有着常綠灌木圍繞的白粉墻的家，和門前的鄉口圓塘，那幾株柳樹，那條蜿蜒的小河，和屋後面那座饅頭似的小山，她母親的墳墓就在這上面。如果以畫家的眼光來看，這幅印象派的畫自然不值一顧，她自己看起來却格外親切，格外富有家鄉情調了。

瑞蘭愈是空閒，她的精神愈是苦悶，平常在學校裡每天都有幾節課，還有學生的作業簿等着她批改，生活很有規律，一到暑假突然輕閒下來她就會左思右想了，但想來想去都找不出一個美滿的答案，她想得愈多，心裡就愈加苦悶了。

野梧很羨慕瑞蘭的敎書生活，他自己一天到晚上班下班，兩年來沒有得到一次充分的休息，連睡睡懶覺都不可能，他想瑞蘭有這麼長久的假期，又是在這麼炎熱的夏天，正好一天睡幾個鐘頭的覺了。但他沒想到沒有結婚的年青人有的是剩餘的精力，不論是男的還是女的，夜晚常睜着眼睛睡不着覺，白天自然更不敢睡覺了。

「蘭妹子，我眞羨慕妳。」野梧下班以後把帽子往桌上一丢。瞇着一隻眼睛向瑞蘭說。

「哥哥，我有什麼值得你羨慕的？」瑞蘭奇怪地問。

「喏，妳有兩個月的休息，我連禮拜天都沒有空，還還不值得羨慕嗎？」野梧平常的工作相當忙，禮拜天上午要做週會，下午有時還得加班，太忙的時候夜晚還得幹幾個鐘頭，像他這樣一個懶人他怎麼會不羨慕瑞蘭呢？

「沒有事做反而更苦悶。」瑞蘭不以爲然地說。

「傻妹子，妳爲什麼不睡午覺呢？妳眞和問之一樣有福不會享呀！」野梧還記得問之在蕭家灣時，是晨起得那麼早，中午也不睡覺，還要陪野桐種種菜，挖挖地，現在瑞蘭有得休息又不休息，早晨仍然起得很早，白天又沒有看見她睡覺，眞和問之一樣，世界上竟有這樣的傻瓜？

「睡覺？人又不是猪，夜晚睡，白天睡，怎麼睡得着呢？」瑞蘭奇怪地笑笑。

「可惜我沒有空，不然我就睡給妳看看。」野梧隨即打了一個呵欠，他眞有點想睡了。

「哥哥，我看你眞是個瞌睡虫。」瑞蘭想起野梧平日懶睡覺的本領也不能不佩服。

「[illegible]！這就是我的福氣呀！妳和問之就不成。」野梧得意地笑笑。

「定哥也和你一樣嗎？」

「定文也不成。」

「桐弟呢？」

「也不成，你們都是勞碌命。」

「哥哥，你怎麼不說你懶呢？」瑞蘭向他溫柔地笑笑。

「好，就算我懶。」野梧厚顏地笑笑，然後又輕輕地問瑞蘭：「孩子的病怎樣了？」

「好壞現在還看不出來，醫生說過兩三個月再照張片子看看。」瑞蘭對侄兒的病況很注意，現在還看不出有什麼顯著的進步，溫度還是一高一低，有時三十七度七八，有時又升到三十八度二三。

「眞他媽的，要是在內地就不會得這種病。」野梧在內地沒有看見過三五歲的孩子得肺病的。

「在家裡我也沒有見過。」瑞蘭也很奇怪，他學校裡的學生也有得這種病的。

野梧瑞蘭不僅爲兩個害病的孩子躭心，華芳肚子裡的新生命更給他們帶來新的憂慮，再有三四個月就要生產了，這筆生產費又够他們傷腦筋，生下來之後還有許多問題要解決，華芳的奶一向不够，現在克寧奶粉每罐要二十多塊錢，一個月最少要兩三罐，馬上要增加一筆新的負担，瑞蘭問之他們的大部收入拿給他現在都不够用，以後就更沒有辦法維持了。其次是四個孩子的照顧問題，瑞蘭要教書，華芳一個人照顧不來，雇女傭又沒有錢。至於以後的教育問題那就更嚴重了。

「唉！眞是癩痢頭上長瘡，華芳生產以後的日子就更難過了。」即使野梧是十個樂天的人，面對着這許多問題，他也不能不焦心。

「這樣下去華姐都會拖病。」現在這三個孩子已經把華芳弄得頭昏眼花，自從肚子裡有了新生命之後人更瘦了。瑞蘭很同情她，在暑假期中幫助她做了不少的事。

「這年頭眞是結婚也不好，不結婚也不好。」野梧是有幾個兒女的人，他知道家累的可怕。問之瑞蘭是沒有結婚的人，但他們也很苦悶。瑞蘭最近內心不安的情形野梧是看在眼裡的。

「我們實在太窮，假使有錢就沒有這種痛苦。」

「那還用說？如果有錢再生三個五個我也開心，妳和問之早就在蕭家灣結婚了。」

「這期的愛國獎券怎樣？」

「還不是愛了國？」

「哥哥，我看還是算了吧，一個月兩期，每期五塊，我們實在損失不起，買點猪肉給孩子們吃不更有益嗎？」

「算了？不買愛國獎券還有什麼希望？我們又不能做賊打搶。」

瑞蘭不好再說下去，他很同情野梧，來台灣之後他沒有睡懶覺，沒有賭博，按時上班下班，比過去在太倉時要好多了。可是生活的壓力太大，自從兩個孩子生肺結核之後他已經不像過去那麼笑口常開了，這不能不算是一種轉變？像他這樣的人一天不說不笑就有點變態了。

「之哥最近怎樣了？」問之好久沒有來台北，也沒有信來，瑞蘭自然很關心，她也趁機轉變一下話題。

「哦，妳不提問之我倒忘記告訴妳，昨天下午我還參觀了他的部隊演習。」野梧忽然想起這件事來。

「怎樣？看見之哥嗎？」

「自然看見了。不過他忙得很，他的部隊訓練得真好。」

「希望之哥早點打回去。」瑞蘭祈禱般地喃喃地說。

第五八章　男子漢不忘根本　女作家一語双開

日子像水一樣地流過去，問之的工作愈來愈緊張。一方面是外賓不斷地前來參觀，一方面是接收新式養蠶武器。他的工作情緒非常好，他覺得他的努力沒有白費，像農人播種之後慢慢地看見麥子抽穗一樣，他內心裡自然有一股喜悅。

瑞蘭仍然在教書，回到學校之後她的生活又恢復正常，精神也比較愉快，每天和小天使們在一塊兒她也分享了他們的快樂，她從他們身上彷彿看見了新的希望和新的力量。

華芳的孕期終於屆滿，一個新生命很順利地在本年底誕生了一個男孩，是一個碩壯的男孩，華芳自然流露出一種母性的至高的愛，野梧看見小生命的降臨也有着一種做父親的喜悅。

嬰兒滿三朝的日子問之特地從鄉下趕來，他有三四個月沒來了。他很喜愛孩子，他也有準姑爺的喜悅。瑞蘭不僅喜愛孩子，她簡直有点想孩子了。從自己的肚皮裡孕育着一個小生命那是多麼神秘而有意義的事兒？那是一種多大的光榮與驕傲啊？誰敢藐視女性？誰說女性不偉大呢？

定文也來了，他有做父親的經驗，他也很愛孩子，不過他看見野梧的孩子就會想起自己丟在大陸的女兒，不知道她現在怎樣了？如果還留在人間的話一定會說會笑會在地上跑跑跳跳了。那多好玩呢？當她的小嘴巴喊一聲爸爸時那是一種多麼好听的音樂啊？當自己的手臂伸開來擁抱她的小小的身体時，那就彷彿擁抱住整個世界了。

關於孩子的命名問題野梧還鄭重地請大家提供意見，他說以前生的三個孩子都是隨便起個名字，毫無意義。這孩子是在台灣生的，應該取個有紀念性[illegible]的名字才好。問之定文瑞蘭都讚同野梧這個意見，可是一下子都想不出一個適當的名字來。

「念湘這個名字怎樣？」瑞蘭想了一會兒之後遲遲地說。

「妳真是念念不忘湖南！」定文向瑞蘭笑笑，他也知道瑞蘭時常想家的。

「你呢，你不想家嗎？」瑞蘭奇怪很多男人都不大想家，彷彿他們生成了一種流浪性格，她不知道定文是否如此？

「怎麼不想呢？不過不像妳們成天掛在嘴上。」定文含蓄地笑笑。

「大家都想家就叫念湘好嘛？」瑞蘭覺得她取的名字有立腳點。

「看看還有沒有更好的名字？」定文再徵求大家的意見。

「我倒想到了一個通俗的名字，你們看怎樣？」野梧說。

「講講看？」定文催他。

「台生。」

「台生？」定文沉吟了片刻然後輕輕地說：「又是一個紀念性的名字。」

「這兩個名字都有意義，不過念湘雅点，如果和姓連接起來唸還有点詩意。」問之仍不脫詩人氣質，對孩子的名字他也推敲起音韻來。他覺得「台生」雖然陽剛響亮，但沒有「念湘」含蓄美感，如果這是一個女孩子那就最恰當不過了。

「問之，這樣說你是讚成瑞蘭的了？」野梧望着問之[illegible]地笑笑。

「你是父親，你當然有裁決權。」問之望着他笑笑。

「你們兩人一唱一和，叫我怎麼好裁決呢？」野梧又是傻笑。

「哥哥，兒子是你的，名字你當然可以決定嘛！」瑞蘭也愉快地笑笑。

「哥哥是最民主的，少數服從多數。」野梧一面圖答瑞蘭，一面又問問之：「你還想不想得起一個名字？不然就要表決了。」

「我想是想了一個，不過也不雅。」問之覺得他們到底是男人，都有點粗線條，沒有瑞蘭的心眼那麼細緻：替孩子取個名字也不簡單哩。

「你講出來大家決定決定。」

「興華這兩個字不太俗嗎？」

「不俗，不俗，意義還蠻深長。」定文連忙說。

「不過問之取的名字是代表我們的終極目標，我取的名字是代表現狀，蘭妹子取的名字意義又比我取的深長十倍。我們是湖南人，自然不能忘記湖南，但復興中華就可以把這兩個省份包括進去，所以我和蘭妹子都只顧到一面，問之卻全面顧到了。」野梧的話真多，為了一個名字竟扯了一大套。

「蕭老太爺，你到底決定用那一個啦？」定文向他笑笑。

「哼哼！」野梧從鼻子裡哼了一聲，又摸摸剃光了的上唇，他對那一撮小鬍子忽然惋惜起來，不然真可以冒充一下老太爺哩。「我想還是用他姑爺取的名字吧。問之，蘭妹子，你們兩口子的意見總好通融吧？」

「哥哥，兒子是你的，我做姑姑的還有什麼成見？」瑞蘭高興地笑笑，問之定文也笑了。

「[illegible]我蘭妹子取的名字這回真是割愛，將來還是留着我的外甥女兒用吧。」

「哥哥，你又貧嘴。」瑞蘭表面上雖然不大好意思，心裡還是頂高興的。假使眞有那麼一天，做夢也是甜的哩！

華芳生產之後顯得更消瘦了。她來臺灣兩年多，体重一天天減輕，她的皮膚沒有瑞蘭的那麼白，那麼細膩，所以人也容易顯得蒼老，其實她只大瑞蘭一歲，但從外表上看起來最少要大十歲。因爲瑞蘭顯得比實際的年齡要年青得多，不知道的人還以爲她只有二十一二歲哩。

華芳這次生產又用了兩百多塊，還是在家裡請人接生的，住醫院就得三四百了。華芳產以後的營養問題自然也得注意，如果把她的身体拖壞了，那這些孩子就更糟了。她雖然沒有直接替國家出力，撫育下一代的責任可也不少啦！女人在這方面的功勞常常是被人忽略的，所以有些不甘雌伏的智識婦女常常要丟下孩子到社會去工作，把孩子交給下女照顧，她自己在機關裡賺的錢也許還不够付下女的工資，但爲了時髦和爭取社會地位不得不向外發展，其實是收穫小損失大，孩子們由於下女的無知常常受到錯誤的敎育和影響，同時由於下女的疏忽又往往招致各種疾病。所以他們幾個人對於婦女問題有一個極爲一致的看法。像瑞蘭沒有結婚儘管在外面工作。像華芳有了幾個孩子自然以在家裡撫育孩子最爲恰當，如果大家都尊重婦女在家庭的地位和她們撫育子女的功勞則所有女人的社會問題也不會發生了。因此他們對於華芳產後的調養很注意，他們寧可自己再節省也不願讓華芳的身体吃虧。定文願意把他本月份的稿費提出來作爲華芳的營養費，問之只有幾十塊錢的特支費，但早按月擠作孩子的醫葯費了。瑞蘭沒有額外收入，她決定開始正式寫稿，開支既然一天天增加，經濟方面自然也要想個開源的辦法。問之定文一向讚成瑞蘭寫稿，她卻非常持重，現在爲了生活而決定開始寫稿自然更值得鼓勵和尊敬了。

「蘭妹子如果一到臺灣來就開始寫稿，現在不也是女作家了嗎？」野梧說。「不過，現在開始寫也來得不？成名還早沒有什麼關係。」

「哥哥你誤會了我的意思。」

「哥哥並沒有誤會你的意思，寫作是一種名利双收的工作，要想多拿稿費就得多寫，寫得多就更容易出名，這不很自然嗎？」

「那倒也不盡然。」定文對這件事的看法不像野梧那麼直覺。

「定文，這不是天經地義的事嗎？」野梧馬上反問。

「你這是表面的看法，俗話說人怕出名豬怕壯，出名以前自然可以多寫，出名以後反而不敢寫了。」

「那為什麼？」

「因為讀者要看的是你的作品，不是你的名字，作品好讀者固然會崇拜，如果一味賣老作家的招牌，寫些不三不四的東西，那就是盛名之累了，讀者自然又會把你這個偶像推倒的。」定文這才說出原因來。

「招牌和貨色是同樣的重要，讀者是不能永遠被騙的。」雨之讚同定文的看法。

「這麼說這行飯也不好吃的了？」野梧傻氣地笑笑。

「吃飯本來就是一件難事，誰說這行飯好吃呢？」定文幽默地笑笑。

「定哥這樣說我就更不敢寫了。」瑞蘭有點惶惑。

「蘭，別膽怯，不過要認真地寫，不要僅僅為了換稿費。」雨之說。

「雨之的話很對，寫作一定要認真，女人寫作更容易成名，最可怕的敵人是外來的阿諛，和本身的自滿。如果妳能戰勝這兩個敵人，包妳成為一個了不起的女作家。」定文也很愛護瑞蘭，他覺得瑞蘭很可以寫，不過不要剛發表幾篇文章或別人代出本把集子就自以爲了不得，甚至替人寫起序來。

「定哥，以後還要請你隨時指教。」瑞蘭十分誠意地說。

「我可以替妳介紹稿子，指教倒不敢當，妳還是多[illegible]請教問之好了。」定文很謙虛，他覺得他在文藝界新聞界的人事關係倒比問之多，文藝修養還是問之強。

「我當然會請之哥先看。」瑞蘭又望着問之溫柔地笑笑。

「不必，我現在覺得筆桿比槍桿還重，我相信妳寫得好。」問之很少時間寫作，同時他覺得瑞蘭的作品可以站得住，一兩年之後她的名字一定會不脛而走，像其他的女作家一樣。

「那我們家裡不是有兩位女作家了？」野梧突如其來地說了這麼一句。

「還有誰呢？」定文連忙問。

「還有華芳那位大作家呀！」野梧滑稽地笑笑。「她平均兩年就要生產一部傑作，所以現在已經有四部大著了。」

問之定文瑞蘭聽了都笑了起來。

「不錯，同樣[illegible]是女作家。」定文止住笑說。

「不過華芳是大肚皮作家，蘭妹子是絞腦汁的作家。」野梧又打趣地說。

「這正是華芳瑞蘭現在應該走的兩條路。」定文覺得華芳已經結婚自然應該生育，這是女人的本分，瑞蘭沒有結婚也應該多寫點作品，這也是她能夠辦到的，生育兒女和寫作都有建設意義，也是自由中國所迫切需要的。

「那麼我們應該走幾條路呢？北投能去嗎？」野梧向定文嘻皮笑臉地說。

「滾你的。」定文笑著罵他一句。

「哥哥你真該打。」瑞蘭也笑著罵他。

「我們的路只有一條——守住現在的工作崗位——」問之與野番相視發笑。

「青也是貴遠樹下彈琴。」

「此話怎講？」野番明知故問。

「你是苦中作樂，以自由寄傲。」

野番又傻笑起來。

「知作者莫向之也。」

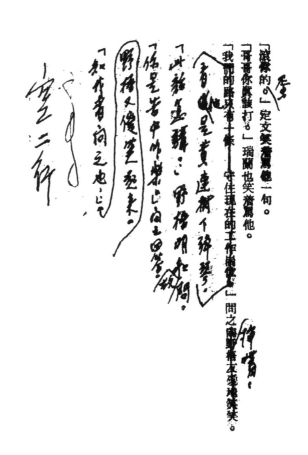

自由中國在安定中一步一步地向前邁進。軍事，政治的革新，經濟的繁榮穩定，為抗日戰爭以來所未見過的良好現象。他是動亂的東南亞中的一塊樂土，西南太平洋中的一塊磐石，自由中國的軍民都快樂地努力於他們的本位工作，他們從工作中增加了信心，從工作中贏得了繁榮與安定。四十年平安地度過去了，四十一年又平安地度過了一大半。

問之部隊的裝備現在已經完全達到現代化的標準了。他看到那麼新那麼齊全的裝備，那麼強壯那麼朝氣勃勃的官兵戰士，他心裡就有無限的喜悅。他有戰勝任何強敵的信心，他希望統帥部早點下達反攻命令，他好率領他這枝優秀的隊伍打回大陸，那已經離開三年多的大陸他是非常想念的。他不僅想念蕭家灣，他還想念他所走過的每一片土地，如果將這些土地都從敵人手裡奪回來，他就可以安心地退役，安心地和瑞蘭建立小家庭了。

瑞蘭正式開始寫作之後，收入方面頗有增加，每月的稿費相當於她一個月的薪水，有時還能多一點。而最大的收穫還是聲名鵲起，各報刊編者時常來信約稿，文藝界的熟人也漸漸增多，她可以安心地坐在家裡寫，不愁作品沒有銷路，而且刊出的地位又很顯著，編輯先生們常常替她的作品加上一點花邊，彷彿女王加冕一樣，更顯得金光燦爛，耀人眼目。不然就在前面加點小引小註，譽為名女作家，這更使她在文藝界的地位迅速地提高，頗有後來居上，壓倒前輩女作家的趨勢，男作家更被她壓得抬不起頭來。瑞蘭的作品固然不錯，但編輯先生們這樣熱心提攜獎掖，倒使她自己也頗爲詫異了。

「瑞蘭，你看了我的話該應驗了吧？」定文以前向她說過女人寫作更容易成名的話。果然不到一年功夫瑞蘭已經列名女作家了。他自己寫了十一二年，寫了一百幾十萬字，還沒有擠入作家之林哩！而且他寫的不純粹是詞藻作品，還有四五十萬字是純文藝，但他的名字卻沒有瑞蘭吃得開，他到現在還沒有出過一本書，而瑞蘭卻有人向她接洽願意替她出一本七八萬字的散文集子，雖然臺灣的出版界困頓萬分，她卻有這份榮幸，還可以拿百分之十五的版稅哩。

「蘭妹，現在是 Lady first 的時代，我眞想和蘭妹子對調一下哩。」野梧打趣地說。

定文也幽默地笑笑，瑞蘭卻責怪野梧：

「哥哥，你怎麼說出這樣沒有出息的話來？難道男人是第二性！」

「好像有這種趨勢。」野梧仍然嬉皮笑臉。

「這也是男人自作自受，誰叫他們糟蹋自己呢。」瑞蘭並不以自己被男人捧爲女作家爲榮，她甚至有點反感。

「這只是少數男人的色情狂心理，用不着那樣重視。」問之淡淡地說。

「如果所有刊物的編者作者都是女人，那我也要被大大地抬舉了。」定文幽默地說：「女人寫作的到底沒有男人多，這種現象從好的方面講是尊重女權，提高女性的地位，從壞的方面講就是有點存心玩弄了。假使把這種情形反過來，男人也可能有這種榮幸哩。」

「[illegible]管怎樣，妳寫作生活的基礎總算奠定了，以後我也可以少一層顧慮。」問之對於瑞蘭順利地走進文[illegible]陡然享有如此榮譽，他不但沒有絲毫妒忌，反而引以爲慰，今後他可以不必爲她的生活耽心她已經能夠完全獨立生活，比在蕭家灣時老練得多了。他認爲這比中二十萬元特獎更可靠，自然也更有價值。

瑞蘭向問之深深地感激地笑笑。她心裡自然也很高興，由於問之定文他們的鼓勵，她才走上了這條路，如果不碰着問之，如果仍然留在蕭家灣，她是決不會有今天這種成就的。她一想起他們初到臺灣時那種困苦，艱難，徬徨，苦悶的日子，還有點心悸。而野桐那時正在蕭家灣試試自己的運氣，看看局勢究竟如何變化哩？現在大家都在臺灣，都站在自己的工作崗位上爲國家效力，而且愈幹愈起勁，愈幹愈有信心，像走夜路的人一樣，已經走過最黑暗的子夜，現在漸漸看見一線曙光了。她有天亮之前的興奮和喜悅。

「大家都有進步，只有我還是原封未動呀。」野梧覺得自己比起問之定文瑞蘭野桐他們不免有點慚愧。

「哥哥，你也有進步。」瑞蘭向野梧讚賞地笑笑。

「瑞蘭妹子，哥哥也有進步嗎？」野梧用食指在上唇和鼻準之間輕快地一划，裝出一副受寵若驚得意忘形的小丑樣子。

「自然有進步。」問之也接着說。

「問之，你這句話真使我受寵若驚了。」野梧一步一步地走向問之望着他的臉孔說。

「野梧，這是我們有目共睹的事實。」定文也插進一句。

「你們說說看，看我到底够不够格！」野梧向問之瑞蘭定文望望。

「哥哥，你來臺灣以後沒有睡過懶覺，也不賭博，這兩件事就是很大的進步了。」瑞蘭還記得他在長沙茶館裡被人跟着逼賭賬的尷尬情形，最後還是她脫下那枚戒指才狼狽收場。來臺灣以後就沒有賭過，又天天上班，這不是一個很明顯的對比嗎？

「還有，你來臺灣時只有三個孩子，去年又添了一個壯丁，三個變成四個，這不也是進步嗎？」問之又接着說。

「還有嗎，他來臺灣三年多，就只要過一張女人照片，這不也是一種進步嗎？」定文說。

大家听了都輕鬆地笑笑，他自己更得意地說。

「的確，在這方面我現在眞可以算是聖人了。」

「你是聖人？我和問之也是聖人哩！」定文馬上刮他一下。

「你們都是聖人，那桐弟算什麼呢？」瑞蘭笑着問。

「他算個光桿6」野梧滑稽地笑笑。大家都被他引得大笑

「眞的，桐弟在鳳山一年多了，不知道現在的情形怎樣？」

介紹起野桐問之就很懷念他在鳳山一年多了，很少來信。問之只偶爾在報章上看見一些報導鳳山陸軍官校訓練情形的文字和照片，對於野桐的實際生活狀況還很隔膜。

「你不說我倒忘了，他昨天來了一封信，還附了幾張生活照片，你看看就知道。」野梧一面說一面從上衣口袋裡掏出野桐的信來。

問之隨手抽出來一看，首先被注意的是幾張照片。野桐的身體現在更結實更黝黑了，他赤膊的上身胸膛顯得豐滿極了，那部上面的肌肉高高地突起來，像他屋後面那座饅頭似的小山，兩隻臂膀的肌肉也像良鄉栗子一樣突出堅實，一塊一塊地彷彿會裂開，他在單槓上倒豎起來的姿勢優美極了，站立在馬背上更顯得英氣勃勃。看見他伏地挺身的照片野梧卻向瑞蘭笑着說：

「蘭妹子，妳看桐弟在做狗爬。」

瑞蘭看看那樣子也好笑，她不知道這叫做什麼運動，也不知道它有什麼用處。

看完照片之後問之就展開信紙，瑞蘭也湊過去看：

哥哥，之哥，定哥，蘭姐：

首先請你們原諒我很少給你們寫信，因為我實在太忙了，比在部隊還要忙得多哩。

日子過得真快，我進軍校已經一年多了，可以告慰你們的是這一年多的教育訓練我確實有點進步。現在我可以閉起眼睛來折卸步槍機槍，新式槍靶每次可以打中五環，三槍剛好構成一個等邊小三角，如果以敵人的頭來作譬喻，那剛好是打中鼻準和兩隻眼睛，體能訓練方面學校也很注意，伏地挺身我能來一百五十幾次，引體向上可以來三十幾次，還可以上下來回打十幾次浪，倒掛翻身更是輕而易舉，武裝跑步我可以一口氣跑五千公尺，最有意思的是我學會了好萊塢武打片中的武俠明星從馬屁股後面一躍而上馬背這種功夫，我想以我的槍法和馬上功夫已經很有資格作一個好萊塢的硬派明星了。

最近我看到蘭姐好幾篇大作，寫得真好，想不到蘭姐已經是聞名中國的名女作家了。我做弟弟的也沾光榮啦！

瑞蘭看到這裡輕輕地罵一句：

「桐弟也拿我開玩笑？也不是好東西。」

「本來嘛，不但他做弟弟的光榮，我做哥哥的也光榮哩。」野梧隨口接着說。

「哥哥，你還不住嘴？」瑞蘭沒有把自己看成一個作家，她總覺得別人這樣看她心裡頗[illegible]的。

「野桐的進步真大！」問之看完信之後讚賞地說。

「問之，你呢？桐弟的那一套你還能來幾下嗎？」野梧笑着問。

「我還能來幾下，不過沒有什麼進步。」問之在軍校受訓時比野桐還年輕幾歲，雖能訓練了，項他的成績也頂好，器械運動總是考第一，由於木馬跳得好，所以他從馬屁後面一跳而騎上馬背這一動作也是頂呱呱的。離開軍校之後他還是經常鍛鍊，來臺灣之後鍛得更勤，雖然沒有進步但還能維持以往的水準。就是在現在跳上一四日本種的高頭大馬這一動作也還是乾淨利落的。游泳一項就大大地進步了，在軍校時他只能游兩千公尺，現在背着全副武裝也能游三千多公尺了。

「問之真了不得，我可一套都不能動了。」野梧是一個懶虫，在軍校時雖能訓練也常常藉故規避，引體向上還能勉強拉四下，双槓玩不好，木馬始終跳不過，這十一二年來又一直不運動，他的確是十樣都不行了。

「野梧你比我還强，我連跑步都不成了。」定文還很羨慕野梧哩，他走起路來還是一拐一拐的，跑步就更不行了。

「定文，假使你也比我强，那我真要鑽洞了！」野梧覺得他還可以在定文面前驕傲一下，最少走起路來比他快，所以他故意神氣活現地說。

「定文你也不錯呀！來臺灣之後你寫了十幾萬反共文字，這貢獻還算小嗎？」問之馬上安慰他。事實上，他每天都在向大陸發動攻心戰，這個力量雖然看不見，影響可大得很，打倒敵人的方法原不只一個，只要各人都拿出自己的力量就行，定文正好運用了他自己的優點，發揮了自己的最大力量，這不很好嗎？

「你們都有很大的貢獻，只有我是一個小小的泡沫。」瑞蘭覺得問之定文對國家都有很大的貢獻，連野楠也破獲了兩件叛亂案子，她不過是一個小學教員，比起他們來她覺得自己更渺小了。

「蘭，妳在辛勤地教育下一代，妳的工作不是頂有意義嗎？誰能說妳是一個小泡沫呢？」問之把瑞蘭輕輕地擁進自己的懷裡，低低地對她說。

瑞蘭感到一陣溫暖和安慰，她緊緊地貼在問之的懷裡，向他滿足地甜蜜地笑笑。

第五十九章
看演習芳心暗鎖
去憂懷珠淚偷彈

自由中國在安定中充實了反攻大陸的準備，美國在韓戰中也得到了血的教訓。美國人民對於韓戰的僵持和國務院的「圍堵」政策也頗感不耐了，艾森豪就在美國人民一致支持下繼杜魯門當選總統了。

艾森豪進入白宮之後的第一件大事就是宣佈解除臺灣中立化的政策，他的不保護中共的聲明贏得自由中國人民一致的讚譽，聞之他們自然更加興奮，他們這三四年來的艱苦奮鬥終於造成了今天這種聯合反共的局面，雖然還沒有到一致行動的時候，但他們現在可以自動伸手去打擊敵人了。

[illegible]中宣佈解除不久，聞之的部隊忽然奉命參加一次空前的陸海空軍聯合大演習，野橋事先請准了五張陸上參觀證，他和聞天、志平、定文、瑞蘭幾人都有一張，因爲有聞之的部隊參加，不然他不會讓瑞蘭去的。

瑞蘭從來沒有參觀過作戰演習，她根本不知道打仗是怎麼一回事。她一方面是興奮，一方面也有點害怕，因爲這次演習是實彈射擊。她第一次看見開槍還是三年前同聞之打獵的事，開砲不但沒有看見過，連听也很少听過，抗戰時也只偶爾听過一種非常隱約的嗡嗡的聲音，今天參觀演習的距離却很近，[illegible]還有[illegible]情形。[illegible]是一種怎樣的[illegible]，她就更不知道了。如果萬一有偏差，打[illegible]參觀的人，打中了自己那怎麼辦呢？

「該不會有傷人吧？」瑞蘭踏上中吉甫時就心地問。

野橋　戴　第五九章　桐　鍾　不会　海空軍參加。

「妳又不是射擊目標，那怎麼會打傷呢？」野梧向她苦苦地笑笑。

「子彈是沒長眼睛的，如果打偏了那不很危險嗎？」

「子彈沒有眼睛射擊手可有眼睛哪！看的人怎麼會有危險呢！」

「真能打得那麼準嗎？」

「即使有偏差也不會相差多少。」

「像打獵那樣有趣嗎？」瑞蘭望着野梧笑笑，她還清楚地記得那年的打獵情形，她當時雖被豹子嚇得抱住問之的腿子發抖，可見現在回想起來却非常有趣哩。

「等會妳看看就知道了。」野梧漫聲地回答。

野梧他們的中吉甫很快地駛出了市區，在公路上飛馳着。公路上的車子很多，有十輪大卡車，有中吉甫，有小吉甫，還有流線型的小轎車，牠們首尾相銜地飛馳着，陣容浩蕩而嚴肅，沿途每隔二三十步就有一個憲兵擔任警戒，老百姓睜着惺忪的眼睛驚奇地望着這些長蛇般的汽車隊，他們不知道究竟是怎麼一回事？

車子開進演習地區時他們望見海面上停泊着二十幾艘大大小小的灰色的艦艇，這裡面有 DD, DE, LSMR, AM, LST, LSM, LCI, LCT，這些艦艇都是天亮之前開來的，顯然的牠們已經完成掃雷作業了。事實上海上演習是在昨天天黑時就已開始的。

瑞蘭從來沒有看見過這麼多的艦艇，這麼浩蕩的海上陣容，她高興得叫了起來。

「哥哥，你看，好多兵艦。」

「嘿嘿，比我們塘裡的鴨子還多哩。」野梧故裝傻氣地笑笑，他也很高興，他以前也沒有看見這麼多的艦艇。

「不知道有多少艘？」瑞蘭高興地問。

「蘭妹子，妳數數看。」野格也想知道到底有多少，但他不願意自己去動腦筋，他習慣地吩咐瑞蘭去計算。

瑞蘭數了一遍之後高興地說：

「一共五十五艘。」

大家听了之後相視一笑。

車子開到停車場之後，他們就一道下來進入參觀位置，這一帶是一片大海灘，是最理想的登陸演習地點，距離海灘兩三千公尺的地方是一列十多公尺高的山脈，山脈上已經樹立了十幾塊用白紙糊的大木牌，上面塗着×〇□各種形狀和紅黑藍各種顏色，分別顯示敵人的兵種陣地。在敵人的山頭陣地和海岸之間是一片開濶地，沒有任何建築，只有一些野生的草本植物和甘藷田。

參觀位置設在海邊的沙灘上，和艦艇以及敵人的陣地剛好是相等的距離，大約各二千五百公尺。離登陸地點則不過五十公尺。在陸上參觀的人很多，總有兩三千人，百分之九十以上是陸海空軍軍官，他們都是來見習的。

野格瑞蘭他們站的位置很高，海上的艦艇陸上的地形地物都一目瞭然。瑞蘭望望海上那麼多的艦艇她不知道問之是在那條船上？她非常關心，她希望這次演習不要出事才好。

「哥哥，你知不知道之哥在那條船上？」

「那你怎麼知道？」野格不瞭解海軍的情形，他不知道那是驅逐艦？那是護航驅逐艦？那是掃雷艦？那是登陸艇。何況海上的艦艇那麼多，他怎麼知道問之在那條船上呢？

其實問之和他的部隊是在昨天下午四點鐘就登上了一條 LST 的，在登陸之前他們已經經過十幾小時的海上航行考驗，看看他們的耐波能力如何？如果經過十幾小時的海上顛簸還能照常搶灘登陸，攻佔敵人的陣地，那這種訓練就算成功。本來在敵前登陸是一場最艱苦最危險的戰爭，要想在敵人的砲兵陣地之前和踞高臨下以逸待勞的有利條件之下，建立灘頭陣地眞不容易，所以上次大戰時美軍終於放棄了在這個地點登陸的計划。

在登陸作戰之前，還有一位中校指着那幅大的作戰地圖利用擴音器向觀衆講解分析當前我敵態勢和演習程序，當然有很多軍事術語瑞蘭是听不懂的，不過她對今天的演習情形總算瞭解了一點。

九點正，十二架戰鬥轟炸機在山頭上飛繞一匝之後，艦砲就開始轟擊，二二，二六，一四七，一四八，一四九，一五〇等艦的重砲同時發出轟轟蓬蓬的吼聲，當砲彈飛離砲口時可以清楚地望見一道紅色的閃光，砲彈落在山頭上又馬上冒起一股烟塵，飛機也輪流轟炸，重磅炸彈落在山頭上隨即冒起一股黑色的濃烟，五〇一，五〇二等艦的火箭像夏夜的流星一樣在天空划了一道美麗的弧線，然後又降落在山頭上，起先是幾隻幾隻的輪放，後來就幾十隻同時密集地發射，那紅色的閃光像一條條閃亮的金蛇，拖着一道狐形的尾巴向山頭飛去，又如暴雨般地落下，眞是美麗壯觀極了。大家都讚賞不置，瑞蘭更是又驚又喜。

一陣砲火支援之後，一條 LST 的艙門打開了。接着吐出一條條 LVT，由十二條 LVT 組成了第一道舟波，它們排成一字陣勢，在兩千公尺以外整齊地[illegible]向海灘急駛前進，二二等艦砲火仍在支援，邊砲也實行超越射擊，掩護 LVT 前進，LVT 上的機槍在離海灘一千公尺左右也開始向海灘射擊，子彈打在水裡卜卜卜地叫，同時濺起一陣陣的浪花，在離海灘約五百公尺左右，有三艘LVT上的人忽然棄船泅水，背着全付武裝向海灘游，這表示新來的LVT已經中彈起火。當第一舟波快接近海灘時大家的心情都緊張起來，泅水的官兵也愈游愈近，只見海面上浮動着一片戴着鋼盔的人頭。所有LVT搶灘之後不久，泅水的人也都游到岸邊了，當第一個戴着鋼盔握着手槍的人衝上岸時大家都報以如雷的掌聲。這不是別人，正是聞之，他上岸之後馬上把手槍向前用力一揮，在水裡的官兵統統迅速地衝了上來，他隨即命令傳令兵用步行通話器通知前面的部隊繼續前進。當瑞蘭拿着野格的十倍望遠鏡清楚地看見聞之的面貌和動作時，她幾乎暈倒在野格的懷裡，半天她才喊了一聲。當她再定神細看時聞之正彎着腰率領弟兄們衝過了參觀位置，向前急進。

第一舟波全是聞之的[illegible]，[illegible]這次登陸作戰演習是由他的部隊擔任第一線的攻擊任務，以後的十幾道舟波和幾個待命[illegible]的部隊也都是屬於聞之的一個師的部隊。聞之他們登陸之後每隔十分鐘有一個舟波搶灘，時間非常準確。

「現在第一線部隊已經建立灘頭陣地，準備繼續向前推進。」那位報告演習程序的中校在擴音器裡向觀眾不斷地反覆地報告。

瑞蘭拿起望遠鏡瞭望，聞之和他的部隊正伏在前面五百公尺的公路旁邊的斜坡上準備衝過這條毫無掩蔽的公路線，瑞蘭忽然望見聞之拿起通話器下達命令，他這一線的弟兄們馬上迅速地衝了過去，其餘的人也統統衝了過去。

聞之他們繼續彎着腰向前躍進，前進不到一百五十公尺忽然同時伏下來，那位中校又在擴音器裡報告：

「敵人的火力太旺，第一線部隊前進受阻，現在正請求艦砲飛機支援。」

軍艦和飛機奉到支援命令之後，馬上加緊轟擊，飛機還在山頭上投了幾顆汽油彈，敵人的砲兵陣地旁邊隨即冒起一股股濃厚的黑烟。

敵人的火力壓制下去之後，問之的部隊又繼續前進，他們後面每隔兩三百公尺遠就有一批後援部隊最後一營砲兵也搶上了海灘，現在正在建立陣地，準備轟擊。

艦砲仍在不斷地怒吼，飛機開始低飛掃射，十二架飛機從觀衆的頭上掠過來掠過去，對準了山頭上的目標就地一陣掃射，子彈從機槍口裡吐出來，帶着一線紅色的閃光閃電般地直飛過去。

問之的部隊已經開始爬山，距離敵人的陣地愈來愈近，現在可以聽到集密的機槍聲和步槍聲，咯咯咯……拍拍拍……比三十夜晚的鞭炮還熱鬧。

各種口徑的陸地砲也開始怒吼了，發出轟轟的沉濁的吼聲，第一砲就轟掉了一個顯示敵人砲兵陣地的木牌，大家馬上歡呼起來。

陸地砲繼續地轟擊着，問之和他的部隊繼續射擊，繼續前進，他們快爬上山頭了，火燄噴射器正對準敵人的工事噴射。

瑞蘭在望遠鏡裡忽然望見一顆砲彈落在問之的部隊前面不遠的地方爆炸，她非常躭心，她生怕問之受傷。

「哥哥，該不要緊吧？你看，那多危險！」瑞蘭把望遠鏡交給野梧，野梧看見那顆砲彈降落在問之的部隊前面還不到三十公尺，山頭上十幾個木牌子只剩四五個了，木牌附近的樹木都被砲火燒焦了，有幾個山頭已經燒得光光的。

部隊愈前進愈接近敵人，瑞蘭的心情也更顯得不安。她想假使真的作戰不是馬上就要拚刺刀肉搏了嗎？白刀子進紅刀子出，那是多麼可怕啊！如果萬一開之後敵人刺倒那不是一切都完了嗎？她還有什麼希望呢？

瑞蘭正左思右想時忽然听見一陣急促緊張的衝鋒號聲，她連忙從野梧手上接過望遠鏡，她望見問之的部隊像一羣猿猴一樣迅速敏捷地往上衝。

山頭上的大木牌一塊一塊地倒了。擴音器裡隨即響起了那位中校的聲音：

「我第一線部隊已經完全佔領敵人陣地，我第一線部隊已經完全佔領敵人陣地……」

他的話還沒有講完，山頭上忽然升起了一面鮮明美麗的[redacted]大國旗，在微風中莊嚴地招展，招展。大家[redacted]鼓掌歡呼。瑞蘭也微笑起來，她的眼裡有淚。

第六十章

遊明潭賦詩助興　奉急電壯士[illegible]各方

這次聯合大演習的講評很好，問之更得到上峯的嘉獎，經過這次大演習之後，他對自己的部隊更有七種堅定無比的信心。

三年多的時間，問之沒有調過職，沒有離開過自已的工作崗位，遵照國防部的規定，他有一個月的慰勞假，這三年多來他也太辛苦了，實在需要休息一下。

當他把休假的消息告訴瑞蘭時她非常高興。恰巧這時她也有五天春假，她準備好好地陪問之玩五天，來臺灣後她就很少和問之共同生活過，在臺灣三四年，她和問之相聚的日子合算起來還不到一個月，回想起蕭家那段詩樣的生活她還是非常留戀呢。

五天時間究竟如何支配？應該去些什麼地方？大約要用多少錢？她都仔細考慮過。考慮的結果她決定陪問之去日月潭。日月潭是臺灣的最大名勝，不可不去。臺中又是一個好地方，也可以順便玩玩，來去有五天的時間也足夠了。節省一點用有四五百塊錢也差不多，她準備以一個月的薪水和一萬五千字的稿費來度過這個愉快的短假，作一次愉快的旅行。薪水已經領到了一個月，稿子還沒有寫出去幾個報紙雜誌就先送來了兩三百塊錢。

「之哥，我陪你去日月潭玩玩好嗎？」瑞蘭望着問之的臉上溫柔地說。

問之本來也很想去日月潭玩一趟，很早他就仰慕他的大名，但一直沒有機會去，現在有了一個月的慰勞假，照理應該去一趟，說不定那天會突然奉到命令反攻大陸，到臺灣這麼久連日月潭都沒有去過，那不是入寶山而空還嗎？所以他心裡實在想去，可是，他仍然沒有這筆錢，他只好遲疑地笑笑。

「之哥，怎麼你不想去嗎？」瑞蘭偏着頭俏皮地問。

「去自然想去，那來這筆錢呢？」問之向她抱歉地笑笑。

「你用不着就心，我已經準備好了。」瑞蘭向他甜蜜地笑笑。

問之在瑞蘭的額上吻了一下，他心裡有一種溫暖幸福的感覺。

第二天大清早他們就趕到臺北車站，他們想搭五點五分最早的一班車，預備在臺中看看，再趕下午一點的汽車上日月潭。

車站的旅客很稀少，不像上下午那麼擁擠，有些旅客還在懶散地打着呵欠。問之很容易地替瑞蘭買了一張票，他自己有兩張免費車票，他順便拿了一張到窗口軋了一個日期。

月台是空空的，車廂的乘客也很少。問之和瑞蘭走進一節二等車廂，選擇了一個靠窗口的座位坐下來。火車準時開出了臺北站，在靜靜的清晨吃咳吃咳地前進着。

瑞蘭來臺灣快四年了，一直沒有在這條南北縱貫線旅行過。她覺得沿途的景物都很新鮮可愛，尤其是那雪白的浪花輕輕地拍着海岸，彷彿一位年青的母親溫柔地拍着懷中的小寶寶，輕輕地哼着催眠歌。而雪白的浪花又常常給人以美麗的幻想和無窮的詩意，輕輕地拍着海岸就是一首優美的海洋詩的優美的旋律。而那海邊整齊的防風林眞像一排翠綠的屏風，透過那排翠綠的屏風的間隙看海，有如透過[illegible]的翠綠的珠寶窺看古典美人一樣富有詩意[illegible]。

縱貫線上除了這種詩情畫意的海洋情調之外，自然還有一點點大陸情調，那些山，那些田，瑞蘭覺得多少有點像粵漢路的情景，火車鑽山洞不也和粵漢路湖南廣東交界的情形相彷嗎？而有些田裡還開着黃的油菜花，白的萊菔花，雖然是那麼匆匆一瞥，也勾起瑞蘭的無限鄉思呢。

「蕭家灣的油菜蘿蔔朵也該開花了？」瑞蘭望着開花的油菜和萊菔朵沉吟地說。

「誰知道呢？大滿爹還能那麼興緻勃勃地種田嗎？」問之不知道大滿爹是否像他在蕭家灣時那樣捲起褲脚笑嘻嘻地在田裡耕作呢？現在該是插秧的時候了？那些田也許還荒着哩。大滿爹也許跟着長委上山打游擊了吧？

「大哥，三年了，我們沒有得着蕭家灣的一點信息！」

「我想先回蕭家灣去看看。」問之也很懷念蕭家灣，他想他今年總應該動一動了。老蹲在臺灣總不是辦法呀？

「大哥，我們一道回去不更好嗎？」瑞蘭真想和問之一同跪在母親的墳前痛哭一場哩。

「蘭，打仗不比旅行，那怎麼可以呢？」問之望着瑞蘭憐愛地笑笑，他不能坐着火車回蕭家灣，他要一路打回去呀！

「唉！真是出來容易回去難了。」瑞蘭望着車窗外面遠方的雲天慨嘆着。

車子鑽過了一個山洞又一個山洞，車頭嗚嗚地叫着，車輪吃咳吃咳地響着，經過了幾十個小站終於到達臺中了。

問之和瑞蘭走進車站時壁上的掛鐘正好十一點，離開日月潭開車的時間還有兩個鐘頭，他們在一家舘子裡迅速地吃過午飯之後就順便去公園蹓韃。

臺中不僅地位適中，氣候也比南北兩部好。南部那種燠熱真容易使人疲倦，煩悶，一到中午彷彿吃醉了酒似的有點微醺。高雄街道上那麼重的灰塵尤其令人討厭，只要在街上走一遍兩個鼻孔裡就充滿了污黑的灰塵，空氣的污濁簡直有點使人窒息，是十個最不適宜於居住的地方。臺北又太繁嘩，基隆的雨水又太多。只有臺中既沒有基隆那麼多的雨，更沒有高雄那麼重的灰塵，那麼討厭的市聲，街道像水洗過一樣地乾淨，店舖也很整潔，行人也有一份閒情逸緻，到處是綠蔭掩映，住宅周圍有花有樹，有的人家還用牽牛花編成一道拱門，那就更顯得富有詩意了。

他們在公園裡蹓了三四十分鐘，這是一個相當理想的公園。樹木高大，綠蔭覆地，水池的面積也不小，水也很清，一走進來就覺得一身涼爽，自然有一種靜靜的情趣，比臺北植物園還好得多哩。

「我看臺中應該要算是臺灣最好的城市了？」瑞蘭走過一遍就有這種感覺。

問之同意地點點頭。他去過屏東十次，覺得屏東也不壞，不過沒有臺中好。

他們在公園裡只蹓了四十分鐘，卻留下一個很美的印象。

一點正，他們搭着公路車子離開了臺中，直開日月潭，現在是遊阿里山看櫻花的季節，去日月潭的人並不多，車子裡一點不擁擠，瑞蘭因長途旅行的勞頓，不自覺地靠在問之的身上睡着了，問之不願意驚醒她，讓她儘量地睡得舒服。車到水裡坑時她才醒來。她看見遍山的香蕉樹和菠蘿心裡很高興，這是她從臺北到臺中沿途沒有看見過的。

車子慢慢地爬高，山上的氣候和山下不同，已經有點寒意了。瑞蘭從手提袋裡拿出一件鏤花毛背心穿上，人就感到剛剛合適了。

四點鐘就到日月潭了。他們不住龍湖閣，一直坐到涵碧樓才下車。因為龍湖閣是西式新建築，人工氣息太重，環境也沒有涵碧樓清幽，涵碧樓是日式建築，周圍的樹木很多，內部的設備也很典雅，「涵碧樓」這三個字就很有詩意的。

他們定好了兩個小房間之後就隨同同車來的幾位旅客雇了一個汽艇開到對面的蕃社去，「毛王爺」和他的「公主」們就住在蕃社。既然到了日月潭怎麽能錯過這樣的機會呢！

日月潭的面積相當廣，水也很深，周圍都是高山和茂密的樹林，這眞是一個天造地設的蓬萊仙境。潭中間還有一個光華島，其實是個象徵性的名詞，這個島在雨季水量充足時只能看見一個寶塔似的尖頂，現在也只能看到很小的一部分。

日月潭最有意義的活動鏡頭是高山族人划着獨木小舟在平滑如鏡的潭面上滑動。他們用獨木舟在潭中釣魚，也用獨木舟作潭上交通工具，從這種獨木舟身上就可以看出一種原始意味來。

蕃社在涵碧樓對面，和涵碧樓遙遙相對，幾十家低矮的茅草房屋和「王爺」「公主」這類古典香艷的名稱不知道誘惑了多少遊客？瑞蘭沒有看見過毛公主，她以爲她是天仙般的佳麗，她那裏知道大公主已是幾個孩子的母親，額上已經有了皺紋呢！一双蕃薯脚更令人不敢領教呢。二公主雖然秀麗一点，但不幸已經「香消玉殞」了。

他們到達蕃社時「毛王爺」自然很歡迎，有幾位遊客要求和大公主三公主合照，有的要求他們跳山地舞，這些請求毛王爺和公主們都滿口答應，就是要錢。大家爲了好奇也就不吝嗇這幾個錢了。

山地舞純粹是一種土風舞，他們不注重個人的技藝，只求集体的和諧協調，又跳又唱，步伐和音調都是那麽單純，缺少變化，但能表現出一種原始的衝動和狂歡。沒有新疆舞那麽細膩，那麽富於音樂的旋律和詩意。自然更不能和舞藝精湛的巴蕾舞相比了。

瑞蘭以前沒有看過山地舞，也沒有看過山地的服裝，她倒覺得蠻有意思。她還特地和大公主三公主合拍了一張照片，她站在兩位公主的中間像一株白蓮花般站在一群綠葉中顯得格外亭亭玉立，格外風姿綽約了。

他們在暮色蒼茫中踏上汽艇，平滑如鏡的潭面已經升起一層迷迷濛濛的乳白色的薄霧，遍歸的獨木舟在乳白色的薄霧中悠然地划過如鏡的潭面，這是一種多麼美麗的畫面啊！如果米高梅的製片人發現了這樣一幅美麗的外景，他也許會拍出一部充滿詩情畫意的文藝片哩。

他們回到涵碧樓之後，双双坐在靜靜的廻廊上休息。這時乳白色的霧已經迷漫了整個山谷，對面的蕃社完全隱入乳白色的霧中了。遠遠地望去，彷彿一朵白色的睡蓮。聞之忽然有一種靜美的詩的感覺。三年多了，他沒有過這樣的感覺。他馬上從上衣口袋裡掏出一本六十四開的日記簿，一面構思，一面在上面寫着。終於完成一首新詩。

「之哥，你在寫詩嗎？」瑞蘭會意地問，同時向他溫柔地含情脈脈地一笑。她三年多沒有看見聞之這樣寫詩了，今天忽然看見他寫詩心裡真有一種難以形容的喜悅。她是多麼希望他能重新提起詩筆啊！

聞之向瑞蘭点点頭笑笑。在這靜靜的優美的環境中，瑞蘭重新找回了一個失去了的溫雅的詩人，重新找回了一首失去了的優美的抒情詩。

是誰人的神斧雕琢了這個美麗的潭
是那位天仙的明鏡偶爾失落在這羣山之間
又是誰悄悄地撒下一層乳白色的薄網
籠罩在這美麗的潭面和美麗的羣山之巔

「所以我要陪你到日月潭來的！」

「[illegible]還不是做夢吧？」問之面對着溫柔嫻靜的瑞蘭，面對着這樣美麗的潭，和這樣美麗的乳白色的[illegible]他不自覺地用手在空中抓了一下，但什麼都沒有抓着，他有點恍惚，他懷疑他是在做夢嗎。

「不，這不是夢，這是眞實的。」瑞蘭憐愛地把臉湊過去：「[illegible]，你看，我在這兒。」

問之在瑞蘭的額上輕輕地一吻，同時用手撫摩着她那一頭美麗的長髮。他的心在輕微的顫慄，他的淚在慢慢地流。……

「莊營長，你有電報。」忽然一個女待應生出現在他們的旁邊，她手裡拿着一封加急電報。問之聽到電報兩個字馬上警覺地從沙發上跳了起來。瑞蘭也莫名其妙地一怔，連忙站了起來。

他從待應生手裡接過那份加急電報拆開一看，只有簡單的兩句話：

奉諭請立刻歸[illegible]

電報是副營長打來的，問之知道將要發生的是什麼事，但他不[illegible]講出來，他把電報交給瑞蘭，瑞蘭匆匆一瞥就[illegible]的一聲暈倒在問之的懷裡。

羅吳人 說：
一九五三（民國四十二年）為聯大書局撰寫的第一部長篇小說
二〇〇八（民國九十七年）六月十四日 修訂
二〇〇八年 端午節 定本
二〇一〇年一月六日

墨人博士著作書目（校正版）

書目	類別	出版者	出版時間
一、自由的火焰（與《山之禮讚》合併易名《墨人新詩集》）	詩集	自印（左營）	民國三十九年（一九五〇）
二、哀祖國（與《山之禮讚》合併易名《墨人新詩集》）	詩集	大江出版社（臺北）	民國四十一年（一九五二）
三、最後的選擇	短篇小說	百成書店（高雄）	民國四十二年（一九五三）
四、閃爍的星辰	長篇小說	大業書店（高雄）	民國四十二年（一九五三）
五、黑森林	長篇小說	香港亞洲社	民國四十四年（一九五五）
六、魔障	長篇小說	暢流半月刊（臺北）	民國四十七年（一九五八）
七、孤島長虹（全集中易名爲富國島）	長篇小說	文壇社（臺北）	民國四十八年（一九五九）
八、古樹春藤	中篇小說	九龍東方社	民國五十一年（一九六二）
九、花嫁	短篇小說	九龍東方社	民國五十三年（一九六四）
一〇、水仙花	短篇小說	長城出版社（高雄）	民國五十三年（一九六四）
一一、白夢蘭	短篇小說	長城出版社（高雄）	民國五十三年（一九六四）
一二、颱風之夜	短篇小說	長城出版社（高雄）	民國五十三年（一九六四）

一三、白雪青山　長篇小說　長城出版社（高雄）　民國五十四年（一九六五）
一四、春梅小史　長篇小說　長城出版社（高雄）　民國五十四年（一九六五）
一五、洛陽花似錦　長篇小說　長城出版社（高雄）　民國五十四年（一九六五）
一六、東風無力百花殘　長篇小說　長城出版社（高雄）　民國五十四年（一九六五）
一七、合家歡　長篇小說　臺灣省新聞處（臺中）　民國五十四年（一九六五）
一八、紅樓夢的寫作技巧　文學理論　臺灣商務印書館（臺北）　民國五十五年（一九六六）
一九、塞外　短篇小說　臺灣商務印書館（臺北）　民國五十五年（一九六六）
二〇、碎心記　長篇小說　小說創作社（臺北）　民國五十六年（一九六七）
二一、靈姑　長篇小說　小說創作社（臺北）　民國五十七年（一九六八）
二二、鱗爪集　散　文　水牛出版社（臺北）　民國五十七年（一九六八）
二三、青雲路　短篇小說　臺灣商務印書館（臺北）　民國五十八年（一九六九）
二四、變性記　短篇小說　臺灣商務印書館（臺北）　民國五十八年（一九六九）
二五、龍鳳傳　長篇小說　幼獅書店（臺北）　民國五十九年（一九七〇）
二六、火樹銀花　長篇小說　立志出版社（臺北）　民國五十九年（一九七〇）
二七、浮生集　散　文　聞道出版社（臺南）　民國六十一年（一九七二）
二八、墨人詩選　詩　集　臺灣中華書局（臺北）　民國六十一年（一九七二）
二九、鳳凰谷　長篇小說　臺灣中華書局（臺北）　民國六十一年（一九七二）

三〇、墨人短篇小說選	短篇小說	臺灣中華書局（臺北）	民國六十一年（一九七二）
三一、斷腸人	短篇小說	臺灣學生書局（臺北）	民國六十一年（一九七二）
三二、詩人革命家胡漢民傳	傳記小說	近代中國社（臺北）	民國六十七年（一九七八）
三三、心猿	長篇小說	學人文化公司（臺北）	民國六十八年（一九七九）
三四、山之禮讚	詩　　集	秋水詩刊（臺北）	民國六十九年（一九八〇）
三五、心在山林	散　　文	中華日報社（臺北）	民國六十九年（一九八〇）
三六、墨人散文集	散　　文	學人文化公司（臺中）	民國六十九年（一九八〇）
三七、山中人語	散　　文	臺灣商務印書館（臺北）	民國七十二年（一九八三）
三八、花市	散　　文	江山出版社（臺北）	民國七十四年（一九八五）
三九、三更燈火五更雞	散　　文	江山出版社（臺北）	民國七十四年（一九八五）
四〇、墨人絕律詩集	詩　　集	臺灣商務印書館（臺北）	民國七十六年（一九八七）
四一、全唐詩尋幽探微	文學理論	臺灣商務印書館（臺北）	民國七十六年（一九八七）
四二、第二春	短篇小說	采風出版社（臺北）	民國七十七年（一九八八）
四三、全唐宋詞尋幽探微	文學理論	臺灣商務印書館（臺北）	民國七十八年（一九八九）
四四、小園昨夜又東風	散　　文	黎明文化公司（臺北）	民國八　十年（一九九一）
四五、紅塵（上、中、下三卷）	長篇小說	臺灣新生報社（臺北）	民國八　十年（一九九一）
四六、大陸文學之旅	散　　文	文史哲出版社（臺北）	民國八十一年（一九九二）

四七、紅塵續集　長篇小說　臺灣新生報社（臺北）　民國八十二年（一九九三）
四八、墨人半世紀詩選　詩　選　文史哲出版社（臺北）　民國八十四年（一九九五）
四九、張本紅樓夢（上下兩巨冊）　修訂批註　湖南出版社（長沙）　民國八十五年（一九九六）
五〇、紅塵心語　散　文　圓明出版社（臺北）　民國八十五年（一九九六）
五一、年年作客伴寒窗　散　文　中天出版社（臺北）　民國八十六年（一九九七）
五二、全宋詩尋幽探微　文學理論　文史哲出版社（臺北）　民國八十九年（二〇〇〇）
五三、墨人詩詞詩話　詩詞・理論　詩藝文出版社（臺北）　民國八十九年（二〇〇〇）
五四、娑婆世界（定本）　長篇小說　昭明出版社（臺北）　民國八十八年（一九九九）
五五、白雪青山（定本）　長篇小說　昭明出版社（臺北）　民國八十九年（二〇〇〇）
五六、滾滾長江（定本）　長篇小說　昭明出版社（臺北）　民國八十九年（二〇〇〇）
五七、春梅小史（定本）　長篇小說　昭明出版社（臺北）　民國八十九年（二〇〇〇）
五八、紫燕（定本）　長篇小說　昭明出版社（臺北）　民國九　十年（二〇〇一）
五九、紅樓夢的寫作技巧（定本）　文學理論　昭明出版社（臺北）　民國九　十年（二〇〇一）
六〇、紅塵六卷（定本）　長篇小說　昭明出版社（臺北）　民國九　十年（二〇〇一）
六一、紅塵法文本　巴黎友豐（you fonq）書局出版　二〇〇四年初版

附　註：

▲北京中國文聯出版社　二〇〇三年出版　大陸教授羅龍炎・王雅清合著《紅塵》論專書

▲臺北市昭明出版社出版墨人一系列代表作，長篇小說《娑婆世界》、一百九十多萬字的空前大長篇《紅塵》（中法文本共出五版）暨《白雪青山》（兩岸共出六版）、《滾滾長紅》、《春梅小史》、《紫燕》，短篇小說集、文學理論《紅樓夢的寫作技巧》（兩岸共出十四版）等書。臺灣中華書局出版的《墨人自選集》共五大冊，收入長篇小說《白雪青山》、《靈姑》、《鳳凰谷》、《江水悠悠》（為《東風無力百花殘》易名）、《短篇小說・詩選》合集。《哀祖國》及《合家歡》皆由高雄大業書店再版。臺北詩藝文出版社出版的《墨人詩詞詩話》創作理論兼備，為「五四」以來詩人、作家所未有者。

▲臺灣商務印書館於民國七十三年七月出版先留英後留美哲學博士程石泉、宋瑞等數十人的評論專集《論墨人及其作品》上、下兩冊。

▲《白雪青山》於民國七十八年（一九八九）由臺北大地出版社第三版。

▲臺北中國詩歌藝術學會於一九九五年五月出版《十三家論文》論《墨人半世紀詩選》。

▲《紅塵》於民國七十九年（一九九〇）五月由大陸黃河文化出版社出版前五十四章（香港登記，深圳市印行）。大陸因未有書號未公開發行僅供墨人「大陸文學之旅」時與會作家座談時參考。

▲北京中國文聯出版公司於一九九二年十二月出版長篇小說《春梅小史》（易名《也無風雨也無晴》）；一九九三年四月出版《紅樓夢的寫作技巧》。

▲北京中國社會科學出版社於一九九四年出版散文集《浮生小趣》。

▲北京群眾出版社於一九九五年一月出版散文集《小園昨夜又東風》；一九九五年十月京華出版社出

版長篇小說《白雪青山》大陸版，第一版三千冊，一九九七年八月再版一萬冊。

▲長沙湖南出版社於一九九六年一月初出版墨人費時十多年精心修訂批註的《張本紅樓夢》，分上下兩大冊精裝一萬一千套。立即銷完、因未經墨人親校，難免疏失，墨人未同意再版。

Mo Jen's Works

1950 *The Flames of Freedom*（poems）《自由的火焰》

1952 *Lament for My Mother Country*（poems）《哀祖國》

1953 *Glittering Stars*（novel）《閃爍的星辰》

The Last Choice（short stories）《最後的選擇》

1955 *Black Forest*（novel）《黑森林》

The Hindrance（novel）《魔障》

The Rainbow and An Isolated Island（novel）《孤島長虹》（全集中易名爲富國島）

1963 *The spring Ivy and Old Tree*（novelette）《古樹春藤》

1964 *Narcissus*（novelette）《水仙花》

A Typhonic Night（novelette）《颱風之夜》

Ms.Pei Mong-lan（novelette）《白夢蘭》
The Joy of the Whole Family（novel）《合家歡》
Flower Marriage（novelette）《花嫁》
1965 *White Snow and Green Mountain*（novel）《白雪青山》
The Short Story of Miss Chung Mei（novel）《春梅小史》
The Powerless Spring Breeze and Faded Flowers（novel）《東風無力百花殘》(《江水悠悠》)
Flower Blossom in Loyang（novel）《洛陽花似錦》
1966 *The Writing Technique of the Dream of Red Chamber*（literature theory）《紅樓夢的寫作技巧》
Out of The Wild Frontier（novelette）《塞外》
1967 *A Heart-broken Story*（novel）《碎心記》
1968 *Miss Clever*（novel）《靈姑》
Trifle（prose）《鱗爪集》
1969 *The Road to Promotion*（novelette）《青雲路》
1970 *A Sex-change Story*（novelette）《變性記》
The Biography of the Dragon and the Phoenix（novel）《龍鳳傳》
1971 *A Brilliantly lighted Garden*（novel）《火樹銀花》
1972 *My Floating Life*（prose）《浮生記》

Selection of Mo Jen's Poems《墨人詩選》
A Heart-broken Woman（novelette）《斷腸人》
Phoenix Valley（novel）《鳳凰谷》
Mo Jen's Works（five volumes）《墨人自選集》
Selection of Mo Jen's short stores《墨人短篇小說選》
1978 *Hu Han-ming, the Poet and Revolutionist*（novel）《詩人革命家胡漢民》
1979 *The Mokey in the Heart*（i.e. The Purple Swallow renamed）《心猿》
1980 *The Hermit*（prose）《心在山林》
A Collection of Mo Jen's Prose（prose）《墨人散文集》
A Praise to Mountains（poems）《山之禮讚》
1983 *Mountaineer's Remarks*（prose）《山中人語》
1985 *My Candle Burns at Both Ends*（prose）《三更燈火五更雞》
Flower Market（prose）《花市》
1986 *A Mundane World*（novel, four volumes, over 1.9 million words）《紅塵》
1987 *Remarks on All Poems of the Tang Dynasty*（theory）《全唐詩尋幽探微》
1988 *Remarks On All Tsyr*（prose poem）*of the Tang and Sung Dynasties*（theory）《全唐宋詞尋幽探微》
1991 *The Breeze That Came From The East Last Night in My Little garden Again*（prose）《小園昨夜又東風》

1992 *Travel for Literature in Mainland China*（prose）《大陸文學之旅》

1995 *Selection of Mo Jen's Poems, 1992-1994*《墨人半世紀詩選》

1996 *I'll look upon the World*《紅塵心語》

Chang Edition of the Dream of Red Chamber《張本紅樓夢》（修訂批註）

1997 *Cherish thy guests and the Muses*《年年作伴寒窗》

1999 *Saha Shih Gai*《娑婆世界》

1999 *Remarks on All Poems of the sung Dynasties*《全宋詩尋幽探尋》

1999 *Mo Jen's Classical Poems and Prose Poems*《墨人詩詞詩話》

2004 *Poussiere Rouge*《紅塵》法文譯本

墨人博士創作年表（二〇〇五年增訂）

年度	年齡	發表出版作品及重要文學紀錄摘要
民國二十八年己卯（一九三九）	十九歲	在東南戰區《前線日報》發表〈臨川新貌〉。淪陷區著名的上海《大美晚報》隨即轉載。
民國二十九年庚辰（一九四〇）	二十歲	在《前線日報》發表〈希望〉、〈路〉等新詩作品。
民國三十年辛巳（一九四一）	二十一歲	在《前線日報》發表〈評夏伯陽〉書評等文。
民國三十一年壬午（一九四二）	二十二歲	在各大報發表〈苦難的行列〉、〈贛州禮讚〉（長詩）、〈老船夫〉、〈盲歌者〉、〈自己的輓歌〉、〈抹去那怯弱的眼淚吧〉、〈生命之歌〉、〈快割鳥〉、〈鷂鷹與雲雀〉等詩及散文多篇。
民國三十二年癸未（一九四三）	二十三歲	在各大報發表長詩〈鋤奸隊長〉、〈搜索連長〉、〈遙寄〉、〈寫在第七個七七〉、〈父親〉、〈受難的女神〉、〈城市的夜〉及〈火把〉、〈擊柝者〉、〈橋〉、〈古鐘〉、〈汽笛〉、〈山居〉、〈沙灘〉、〈夜行者〉、〈孤芳〉、〈蚊蟲〉、〈蒼蠅〉、〈園圃〉、〈陽光〉、〈深秋〉、〈贈某詩人兼寫自己〉、〈哀亡命詩人〉、〈自供〉、〈白屋詩抄〉、〈哀歌〉、〈生活〉、〈給偶像崇拜者〉、〈戰書〉、〈燈下獨白〉、〈夜歸〉、〈失眠之夜〉、〈悼〉、〈殘英〉、〈黃昏曲〉、〈補綴〉、〈復活的季節〉〈擬戀歌〉、〈晨雀〉、〈春耕〉、〈天空的搏鬥〉等長短抒情詩。另發表散文及短篇小說多篇。

民國三十三年甲申（一九三九）	二十四歲	發表〈山城草〉五首及〈沒有褲子穿的女人〉、〈襤褸的孩子〉、〈駝鈴〉、〈無聲的哭泣〉、〈長夜草〉、〈春夜〉、〈擬某女演員〉、〈蛙聲〉、〈麥笛〉等詩及散文多篇。
民國三十四年乙酉（一九四五）	二十五歲	發表〈最後的勝利〉及〈煉獄裏的聲音〉、〈神女〉、〈問〉等長詩與散文多篇。
民國三十五年丙戌（一九四六）	二十六歲	發表〈夢〉、〈春天不在這裡〉等詩及散文多篇。
民國三十六年丁亥（一九四七）	二十七歲	發表〈冬天的歌〉、〈流浪者之歌〉、〈手杖、煙斗〉及長詩〈上海抒情〉等與散文多篇。
民國三十七年戊子（一九四八）	二十八歲	主編軍中雜誌、撰寫時論，均不署名。
民國三十八年己丑（一九四九）	二十九歲	七月渡海抵臺，發表〈呈獻〉、〈滿妹〉，及長詩〈自由的火燄〉、〈人類的宣言〉等及散文多篇。
民國三十九年庚寅（一九五〇）	三十歲	發表〈站起來，捏死他！〉、〈滾出去，馬立克！〉、〈英國人〉、〈海洋頌〉等詩。出版《自由的火燄》詩集。
民國四十年辛卯（一九五一）	三十一歲	發表〈春晨獨步〉、〈炫與殉〉、〈悼三閭大夫屈原〉、〈詩聯隊〉、〈心靈之歌〉、〈子夜獨唱〉、〈真理、愛情〉、〈友情的花朵〉、〈啊，西風啊！〉、〈歲暮吟〉、〈師生〉、〈往事〉、〈天書〉、〈歷程〉、〈雨天〉、〈火車飛馳在海岸淚上〉、〈帶路者〉、〈送第一艦隊出征〉等詩，及〈哀祖國〉長詩。
民國四十一年壬辰（一九五二）	三十二歲	發表〈未完成的想像〉、〈廊上吟〉、〈窗下吟〉、〈白髮吟〉、〈秋夜輕吟〉、〈秋訊〉、〈渴念，追求〉、〈寂寞、孤獨〉、〈冬眠〉、〈我想把你忘記〉、〈想念〉、〈成人的悲歌〉、〈訴〉、〈詩人〉、〈詩〉、〈貝絲〉、「春天的懷念」五首，〈和風〉、〈夜雨〉、〈臺灣海峽的霧〉等及散文、短篇小說多篇。出版《哀祖國》詩集。

民國四十二年癸巳（一九五三）	三十三歲	發表〈寄台北詩人〉等詩及散文短篇小說多篇。高雄百成書店出版短篇小說集《最後的選擇，收入〈華玲〉、〈生死戀〉、〈梅蘭馨〉、〈敵人的故事〉、〈最後的選擇》、〈蔣復成〉、〈姚醫生〉等七篇。大業書店出版長篇小說《閃爍的星晨》一、二兩冊。
民國四十三年甲午（一九五四）	三十四歲	發表〈雪萊〉、〈海鷗〉、〈鳳凰木〉、〈流螢〉、〈鵝鸞鼻〉、〈海邊的城〉、〈長夏小唱〉及散文、短篇小說多篇。
民國四十四年乙未（一九五五）	三十五歲	發表〈雲〉、〈F-86〉、〈題 GK〉等詩及散文、短篇小說多篇。香港亞洲出版社出版長篇小說《黑森林》，並獲中華文獎會國父誕辰長篇小說第二獎（第一獎從缺）。
民國四十五年丙申（一九五六）	三十六歲	發表〈四月〉等詩及散文、短篇小說多篇。
民國四十六年丁酉（一九五七）	三十七歲	發表〈月亮〉、〈九月之旅〉、〈雨和花〉等詩及長篇小說《魔障》。
民國四十七年戊戌（一九五八）	三十八歲	暢流半月刊雜誌社出版長篇連載小說《魔障》。
民國四十八年己亥（一九五九）	三十九歲	發表短篇小說、散文多篇。文壇雜誌社出版長篇小說《孤島長虹》（全集中易名爲《富國島》）。
民國四十九年庚子（一九六〇）	四十歲	發表〈橫貫小唱〉等詩及散文、短篇小說多篇。
民國五十年辛丑（一九六一）	四十一歲	發表〈熱帶魚〉、〈豎琴〉、〈水仙〉等詩及短篇小說甚多。奧國維也納富出版公司編選的《世界最佳小說選》選入短篇說〈馬腳〉，同時入選者有諾貝爾文學獎得主威廉福克納、拉革克菲斯特等世界各國名作家作品。

民國五十一年壬寅（一九六二）	四十二歲	發表〈青鳥〉、〈兩腳獸〉、〈晚會〉、〈祈禱〉等詩及短篇小說甚多。 奧國維也納納富出版公司又將短篇小說《小黃》（以江州司馬筆名撰寫者）選入《世界最佳小說選》，同時入選者有諾貝爾獎得主蕭洛霍夫，郭沫若及世界各國名作家作品。
民國五十二年癸卯（一九六三）	四十三歲	香港九龍東方文學出版社出版中篇小說《古樹春藤》。發表短篇小說、散文甚多。
民國五十三年甲辰（一九六四）	四十四歲	香港九龍東方文學社出版短篇小說集《花嫁》，收入〈教師爺〉、〈劉二爹〉、〈二媽〉、〈異鄉人〉、〈花嫁〉、〈扶桑花〉、〈南海屠鮫〉、〈高山曲〉、〈古寺心聲〉、〈誘惑〉、〈隱情〉、〈美珠〉、〈新苗〉、〈心聲淚影〉等十四篇。 高雄長城出版社出版中短篇小說集《水仙花》，收入〈水仙花〉、〈銀杏表嫂〉、〈圓房記〉、〈江湖兒女〉、〈天鵝〉、〈賭徒〉、〈搶親〉、〈黃龍〉、〈風雪歸人〉、〈花子老趙〉、〈景雲寺的居士〉、〈人與樹〉、〈過客〉、〈阿婆〉、〈馬腳〉、〈小黃〉等十六篇。 高雄長城出版社出版中短篇小說集《白夢蘭》。收入〈情敵〉、〈空手〉、〈師生〉、〈斷夢〉、〈黃昏曲〉、〈白夢蘭〉、〈平安夜〉、〈凱塞琳、萊蒙托夫與我〉、〈陽春白雪〉、〈亂世佳人〉、〈傷心之旅〉、〈白衣清淚〉、〈護士與病人〉、〈如夢記〉、〈除夕〉等十五篇。　高雄長城出版社出版《中華日報》連載的二十五萬字長篇小說《白雪青山》。　發表短篇小說、散文甚多。
民國五十四年乙巳（一九六五）	四十五歲	高雄長城出版社出版連載長篇小說《洛陽花似錦》、《春梅小史》、《東風無力百花殘》三部。　發表短篇小說、散文甚多。 省政府新聞處出版長篇小說《合家歡》。
民國五十五年丙午（一九六六）	四十六歲	是年五月赴馬尼拉華僑文教講習會講授「紅樓夢的寫作技巧」及新詩課程一個月。 商務印書館出版文學理論專著《紅樓夢的寫作技巧》，全書共十五萬字。 商務印書館出版中短篇小說集《塞外》。收入〈塞外〉、〈鬍子〉、〈百合花〉、〈天山風雲〉、〈白金龍〉、〈白狼〉、〈秋圃紫鵑〉、〈曹萬秋的衣缽〉、〈半路夫妻〉、〈百鳥聲喧〉、〈風竹與野馬〉、〈美人計〉、〈夜襲〉、〈花燭劫〉等十四篇。

民國五十六年丁未（一九六七）	四十七歲	發表短篇小說、散文甚多。小說創作社出版連載長篇小說《碎心記》。
民國五十七年戊申（一九六八）	四十八歲	小說創作社出版《中華日報》連載長篇小說《靈姑》。水牛出版社出版散文集《鱗爪集》，收入〈家鄉的魚〉、〈家鄉的鳥〉、〈雪天的懷念〉、〈秋山紅葉〉、〈學問與創作之間〉等散文七十六篇、舊詩三首。。
民國五十八年己酉（一九六九）	四十九歲	商務印書館出版中短篇小說集《青雲路》。收入〈世家子弟〉、〈青雲路〉、〈空棺記〉、〈久香〉等四篇。
民國五十九年庚戌（一九七〇）	五　十　歲	商務印書館出版中短篇小說集《變性記》。收入〈變性記〉、〈嬌客〉、〈歲寒圖〉、〈泥龍〉、〈祖孫父子〉、〈秋風落葉〉、〈老夫老妻〉、〈恩愛夫妻〉〈布販與偷雞賊〉、〈芳鄰〉、〈沙漠王子〉、〈沙漠之狼〉、〈世界通先生〉、〈寶珠的祕密〉、〈奇緣〉等十五篇。幼獅文化事業公司出版長篇小說《龍鳳傳》。臺北立志出版社出版長篇《火樹銀花》出版全集時易名《同是天涯淪落人》。
民國六十年辛亥（一九七一）	五十一歲	立志出版社出版長篇小說《火樹銀花》。發表散文多篇及在高雄《新聞報》連載長篇小說《紫燕》。
民國六十一年壬子（一九七二）	五十二歲	聞道出版社出版散文集《浮生集》。收入〈文藝的危機〉、〈貝克特高風〉、〈五十年華〉等散文十三篇，舊詩六首。學生書局出版短篇小說散文合集《斷腸人》。收入短篇小說〈斷腸人〉、〈薇薇〉、〈相見歡〉、〈滄桑記〉、〈恩怨〉、〈夜宴〉等七篇及散文〈文學系與文學創作〉、〈大學國文教學我見〉、〈作家之死〉等十五篇。　中華書局出版《墨人自選集》五大冊。包括長篇小說《白雪青山》、《靈姑》、《鳳凰谷》、《江水悠悠》（《東風無力百花殘》易名）及《短篇小說、詩選》（精選短篇小說二十八篇，抒情詩一〇六首），共一百五十萬字。
民國六十二年癸丑（一九七三）	五十三歲	發表散文多篇。列入英國劍橋國際傳記中心（International Biographical Centre Cambridge England）出版的《國際詩人名錄》（*International Who's Who in Poetry. 1973*）。

民國六十三年甲寅（一九七四）	五十四歲	出席第二屆世界詩人大會。 發表散文多篇。
民國六十四年乙卯（一九七五）	五十五歲	列入正中書局出版的《中華民國文藝史》（1975）。發表〈臺北的黃昏〉新詩一首及散文多篇。
民國六十五年丙辰（一九七六）	五十六歲	列入英國劍橋國際傳記中心出版的 *Men of Achievement. 1976* 發表〈歷史的會晤〉新詩及散文、短篇小說多篇。
民國六十六年丁巳（一九七七）	五十七歲	應 I.B.C 邀請於三月間赴義大利翡冷翠出席國際文藝交流大會（The 3rd I.B.C. Intemational Congress on Arts and Communications）。會後環遊世界。發表〈羅馬之雲〉、〈羅馬之松〉、〈翡冷翠的女郎〉、〈翡冷翠之柳〉、〈塞納河〉等詩及羅馬掠影」、〈單城記〉、〈威尼斯之旅〉、〈藝術之都翡冷翠〉、〈西雅奈與比薩斜塔〉、〈美國行〉、〈江戶、皇宮、御苑〉、〈環球心影〉等遊記。 在《中國時報》發表有關中國文化論文〈中國文化的三條根〉，在《新生報》發表〈文藝界的『洋』瘋癲〉等多篇。
民國六十七年戊午（一九七八）	五十八歲	近代中國社出版長篇傳記小說《詩人革命胡漢民傳》。 列入英國劍橋國際傳記中心出版的《國際名人辭典》（*Dictionary of International Biogaphy.1978*）。《國際知識分子名錄》(*International Who's Who of Intellectual.1978*、《國際人名剪影》 *International Register of Profiles*）、《國際社會名人錄》（*International Who's Who in Community Service*），發表〈六月之荷〉詩一首。 在各報發表〈中國文化的宇宙觀〉、〈中國文化的真面目〉、〈文化、社會形態與當代文學創作（爲亞洲文學會議而作）〉、〈人與宇宙自然法則〉等。 出席亞洲文學會議。 列入中華書局出版的《中華民國當代名人錄》(*Who's Who of R.O.C. 1978*） 列入行政院新聞局編印的一九七八年英文《中華民國年鑑名人錄》（*China Yearbook Who's Who*）。

民國六十八年己未（一九七九）	五十九歲	學人文化事業有限公司出版長篇小說《心猿》（《紫燕》易名）。發表短篇小說〈春〉、〈杏林之春〉、長詩〈哀吉米・卡特〉及〈山之禮讚〉五首。短篇〈客從故鄉來〉、〈人瑞〉。理論〈中國古典小說戲劇〉、〈抗戰文學的整理與再創作〉（《中央日報》）等多篇。
民國六十九年庚申（一九八〇）	六十歲	秋水詩刊社出版詩集《山之禮讚》、收集六十四年以後新詩四十四首及七言絕律詩十首。　中華日報社出版散文集《心在山林》、收集〈花甲雲中過〉、〈老當益壯〉、及抒情寫景散文數十篇。臺中學人文化事業出 版有限公司出版《墨人散文集》收集〈文化、社會形態與當代文學創作〉、〈人與宇宙自然法則〉、〈中國文化的三條根〉、〈宇宙爲心人爲本〉、〈文藝界的『洋』瘋癲〉等理論性散文數十篇。在《中央日報・副刊》發表〈紅樓夢研究的正確方向〉，《中華日報・副刊》發表〈人生六十樹常青〉，《青年戰士報・新文藝副刊》發表〈山中人語〉專欄文章〈山水之間〉、〈生命長短價值觀〉、〈寶刀未老〉、〈七進七出鬼門關〉、〈報人甘苦〉、〈杏壇生涯〉等。接受《大華晚報》採訪組副主任程榕寧兩次訪問，一爲談胡漢民生平，一爲談《易經》、《道德經》、命學，並發表〈醫學命學與人生〉專文。
民國七十年辛酉（一九八一）	六十一歲	繼續撰寫《山中人語》專欄。應臺中市《自由日報》特約撰寫《浮生小記》專欄。應行政院新聞局邀請參觀本省農漁畜牧事業單位，並在《中央日報》發表〈人在福中〉散文。接受臺灣廣播公司《成功之路》節目訪問，於四月廿七日晚八時半播出。在高雄《新聞報》發表〈撥亂反正說紅樓〉（六月十七、十八日）論文。
民國七十一年壬戌（一九八二）	六十二歲	九月赴漢城出席第二屆中韓作家會議，並在東京參加中日作家會議，曾暢遊南韓、北海道、大阪至東京名勝地區，歸後撰寫〈韓國掠影〉、〈秋遊北海道〉，發表於《中央日報》。列入中華民國名人傳記中心出版的《中華民國現代名人錄》。

		列入英國劍橋國際傳記中心出版的《傑出男女傳記》（*Men and Women of Distinction*）並附照片。 列入美國 MarQuis 公司出版的《世界名人錄》（*Who's Who in the World*）第六版。 接受義大利藝術大學授予的文學功績證書。
民國七十二年癸亥（一九八三）	六十三歲	商務印書館出版散文集《山中人語》，收集散文七十篇。
民國七十三年甲子（一九八四）	六十四歲	商務印書館出版《論墨人及其作品》上、下兩冊，包括評論文章六十餘篇。 列入義大利 Accademia Itlia 出版英、法、德、義四種文字的《國際文學史》（*The History of International Literature*）及《百科全書：當代人物（*The Encyclopadeia: Contemporary Personalities*）。 端午節（六月四日）開筆撰寫已構思準備十餘年的一百餘萬字的大長篇小說《紅塵》，年底完成初稿四十餘萬字。 十月在韓國漢城舉行的第四屆中韓作家會議，事忙未能出席，但提出一萬餘字的論文〈古典與現代〉一篇。
民國七十四年乙丑（一九八五）	六十五歲	由江山出版社出版《三更燈火五更雞》、《花市》散文集等兩本，前者收入散文，理論二十四篇，後者收入散文遊記二十七篇。 八月一日退休，專心寫作《紅塵》，於十二月底完成九十二章，告一段落，共一百二十萬字，超出《紅樓夢》十餘萬字，內有絕律詩（聯）三十一首。
民國七十五年丙寅（一九八六）	六十六歲	年初開始研讀《全唐詩》，撰寫《全唐詩尋幽探微》，十一月完成，共十二萬餘字，一面在《新聞報・西子灣》發表，並連同歷年所作絕律詩三十七首，定名爲《墨人絕律詩集》，一併交與臺灣商務印書館簽約出版。 列入美國 A.B.I.出版的 5000 Personalities of the World；英國 I.B.C.出版的 *The International Authors and Writers Who's Who.*

民國七十六年丁卯（一九八七）	六十七歲	訪問考察東南亞地區，國家馬來西亞、新加坡、泰國、菲律賓、香港十七天，並出席多次座談會。 商務印書館出版《全唐詩尋幽探微》（附《墨人絕律詩集》）。 《紅塵》長篇小說於三月五日開始在（臺灣新生報）連載。 七月四、五日出席在臺北市召開的抗戰文學研討會。 八月一日出席在高雄市召開的第七屆中韓作家會議。
民國七十七年戊辰（一九八八）	六十八歲	元月二日完成《全唐宋詞尋幽探微》（附《墨人詩餘》）全書十六萬字。設於美國深受世界尊重的「國際大學基金會」（The Marguis Giuseppe Scicluna 1855-1907 Intemarional University Foundation）（Founded 1973）授予榮譽文學博士學位。
民國七十八年己巳（一九八九）	六十九歲	臺灣商務印書館出版《全唐宋詞尋幽探微》。 臺北大地出版社三版長篇小說《白雪青山》。 世界大學（World University）授予榮譽文學博士學位。
民國七十九年庚午（一九九〇）	七十歲	五月應大陸黃河文化實業公司邀請，作四十天文學之旅，與北京、上海、杭州、九江、武漢、西安、蘭州等地作家座談中華文化、文學創作，坦誠交換意見，獲得一致共識、真摯友情與尊敬，廣州電視臺並全程錄影，製作專輯播出，六月底返臺後即撰寫《大陸文學之旅》專著。 艾因斯坦國際學院基金會（Albert Einstein 1879-1955 Intemational Academy Foundation）授予榮譽人文學博士學位。 榮列英國劍橋國際傳記中心出版的 IBC Book of Dedications.占全書篇幅五頁，刊登照片五張，介紹五十年創作生涯，十分翔實，篇幅之大，爲全書冠，並禮聘爲 IBC 副總裁。
民國八十年辛未（一九九一）	七十一歲	二月底新生報出版《紅塵》，二十五開本，上、中、下三鉅冊。黎明文化事業公司出版《小園昨夜又東風》散文集。 應香港廣大學院禮聘爲中國文學研究所客座指導教授。 《紅塵》榮獲新聞局著作金鼎獎及嘉新優良著作獎。

民國八十一年壬申（一九九二）	七十二歲	文史哲出版社出版《大陸文學之旅》。 應聘香港廣大學院中研所客座指導教授。 一月五日開筆寫《紅塵續集》，自九十三章起至一百二十章止，共四十萬字，六月十日完稿，《紅塵》全書共一百九十萬字。續集自十二月一日開始在《臺灣新生報・副刊》連載近年，雙破長篇鉅著及連載紀錄。中國廣播公司《中廣小說選播》節目，亦於十二月一日十四時三十分，在AM657千赫第一廣播網開始播出長篇鉅著《紅塵》上、中、下三冊，由戴愛華小姐導播，集該公司播音精英，通力合作，龍老夫人一角由播音元老白銀飾演，其餘人物均爲一時之選，效果奇佳，前所未有。　北京「中國文聯出版公司」出版《也無風雨也無晴》。 墨人故鄉九江《師專學報》，於本年起開闢《墨人研究》專欄，與《陶淵明研究》、《黃山谷研究》，並稱三大專欄，甚受教育、學術界重視。
民國八十二年癸酉（一九九三）	七十三歲	十月下旬，偕《秋水》詩刊同仁涂靜怡、雪柔、麥穗、汪洋萍、風信子、林蔚穎等爲慶祝《秋水》創刊二十周年，訪問哈爾濱、北京、西安三大都市，與當地詩人座談交流，水乳交融，兩岸詩人因而建立深厚友誼。十一月初，隻身訪問昆明、探親，昆明作協主席曉雪、八十多歲老作家李喬、小說家張昆華、《春城晚報》副總編輯熊廷武、副刊主編原因、理論家教授余斌、作家湯世傑、李錦華等集會歡迎，其中多爲白族、彝族等少數民族作家，乃以雲南少數民族文化資源努力創作相勉，深獲共鳴。資深作家彭荊風，晚間並來下榻處暢談。 繼續應聘香港廣大學院中研所客座指導教授三年。 十二月新生報社出版《紅塵續集》，全書共四大冊，其實前後一貫，爲一整體，該報爲方便，乃以《續集》名之。一生心願心血得以完成，在輕、薄、短、小及商品文學獨占市場情況下，亦一大異數。北京「中國文聯出版公司出版《紅樓夢的寫作技巧》。

民國八十三年甲戌（一九九四）	七十四歲	一月開始研讀自北京購回的《全宋詩》，擬續寫《全宋詩尋幽探微》。 四月十一日接受臺北復興廣播電臺《名人專訪》節目主持人裴雯小姐訪問：談一生寫作歷程及大長篇《紅塵》寫作經過。 臺北《世界論壇報》副社長兼副刊主編詩人評論家周伯乃先生，特自五月三十一日起一連三天出版特刊，慶祝七十晉五誕辰暨創作五十五周年，除刊出〈小傳〉、〈七五人生一首詩〉、〈中國新詩與傳統詩詞的整合〉、〈叩開生命之門〉三篇新作外，並刊出蒙古族女詩人作家薩仁圖婭的〈墨人：屈原風骨中華魂〉，及馬來西亞霹靂州立女子中學校長，詩詞家、散文作家彭士麟女士論《紅塵》與大陸作家作品比較的書信，墨人著作校長，詩詞家、散文作家彭士麟女士論《紅塵》與大陸作家作品比較的書信，墨人著作目錄、美國兩個榮譽文學博士、一個人文學博士照片三張，《紅塵》獲獎照片一張，及周伯乃〈無限的祝禱〉文等。 八月七日，中國時報系的《工商日報‧讀書版‧大書坊》刊出蓓齡的《紅塵》墨人專訪文章，並配合攝影記者何日昌拍攝的墨人及《紅塵》四冊照片。 大陸廣州暨南大學中文系教授兼臺港暨海外華文文學研究中心主任、評論家潘亞暾，費時月餘撰寫《紅塵續集》論文達一萬餘字的〈偉大史詩的歸結〉，於九月二十一至二十五日在臺北市《世界論壇報‧副刊》全文刊出，見解不凡，對《續集》的成功更使他大吃一驚，因此，更肯定《紅塵》的史詩價值、地位。 八月二十八日第十五屆世界詩人大會在臺北召開，僅提出〈中國新詩與傳統詩詞的整合〉論文一篇，並未出席、論文則由《中國詩刊》主編曾美霞女士代讀。
民國八十四年乙亥（一九九五）	七十五歲	一月，臺北文史哲出版社出版《墨人半世紀詩選》（一九四二—一九九四）。 一月十日應臺北廣播電臺《藝文夜話》主持人宋英小姐訪問，許導播秀玲決定十日開播《紅塵》全書四冊，每日廣播兩次。 中國詩歌藝術學會主辦、中國文藝協會協辦，於五月二十二日在臺北市中國文藝協會舉行《墨人世半紀詩選》學術研討會，與會詩人、評論家六十餘人，討論情況熱烈，並印發海峽兩岸評論家王常新、古繼堂、古遠清、李春生、楊允達、周伯乃等十三家論文專集。各家均推崇、肯定新舊詩兩方面的成就與半個多世紀的貢獻。

		英國劍橋國際傳記中心頒贈二十世紀文學傑出成就獎。榮列一九九五年英國劍橋國際傳記中心出版的 The Definitive Book of the Deputy Directors General of the IBC.佔全書篇幅五頁，刊登照片五張，為全書之冠。
民國八十五年丙子（一九九六）	七十六歲	臺北圓明出版社出版涵蓋儒、釋、道三家思想的散文集《紅塵心語》。卷首有珍貴的文學照片十餘張。 臺北中國詩歌藝術學會出版《十三家論文》論《墨人半世紀詩選》。
民國八十六年丁丑（一九九七）	七十七歲	臺北中天出版社出版與《紅塵心語》為姊妹集的散文集《年年作客伴寒窗》，各篇亦均以五、七言詩作題，內中作者詩詞亦多，並附錄珍貴文學資料訪問記、特寫、著作目錄等十餘篇。出任「乾坤」詩刊顧問，並主編該刊古典詩詞。完成《墨人詩詞詩話》、《全宋詩尋幽探微》兩書全文。
民國八十七年戊寅（一九九八）	七十八歲	構思六年的以佛學精義結合修行心得化為文學創作的長篇小說《娑婆世界》，於三月二十八日開筆，十二月脫稿。共三十八章，五十多萬字。 英國劍橋國際傳記中心（IBC）出版《二十世紀傑出人物》以照片配合文字將墨人傳記刊卷首重要位置，並頒發獎狀。大陸中國國際經濟文化交流促進會、燕京國際文化藝術研究會等七大單位編纂出版的《世界華人文學藝術界名人錄》，中國國際交流出版社出版的《世界名人錄》，均為十六開巨型中文本。
民國八十八年己卯（一九九九）	七十九歲	本年為來臺五十周年，創作六十周年，中國習俗八十歲，昭明出版社出版長篇小說《娑婆世界》。 美國傳記學會（ABI）出版二十世紀《五百位有影響力的領袖》，以照片配合文字將墨人傳記刊於卷首重要位置並頒發獎狀。照片及詩詞五首編入中國《當代吟壇》巨著。　美國「世界智庫」與艾因斯坦國際學會基金會」聯合頒贈墨人傑出成就榮譽獎，以紀念千禧年，並榮列中國出版的《中華精英大全》。 美國傳記學會頒贈墨人「二十世紀成就獎」。

民國八十九年庚辰（二〇〇〇）	八十歲	臺北昭明出版社陸續出版定本長篇小說《白雪青山》、《滾滾長江》、《春梅小史》；文學理論《紅樓夢的寫作技巧》，連同民國八十八年出版的長篇小說《娑婆世界》，並列爲墨人一系列代表作品，以慶祝墨人八十整壽。臺北詩藝文出版社出版《墨人詩詞詩話》。臺北文史哲出版社出版《全宋詩尋幽探微》。
民國九十年辛巳（二〇〇一）	八十一歲	臺北昭明出版社出版長篇小說定本《紅塵》全書六冊及長篇小說《紫燕》定本。
民國九十一年壬午（二〇〇二）	八十二歲	五月三日偕長子選翰赴上海訪友小住。英國劍橋國際傳記中心授予「終身成就獎」。
民國九十二年癸未（二〇〇三）	八十三歲	八月底偕夫人及在臺子女四人經上海轉往故鄉九江市掃墓探親並遊廬山。
民國九十三年甲申（二〇〇四）	八十四歲	準備出版全集（經臺北榮民總醫院檢查無任何疾病。）巴黎 you-Feng 書局出版豪華典雅法文本《紅塵》。
民國九十四年乙酉（二〇〇五）	八十五歲	此後五年不遠行，以防交通意外，準備資料。計劃百歲前開筆撰寫新長篇小說。北京「中央出版社」出版《強國丰碑》，以著名文學家張萬熙爲題刊出墨人傳略，爲臺灣及海外華人作家唯一入選者。並先後接到北京電話、書函邀請寄送資料編入《一代名家》、《中華文化藝術名家名作世界傳播錄》。
民國九十五年丙戌（二〇〇六）至民國一百年（二〇一一）——	八十六歲至九十二歲——	重讀重校全集，已與臺北市文史哲出版社簽訂出版《墨人博士作品全集》合約，民國一百年年內可以出版。此爲「五四」以來中國大陸與臺灣所未有者。